MINISTÈRE DE L'AGRICULTURE ET DU COMMERCE.

CONSEIL SUPÉRIEUR DES HARAS.

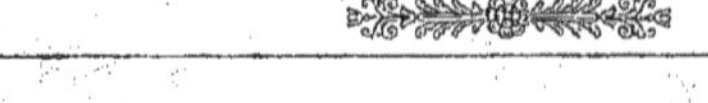

RAPPORT

SUR

LES TRAVAUX DE LA SESSION DE 1850,

FAIT

PAR M. LE GÉNÉRAL DE LA MORICIÈRE.

PARIS.

IMPRIMERIE NATIONALE.

M DCCC L.

MINISTÈRE
DE L'AGRICULTURE ET DU COMMERCE.

CONSEIL SUPÉRIEUR DES HARAS.

RAPPORT

SUR

LES TRAVAUX DE LA SESSION DE 1850,

FAIT

PAR M. LE GÉNÉRAL DE LA MORICIÈRE.

PARIS.
IMPRIMERIE NATIONALE.

M DCCC L.

1851

SOMMAIRE DES CHAPITRES.

Pages.

RAPPORT

FAIT

AU NOM DU CONSEIL SUPÉRIEUR DES HARAS

PAR M. LE GÉNÉRAL DE LA MORICIÈRE.

SESSION DE 1850.

CHAPITRE Ier.

CRÉATION DU CONSEIL SUPÉRIEUR DES HARAS. — SON BUT. — SES TRAVAUX.

Constitution et composition du conseil. — Commissions de circonscription. — Compte rendu de l'Administration. — Discours du Ministre pour l'ouverture de la session de 1850. — Ordre suivi dans ce rapport.

Arrêté constitutif.

Un arrêté du Chef du Pouvoir exécutif en date du 11 décembre 1848, concernant l'organisation des haras et dépôts d'étalons, a prescrit (article 3) la création auprès du ministre de l'agriculture et du commerce, et sous sa présidence, d'un conseil supérieur des haras.

Composition du conseil.

Ce conseil se compose d'agents supérieurs de l'Administration, que leurs fonctions désignent naturellement pour en faire partie; d'hommes d'étude et de savoir, qui ont pris pour objet de leurs travaux les sciences naturelles dans leur rapport avec l'amélioration des espèces animales appliquées aux besoins de la société; de propriétaires appartenant à nos principales contrées d'élevage; enfin d'officiers ou employés qui représentent les intérêts du service des remontes de l'armée.

Les membres étrangers à l'Administration peuvent être renouvelés par tiers chaque année, et sont tous au choix du ministre, qui fixe l'époque de la réunion du conseil, dont la session ne peut durer plus d'un mois.

Commissions de circonscription.

Le même arrêté, qui détermine les limites des arrondissements affectés à chaque haras ou dépôt d'étalons, prescrit (article 5) qu'il sera formé dans chacun de ces arrondissements une commission dite *de circonscription.*

Ces commissions sont de neuf membres, choisis par les conseils généraux des départements compris dans la circonscription, et rééligibles par tiers chaque année. Un tableau annexé audit arrêté détermine le nombre des nominations qui doivent être faites par chacun des conseils généraux.

Les sessions annuelles ont lieu du 1er septembre au 20 octobre, et les rapports, transmis au ministre de l'agriculture et du commerce avant le 1er novembre, sont soumis au conseil supérieur des haras, appelé à les examiner.

Compte rendu de l'administration.

L'article 8 oblige le ministre de l'agriculture et du commerce à faire publier chaque année un compte rendu de la situation et des travaux de l'Administration des haras; enfin, l'article 9 ordonne la publicité des règlements et instructions qui concernent ce service.

But de la création du conseil.

Le but de cette institution est facile à saisir. En réunissant dans une même enceinte les représentants des opinions diverses sur la question tant controversée de la production des chevaux en France, le Gouvernement a pensé que de la discussion de ces opinions, qui jusqu'ici se sont livrées à des luttes si ardentes, jaillirait enfin la lumière.

Son origine.

Ce n'était précédemment qu'à la suite de réclamations nombreuses, ou de circonstances particulières, que le Gouvernement cédant, pour ainsi dire, à la pression de l'opinion publique, avait formé des commissions temporaires, dont le but était analogue à celui du conseil des haras. Mais se trouvant réunies précisément aux époques où les opinions opposées se combattaient avec le plus de vivacité, il était difficile que leurs appréciations ne se ressentissent pas des circonstances au milieu desquelles elles se produisaient. Ces commissions jetèrent néanmoins un grand jour sur la question qui nous occupe. L'importance de leurs travaux fit naître l'idée de créer le conseil supérieur des haras dont elles furent l'origine.

La première session de ce conseil (1) a commencé le 18 février Session de 1850.

(1) Le conseil se compose de :

MM.			
Dumas	Ministre de l'agriculture et du commerce		*Président.*
Fouquier d'Hérouel	Propriétaire dans le département de l'Aisne, membre de la commission de circonscription de Braisne	Membres de l'Assemblée législative.	
Jusseraud	*Idem* dans le département du Puy-de-Dôme		
De la Moricière	Général de division, propriétaire dans le département de la Loire-Inférieure		
Luneau	Propriétaire dans le département de la Vendée	Ex-membres de l'Assemblée constituante.	
Tourret	*Idem* dans le département de l'Allier		
De Gasparin, Magendie, Rayer	Membres de l'Institut		
Brame	Membre du conseil général du Nord, membre de la commission de circonscription d'Abbeville		
Geoffroy de Villeneuve	Propriétaire dans le département de l'Aisne, membre du conseil général et inspecteur des étalons départementaux de l'Aisne		
De La Roque-Ordan	*Idem* éleveur dans le département du Gers, membre de la commission de circonscription de Tarbes, ancien officier de cavalerie, ancien élève de l'école d'état-major		
De Pennautier	*Idem* éleveur dans le département du Puy-de-Dôme, ancien officier de cavalerie, membre de la commission de circonscription d'Aurillac		*Membres.*
De Saint-Vallier	*Idem* éleveur dans le département de l'Isère, ancien officier de cavalerie, ancien élève de l'école de Versailles		
De Torcy	*Idem* éleveur dans le département de l'Orne, membre du conseil général de l'agriculture, membre de la commission de circonscription du haras du Pin		
Yvart	Inspecteur général des écoles vétérinaires et des bergeries		
Renault	Directeur-professeur de l'école vétérinaire d'Alfort		
Bouley, jeune	Vétérinaire, membre de l'Académie de médecine		
Caillard	Chef du bureau de la cavalerie et de la remonte au Ministère de la guerre		
Gayot (Eug.)	Inspecteur général chargé de la direction du service des haras		
Perrot de Thannberg	Inspecteur général des haras		
Ad. Dupont	*Idem.* (En mission en Orient.)		
Des Mazis, Petiniaud, De Laplace	Inspecteurs d'arrondissement des haras		
De Laroque	Directeur du dépôt d'étalons de Saint-Lô		
De Beaune	*Idem* de Tarbes		
De Baylen	Chef du bureau des haras		*Secrétaire.*

MM. de Gasparin et de la Moricière ont été élus vice-présidents, et le dernier, rapporteur.

MM. de la Roque-Ordan et Brame ont été nommés secrétaires.

1850; elle a été ouverte par l'allocution suivante de M. le ministre de l'agriculture et du commerce :

Discours du ministre.

« Vous connaissez, Messieurs, la nature et l'importance des intérêts « au nom desquels vous êtes réunis : il s'agit de constater les résultats « obtenus par les haras de l'État, d'examiner si l'organisation actuelle « de ce service est susceptible de quelques modifications, et d'indi- « quer, par forme de conseil, la voie qui vous paraîtra la plus utile « à suivre, s'il y a lieu de changer quelque chose à la direction adoptée « par le service des haras. Grâce au mode de publicité dans lequel est « entrée d'elle-même l'Administration, vous aurez, Messieurs, sur les « commissions précédentes, l'avantage d'avoir une base précise de « discussion : le compte rendu de l'Administration des haras vous « en fournira les éléments.

« Une fois que vous vous serez mis d'accord sur les faits qu'il « signale et même sur les doctrines qu'il renferme (et cette tâche vous « sera, je crois, facile), vous pourrez vous livrer à une étude qui ne « sera ni sans intérêt ni sans utilité : je veux parler d'une enquête, « effectuée par un examen détaillé et individuel, sur les chevaux des « régiments qui tiennent garnison à Paris.

« Indépendamment des régiments de lanciers, de dragons et d'ar- « tillerie que renferme en ce moment la capitale, il y a des escadrons de « guides, des escadrons de la garde républicaine. Or, ces derniers sont « montés en chevaux étrangers. D'utiles rapprochements me semblent « devoir résulter d'un examen fait par des hommes animés, comme « vous l'êtes, d'une vive sollicitude pour les intérêts hippiques du pays « et portant sur des animaux d'origine variée choisis dans des buts et « pour des services différents : il jettera de vives lumières sur deux « questions : il nous apprendra si ces régiments sont convenable- « ment montés, et si les chevaux de troupe s'améliorent en France « sous l'influence des haras de l'État.

« Vous aurez à vous occuper ensuite d'un ensemble de questions

« d'un haut intérêt, au triple point de vue de la science, de la pra- « tique et de l'administration, et auxquelles je vous prierai de ratta- « cher toutes les données économiques qui en dépendent et que vous « pouvez apprécier mieux que personne.

« Étant donnés, comme types d'une nature opposée, le cheval de « pur sang arabe ou anglais et le cheval de trait boulonnais ou per- « cheron, faire connaître les différences physiologiques qui séparent « l'une et l'autre famille?

« Quels sont les résultats obtenus en France par les croisements « pratiqués avec des mâles de l'un ou de l'autre type?

« Quelle peut être, sur l'amélioration d'une race donnée, l'in- « fluence résultant de l'emploi des mâles issus du croisement de l'une « ou de l'autre race?

« Quelles conditions de sol ou de climat, d'alimentation ou de soins « généraux ou spéciaux, sont les plus favorables à l'emploi, comme « reproducteur, de l'étalon de pur sang arabe ou anglais, de l'étalon « boulonnais ou percheron, du métis issu des uns ou des autres, avec « telle ou telle race nommée?

« Ces questions ont été mises au concours par l'Administration; « aucun mémoire ne lui est parvenu à ce sujet. Cependant, l'énoncé « suffit pour en faire comprendre l'importance, pour prouver qu'il est « impossible d'en différer l'étude et qu'il est urgent d'en préparer la « solution.

« Depuis longtemps, vous le savez, Messieurs, des esprits fort « éclairés, des hommes fort compétents, ont demandé qu'à l'exemple « de quelques pays qui nous avoisinent, la loi intervînt pour régler « la police de la reproduction chevaline. On demande, en outre, qu'il « soit pris des mesures pour modifier les tarifs de douanes à l'entrée « des chevaux étrangers à la frontière. Ces graves questions ont été, « de la part de l'Administration, l'objet d'études préliminaires, qui

« vous seront soumises, et votre sollicitude éclairée saura en faire « sortir, s'il est possible, des projets de loi. Si vous réussissez, Mes- « sieurs, à vous entendre sur ces matières, vous pouvez être d'avance « assurés de mon concours et de mes efforts pour appuyer les dispo- « sitions auxquelles vous vous serez arrêtés.

« Vos travaux devront enfin, Messieurs, embrasser l'examen des « délibérations des commissions de circonscription instituées et fonc- « tionnant aujourd'hui en vertu de l'arrêté du 11 décembre 1848; je « recommande ces délibérations à toute votre attention, persuadé que « vous y trouverez l'expression la plus vraie des idées et des besoins « des localités, et que leur étude vous donnera une juste apprécia- « tion de la situation de la race chevaline en France.

« Si l'examen de ces documents amenait un rapport d'ensemble, je « considérerais ce résultat comme très-utile : le législateur trouverait « dans votre travail des données exactes, et les commissions locales, qui ne sont encore qu'à leur début, y puiseraient des encouragements pour l'avenir. »

« Pour mettre de l'ordre dans vos travaux, je vous propose :

« 1° La nomination d'une commission de cinq membres chargée de « présenter au Conseil supérieur un rapport sur les résultats observés « dans la visite faite aux quartiers de cavalerie dont les corps tiennent « garnison à Paris;

« 2° La nomination d'une commission de cinq membres chargée de « dépouiller les procès-verbaux des commissions départementales ins- « tituées en vertu de l'arrêté organique du 11 décembre 1848, et de « présenter un rapport;

« 3° La nomination d'une commission chargée de l'étude des ques- « tions se rattachant à la police de la reproduction chevaline en France, « et, s'il y a lieu, de la présentation au Conseil d'un projet de loi sur « la matière;

« 4° La nomination d'une commission chargée d'examiner les ques- « tions relatives à l'importation et à l'exportation des chevaux, et d'in-

« diquer les modifications dont serait susceptible le tarif des douanes « à ce sujet, soit à l'entrée, soit à la sortie.

Quatre commissions furent successivement nommées, conformément à la proposition de M. le ministre de l'agriculture et du commerce.

Nomination de quatre commissions spéciales.

La première se composait de

MM. de La Roque-Ordan,
de Saint-Vallier,
Yvart,
Perrot de Thannberg,
de Laplace ;

La seconde, de

MM. Magendie,
Rayer,
Geoffroy de Villeneuve,
Renault,
Gayot,
Petiniaud,
de Pennautier ;

La troisième, de

MM. Fouquier d'Hérouel,
Jusseraud,
Brame,
Bouley jeune,
Des Mazis ;

Et la quatrième, de

MM. Luneau,
de Torcy,
Monny de Mornay,
Caillard,
de Beaune,
de Laroque.

Ordre suivi dans ce rapport.

Les rapports de ces commissions, le compte rendu de l'Administration des haras, la question posée par M. le ministre, ont été successivement le texte des discussions du conseil, et, quoique les procès-verbaux de ses séances aient été imprimés, il a désiré que ses travaux ainsi que ses opinions fussent l'objet d'un rapport d'ensemble : c'est ce travail que nous avons été chargé de rédiger en son nom.

Il n'a pas été aussi facile que M. le ministre l'avait espéré de se mettre d'accord sur les doctrines et sur les faits; douze séances y ont à peine suffi. La tâche était en effet difficile à remplir. Le conseil, dans sa première session, devait nécessairement porter son attention sur la question de savoir si la production chevaline du pays suffisait ou non aux besoins de sa consommation, puis rechercher, au moyen des nombreux documents que l'Administration s'est empressée de mettre à sa disposition, si notre situation à cet égard était meilleure ou moins bonne dans le présent que dans le passé.

Les difficultés auxquelles a si souvent donné lieu la remonte de notre cavalerie, les controverses nombreuses qui se sont élevées à cet égard, l'ont conduit à examiner le service des remontes dans ses rapports avec les éleveurs.

L'examen du compte rendu de l'Administration des haras l'a obligé à l'étude détaillée des décrets, ordonnances, arrêtés et règlements qui la régissent. Puis, rappelant les faits que l'expérience constate, il en a déduit un certain nombre de principes pour servir de base à ses appréciations; enfin, du point de vue où il s'était placé, il a examiné la marche suivie par l'Administration et l'action qu'elle a exercée sur la production de l'espèce chevaline en France.

La discussion du rapport sur les travaux des commissions de circonscription a donné lieu, ainsi que le désirait M. le ministre, à quelques observations d'ensemble dont le but est d'indiquer à ces commissions les points sur lesquels il conviendra qu'elles portent plus particulièrement leurs études.

Quant à la question posée au conseil par M. le ministre de l'agriculture et du commerce, sa solution se déduit tout naturellement des principes sur lesquels le conseil a motivé ses appréciations.

Cet ordre d'idées est généralement celui que nous avons suivi dans ce rapport ; il nous a paru le plus convenable pour présenter succinctement les faits et les opinions qu'avait fait ressortir la discussion.

CHAPITRE II.

APERÇU STATISTIQUE SUR LA POPULATION CHEVALINE DE LA FRANCE. — LA PRODUCTION DU PAYS COMPARÉE À SES BESOINS.

Résultats de divers dénombrements. — Rapport, constant depuis 60 ans, entre la population chevaline et la population humaine. — Situation de la France à cet égard, comparée à celle de divers États de l'Europe. — Proportion dans laquelle l'espèce chevaline se renouvelle. — La production du pays ne suffit pas à sa consommation. — Estimation du déficit annuel. — Ce sont principalement les chevaux à deux fins et les chevaux de selle qui manquent à la France. — Le commerce achète à l'étranger presque tous ceux dont il a besoin. — Cette classe de chevaux est celle que réclame surtout la remonte de nos troupes à cheval.

Évaluation de la population chevaline de la France.

Quand on veut étudier la situation du pays sous le rapport de la production des chevaux, les premières questions qui se présentent sont celles-ci :

Quelle est la population chevaline qu'il possède?

Cette population va-t-elle en augmentant ou en diminuant?

Les documents statistiques publiés en 1848 par M. Moreau de Jonnès présentent les résultats suivants :

ÉPOQUES.	POPULATION		PROPORTION EN NOMBRES RONDS.
	CHEVALINE (1).	HUMAINE.	
1789.........	2,048,000	25,000,000	8 chevaux par 100 habitants.
1812.........	2,285,312	29,000,000	8 *idem*...... 100 *idem*.
1829.........	2,453,712	32,000,000	8 *idem*...... 100 *idem*.
1840.........	2,818,496	33,450,000	8 *idem*...... 100 *idem*.

(1) Les chevaux de nos armées ne sont pas compris dans ces nombres.

Ces résultats fournissent sur le mouvement de la population chevaline les indications que voici :

PÉRIODE.	ACCROISSEMENT TOTAL.	ACCROISSEMENT MOYEN PAR AN.
De 1789 à 1812.......	En 23 ans, 237,312 chevaux.....	10,318 chevaux.
De 1812 à 1829.......	En 17 ans, 168,400 chevaux.....	9,906 chevaux.
De 1829 à 1840.......	En 11 ans, 364,784 chevaux.....	33,162 chevaux.

Des renseignements recueillis par l'Administration des haras, mais qui ne s'étendent encore (1) qu'aux neuf départements suivants : Cantal, Hautes-Pyrénées, Lot-et-Garonne, Tarn-et-Garonne, Lot, Pas-de-Calais, Somme, Loir-et-Cher, Manche, constatent qu'une population chevaline qui, en 1840, présentait 331,644 têtes, était, en 1849, de 358,077, ce qui fait ressortir une augmentation de 26,433. En admettant que la population chevaline de la totalité du pays ait suivi pendant cette période une augmentation proportionnelle à celle qui a été constatée dans ces neuf départements, nous aurions pour le mouvement de la population chevaline, depuis 1840 :

ÉPOQUES.	POPULATION		PROPORTION EN NOMBRES RONDS.
	CHEVALINE.	HUMAINE.	
1849.........	3,043,138	35,401,761	8 chevaux par 100 habitants.

PÉRIODE.	ACCROISSEMENT TOTAL.	ACCROISSEMENT MOYEN PAR AN.
De 1840 à 1849.......	En 9 ans, 224,642 chevaux......	24,960 chevaux.

(1) L'administration fait continuer avec activité par ses agents le recensement qu'elle a commencé. Il s'étend, à la fin de 1850, à quarante et un départements.

Il résulte de ce qui précède que la population chevaline de la France est d'environ 3 millions de têtes et qu'elle a été sans cesse en augmentant depuis 1789. Son accroissement annuel de 1840 à 1849 est moins grand qu'il ne l'avait été de 1829 à 1840, mais il est plus que double de celui qui avait été constaté de 1789 à 1812 et de 1812 à 1829; enfin cet accroissement reste proportionnel à celui de la population humaine, et malgré les nombreuses modifications qui se sont introduites dans les besoins de notre société, dans la viabilité du pays, dans notre agriculture, le rapport du nombre des chevaux à celui des habitants est resté constamment le même depuis 1789; pendant cette période, il a toujours été de 8 chevaux pour 100 habitants.

Population chevaline de la France comparée à celle des principaux États de l'Europe.

Si l'on jette maintenant les yeux sur les documents suivants, extraits de l'ouvrage de M. Moreau de Jonnès, on appréciera nettement la situation relative de la France et des autres États de l'Europe sous le rapport de leur population chevaline.

Nombre de chevaux recensés dans les principaux pays de l'Europe, comparés à la population de chacun d'eux.

ANNÉES.	NOMS DES PAYS.	NOMBRE DES ANIMAUX.	NOMBRE pour 100 HABITANTS.
1818.	Danemark	500,000	45
1825.	Hanovre	225,000	13
1832.	Suède	377,055	12 1/2
1827.	Suisse	242,000	12
1806.	Hollande	243,000	12
1843.	Prusse	1,564,000	10 1/2
1835.	Royaume de Naples	60,000	10
1831.	Écosse	243,000	10
1843.	Bavière	349,589	8
1840.	France	2,818,496	8
1836.	Toscane	110,340	8
1823.	Angleterre	900,000	7 1/2

ANNÉES	NOMS DU PAYS.	NOMBRE DES ANIMAUX.	NOMBRE pour 100 HABITANTS.
1840.	Wurtemberg	104,534	7
1828.	Ancien royaume des Pays-Bas	450,932	7
1833.	Royaume de Pologne	286,000	7
1829.	Belgique	261,900	7
1843.	Irlande	552,569	7
1840.	Saxe	84,306	6
1843.	Bade	77,444	6
1840.	Sardaigne	29,378	6
1828.	Provinces Rhénanes	101,028	5
1816.	Empire d'Autriche	1,200,000	4
1822.	Bohême	137,000	4
1828.	Hongrie	480,000	4
1833.	Piémont	87,474	2
1830.	Royaume Lombardo-Vénitien	93,847	2
1827.	Île de Sicile	30,000	1 1/2
1803.	Espagne	104,000	1 1/3

On peut conclure de ce tableau, en ayant égard toutefois aux époques où les divers recensements ont été faits, que la population chevaline de la France est plus considérable que celle de tous les autres États de l'Europe (les renseignements manquent sur la Russie), qu'elle est presque double de celle de l'Autriche, qu'elle dépasse de 2/5 celle de la Prusse, et à peu près de la même quantité celle de l'Angleterre, de l'Irlande et de l'Écosse réunies.

Mais il importe, en même temps, de remarquer que la France n'occupe que le dixième rang, si l'on considère le rapport qui existe dans chaque pays entre la population chevaline et la population humaine. Enfin, comme il était facile de le prévoir, ce sont les pays où ce rapport est le plus grand qui exportent le plus grand nombre de chevaux (1).

(1) On croit généralement que l'Angleterre, qui produit des chevaux si renommés, en exporte un très-grand nombre; ce fait, s'il était vrai, serait en contradiction avec ce que nous venons

Aux divers renseignements que nous venons de rapporter viennent se joindre ceux que fournit la statistique agricole de la France, faite par les soins de l'Administration et dont les résultats sommaires ont été publiés en 1843, par Royer. Nous extrayons de l'atlas joint à son ouvrage un tableau (voir à la fin du rapport, tableau A) qui présente par département le chiffre des chevaux, des juments et des poulains.

---

de dire, puisque le rapport de la population chevaline à la population humaine dans ce pays n'était en 1823, avant l'établissement des chemins de fer, que de 7 1/2 p. 0/0; mais le tableau suivant des chevaux importés et exportés par l'Angleterre pendant les dix dernières années vient à l'appui de l'opinion que nous avons émise.

État des chevaux importés et exportés annuellement par le Royaume-Uni, depuis 1840 jusqu'à 1849.

ANNÉES.	NOMBRE DES CHEVAUX		ANNÉES.	NOMBRE DES CHEVAUX	
	IMPORTÉS.	EXPORTÉS.		IMPORTÉS.	EXPORTÉS.
1840......	521	2,275	1845......	171	2,235
1841......	339	4,538	1846......	524	2,278
1842......	268	2,073	1847.....	1,424	2,056
1843......	190	2,281	1848......	2,074	806
1844......	160	2,483	1849......	3,000	1,186

Le droit d'importation était de 25 fr. 50 c. par tête de cheval jusqu'en 1846; depuis cette époque les chevaux sont admis en franchise de tous droits: il n'y avait pas avant 1846, et il n'y a point aujourd'hui, de droit à l'exportation.

On voit, au premier coup d'œil, que le commerce de chevaux de la Grande-Bretagne avec l'étranger porte sur des chiffres peu considérables, et que ses exportations ne sont pas toujours numériquement au-dessus de ses importations. Les exportations sont presque constantes : en 1841, elles ont augmenté de 2,000, par suite des achats que nous avons faits pour la remonte de notre cavalerie; en 1848 elles se sont réduites à 806, parce que nous n'y avons pas acheté de chevaux de luxe; elles reprennent une marche ascendante dès 1849.

Quant aux importations, elles diminuent de 1840 à 1845 où elles sont presque nulles; elles augmentent d'une manière continue depuis cette époque; elles sont, en 1849, presque six fois ce qu'elles étaient en 1846. L'année 1846 est celle de la modification et de l'abolition des tarifs. La diminution du prix des denrées qui servent à la nourriture des chevaux, est sans doute la principale cause de l'accroissement des importations. Ce fait conduit en outre à penser que l'établissement des chemins de fer ne tend pas, comme on l'avait cru, à diminuer le nombre des chevaux nécessaires aux besoins de la société.

Il résulte de ce document qu'en 1840 la population chevaline de la France se composait de

1,271,630	chevaux,
1,194,231	juments,
352,635	poulains.
Total de l'espèce... 2,818,496	

Le nombre des chevaux comparé à celui des juments.

Les chiffres que nous venons de rapporter permettent de rectifier une erreur assez généralement admise chez les éleveurs, savoir : qu'il naît en moyenne plus de juments que de chevaux (1).

Laissant en dehors le nombre des poulains, dont le sexe n'est pas accusé dans les documents que nous avons reproduits, nous voyons que la population chevaline adulte se compose de :

1,271,630	chevaux,
1,194,231	juments.
Différence... 77,399	chevaux.

Si l'on s'arrêtait à ces chiffres on serait amené à conclure qu'il naît, au contraire, plus de chevaux que de juments.

Mais, d'un autre côté, si l'on consulte les renseignements fournis par l'Administration des douanes (voir les tableaux B et C), on reconnaît que cette différence est essentiellement due aux importations, dans lesquelles le nombre des chevaux dépasse de beaucoup celui des juments. Il serait aisé, en tenant un compte exact des échanges que nous faisons avec l'étranger, de se convaincre que, dans la population chevaline réellement due à la production du pays, la différence entre le nombre des chevaux et celui des juments est insignifiante.

Comment s'alimente et se renouvelle cette population.

Si l'on compare le nombre des poulains au chiffre total de l'espèce, on voit qu'il en est à peu près le huitième, d'où résulterait que la population chevaline de la France se renouvelle par huitièmes. Mais

(1) Les relevés faits, pendant une période de trente ans, dans les haras de l'État, prouvent que le nombre des naissances est le même pour les femelles que pour les mâles.

comme différentes causes (1) ont contribué à augmenter, dans les résultats de la statistique, le chiffre des animaux compris sous la dénomination de poulains, en diminuant d'autant le chiffre total des chevaux et juments, on a été porté à penser que le renouvellement annuel par huitième était une proportion trop forte. Cette considération et quelques autres qui, à vrai dire, n'ont rien de tout à fait précis, ont conduit divers auteurs à admettre que la population chevaline de la France se renouvelle par dixièmes. Ainsi cette population étant à l'époque actuelle d'environ 3,000,000 de têtes, le renouvellement se ferait par 300,000 naissances annuelles.

Évaluation du nombre des poulinières.

Les résultats d'une longue observation ont d'ailleurs prouvé que, sur cinq juments saillies, il y en a au plus trois qui donnent des produits; ce qui amènerait à conclure que la naissance de 300,000 poulains nécessite au moins 500,000 juments consacrées à la reproduction. Cette évaluation, nous le répétons, est un minimum, et plusieurs membres ont affirmé, qu'on ne pouvait estimer au-dessous de 600,000 le nombre des poulinières conduites annuellement à l'étalon.

Importations.

Les conséquences que nous venons de déduire supposent, il est vrai, que les chevaux qui existent en France ont tous été produits dans le pays, et, qu'on y conserve tous ceux qui y sont nés. Mais, après avoir suivi les détails que nous allons donner sur nos importations et sur nos exportations, on reconnaîtra que les résultats de notre commerce avec l'étranger ne peuvent infirmer ce que nous venons de dire.

(1) Nous entendons ici par poulains les animaux âgés de moins d'un an; mais les hommes versés dans l'art vétérinaire savent qu'il n'y a point de moyen précis de reconnaître l'âge des poulains avant 2 ans; et, surtout dans les petites races, il est fort possible qu'on ait confondu des poulains de 15 mois avec des poulains de 10 mois. Il est d'autant plus probable que cette cause d'erreur affecte les résultats de la statistique, que les documents n'ont pas été réunis par des hommes spéciaux, et que, de plus, dans le langage habituel, on donne généralement cette dénomination aux jeunes chevaux jusqu'à l'âge de 2 ans 1/2 ou 3 ans.

Nous avons placé à la fin de ce rapport (tableaux B et C) un extrait des documents officiels publiés par l'Administration des douanes, et présentant le chiffre des animaux de l'espèce chevaline importés et exportés depuis 1837.

Ces relevés existent depuis 1817; voici le motif pour lequel nous avons cru inutile d'en extraire ce qui est relatif à l'importation des chevaux antérieurement à l'année 1837.

Avant la loi du 5 juillet 1836, qui a fixé les droits d'entrée à 25 francs pour les chevaux entiers, hongres et juments, et à 15 francs pour les poulains, les tarifs étaient de 50 francs pour les premiers et de 15 francs pour les seconds. Sous l'empire de cette taxe protectrice, la contrebande, qui pour les chevaux présente des facilités toutes particulières, avait pris un grand développement.

Des compagnies se chargeaient de frauder les droits moyennant une prime de 25 francs par tête : c'est ce qui a motivé le tarif actuel. Les chiffres publiés par l'Administration des douanes avant 1836 ne peuvent dès lors servir de base à une appréciation exacte des importations; tandis que, depuis la loi de 1836, si la contrebande se fait encore, elle n'a plus une importance sérieuse.

Dans ce qui précède, nous n'avons point tenu compte des chevaux employés par l'armée, nous avions en effet particulièrement en vue d'apprécier nettement le mouvement du commerce dû à la consommation de l'agriculture, de l'industrie et du luxe. Le même motif nous a portés à séparer dans le tableau B, relatif à l'importation, les chiffres qui indiquent le nombre des chevaux que le ministère de la guerre, à diverses époques, a fait acheter à l'étranger pour la remonte de notre cavalerie. Ces achats, parfois considérables, ont augmenté notablement l'importation dans les années correspondantes, et, si on ne les eût fait ressortir à part, ils eussent empêché de saisir le mouvement régulier de production et de consommation que nous cherchions à découvrir.

Il résulte du tableau B que les importations dues à la consommation régulière du pays ont été en augmentant d'une manière à peu près constante depuis 1837 jusqu'en 1845. A la première époque, elles étaient de 19,200; à la seconde, de 28,486; ainsi elles se sont accrues de près d'un tiers dans une période de neuf années. En 1840, il est vrai, les bruits de guerre les avaient réduites à 18,914; mais, dès 1842, elles atteignaient le chiffre de 24,196, supérieur à celui de 1839. Les trois années 1844, 1845 et 1846 présentent le maximum de nos importations.

Néanmoins, dès l'année 1846, un mouvement rétrograde se manifeste; dans cette année, le chiffre des importations diminue d'environ 800 chevaux; en 1847, il baisse de près de 4,000, ce qui s'explique suffisamment par la crise financière et par la cherté des céréales. Enfin, en 1848, la réduction est plus forte encore, et l'on introduit 7,000 chevaux de moins que l'année précédente; les événements politiques y ont sans aucun doute la plus grande part. En 1849, notre importation n'est plus que de 16,307; ce chiffre est le même, à quelques unités près, que celui de l'année précédente.

Quant à l'année 1850, les résultats des six premiers mois semblent indiquer qu'elle présentera une augmentation assez notable sur l'année précédente.

Passons maintenant à l'examen de nos exportations.

Exportations.

Le tableau C, tiré, comme le précédent, des documents officiels de l'Administration des douanes, présente les exportations pour les années auxquelles se rapporte le tableau B. Il montre qu'elles sont beaucoup plus régulières que nos importations; leur chiffre reste presque constamment autour de 5 ou 6 mille par année. Les événements politiques exercent à cet égard peu d'influence.

On a indiqué sur les tableaux B et C les moyennes des importations et des exportations pour deux périodes successives de six années chacune.

Depuis 1837 jusqu'en 1842, la moyenne des importations est de 21,379, celle des exportations est de 6,589 : différence, 14,790.

De 1843 jusqu'en 1848, la moyenne des importations est de 23,897, celle des exportations de 5,929 : différence, 17,968. Ainsi, le nombre des chevaux dont la France a eu annuellement besoin, en sus de ceux qu'elle a produits, a été, pendant la première période, de 14,790, et, pendant la seconde, de 17,968. On est donc en droit de conclure que notre déficit annuel suit une marche ascendante. Telle est la conséquence qui ressort de la comparaison des moyennes prises par six années; mais ce qui s'est produit en 1849 donne lieu d'espérer que nous entrons dans une ère plus favorable, car les importations de cette année ont été de 16,307 et ses exportations de 6,688; la différence est seulement de 9,619 : c'est la plus faible qu'on ait observée depuis longtemps; les circonstances particulières où s'est trouvé notre pays ont sans doute influé sur ce résultat (1). L'avenir montrera si notre production suit une marche ascendante proportionnelle à l'accroissement de nos besoins.

Il résulte évidemment de la discussion à laquelle nous venons de nous livrer, que, même en considérant l'espèce chevaline en bloc, et en supposant que les chevaux que nous exportons soient propres au même service que ceux que nous importons, la France ne produit point assez de chevaux pour sa consommation.

Le déficit annuel pour les douze années dont se composent les deux périodes réunies serait, en moyenne, de 16,379.

Il est aisé, en partant de ce chiffre, d'avoir un aperçu du rapport qui existe entre nos besoins annuels et notre production. Ces besoins sont exprimés, en effet, par la somme des chevaux indigènes qui arrivent annuellement à l'âge de cinq ans et des chevaux étrangers qui franchissent notre frontière à l'état adulte.

(1) On a attribué aussi, en partie, ce résultat à la vente des chevaux de cavalerie réformés sans être impropres au service, et par suite de la nécessité de rentrer dans les limites de l'effectif fixé par le budget; mais les réformes pour cette cause n'ont porté pendant ladite année que sur 1,629 chevaux, chiffre qui, comme on le voit, ne modifierait pas notablement le résultat que nous avons indiqué.

Or, d'une part, l'on peut estimer que les naissances annuelles, dont nous avons donné le chiffre, produisent cinq ans plus tard environ 225,000 têtes prêtes à entrer en service, en calculant au plus bas les pertes dues à la mortalité. D'autre part, nous venons de voir que notre déficit annuel, pendant la période de douze années dont nous nous sommes occupés plus haut, était de 16,379 têtes, qui peuvent se réduire, si l'on en retranche les poulains importés, à environ 15,000 adultes. Ces chiffres, 225,000 et 15,000, sont évidemment les deux éléments dont la réunion donne le nombre total des chevaux nécessaires annuellement pour alimenter notre consommation : ils forment ensemble une somme de 240,000. Si l'on compare ce dernier chiffre à celui de 15,000, on reconnaît que nos besoins annuels sont environ d'un quinzième en sus de notre production.

Classification des chevaux relativement aux services auxquels on les emploie.

Mais cela ne veut pas dire que, par rapport à chacun de nos besoins spéciaux, il y ait un déficit exact d'un quinzième, et il est malheureusement trop vrai que si la proportion est moindre pour certaines catégories de chevaux, elle est, par cela même, beaucoup plus forte pour d'autres. On conçoit que l'on pourrait arriver sur ce sujet à des chiffres précis, si le genre de service auquel chaque animal est propre pouvait être constaté au moment où il passe la frontière ; mais les états publiés par la direction des douanes ne fournissent aucune indication de ce genre. Nous avons donc dû chercher ailleurs des renseignements à cet égard.

Les chevaux, sous le rapport des usages divers auxquels la société les emploie, peuvent se classer de la manière suivante :

Premièrement, les chevaux de trait au pas : ce sont les plus grands, les plus lourds, ceux qui sont capables de mouvoir les plus pesants fardeaux. Ils sont peu propres aux allures vives; nous les rencontrons, dans nos villes ou sur nos grandes routes, attelés aux charrettes de roulage, aux voitures qui transportent les charges les plus considérables.

En second lieu, les chevaux de trait au trot, chevaux de poste et de diligences, qui sont en état de parcourir 10, 12 et jusqu'à 16 kilomètres à l'heure, en exerçant une force de traction suffisante pour traîner ces lourdes voitures que chacun connaît.

Troisièmement, les chevaux dits *de carrosse* ou chevaux *à deux fins*, ceux qui traînent les voitures de luxe, et peuvent généralement servir à la fois au trait et à la selle; leurs formes offrent plus d'élégance que celles des chevaux de poste; ils ont plus de souplesse et de brillant, un trot parfois plus allongé et un galop plus agréable et plus rapide.

Enfin, les chevaux de selle qu'on réserve généralement pour cet emploi, parce qu'ils ont, d'ordinaire, trop peu de masse et trop peu de force pour être avantageusement employés au trait; ceux du meilleur type sont plus souples et plus élégants que les chevaux de carrosse; leur conformation et aussi l'usage qu'on en fait leur donnent sur ces derniers une supériorité réelle dans les allures vives.

Les chevaux de carrosse et l'élite des chevaux de selle sont ce qu'on nomme dans le commerce chevaux de luxe.

Quant à ce qu'on appelle parfois chevaux d'agriculture, on ne peut les considérer comme formant une classe à part : il est très-certain que la majorité des chevaux qui existent en France est employée aux travaux de l'agriculture; mais ceux-là appartiennent, suivant les lieux, aux diverses catégories que nous venons de citer. Ainsi, dans quelques départements, ceux de la Lorraine ou de l'Alsace, par exemple, on voit attelés à la charrue des chevaux qui rentrent réellement, par leur forme et surtout par leurs dimensions, dans la classe des chevaux de selle.

Nature des chevaux importés.

Dans quelle proportion les chevaux importés sont-ils répartis entre ces catégories? Divers renseignements, desquels on ne peut faire ressortir des chiffres précis, mais qui n'en sont pas moins certains dans leur ensemble, conduisent à admettre que la plus grande partie des chevaux que nous importons appartient à la catégorie de ceux que le luxe emploie.

Remarquons d'abord que ceux-ci sont presque toujours des chevaux hongres, et, si l'on jette les yeux sur le tableau B, on verra que les chevaux hongres forment la partie la plus considérable de nos importations; de plus, c'est un fait notoire que, dans toutes nos grandes cités, les marchands de chevaux de luxe achètent à l'étranger ceux qui font l'objet de leur commerce.

Enfin, toutes les personnes qui ont vu les nombreux convois de chevaux étrangers que l'on rencontre sur les grandes routes, dans le voisinage de nos frontières, savent qu'ils sont principalement composés de chevaux hongres susceptibles d'être employés comme chevaux à deux fins.

Divers auteurs (Math. Dombasle et le général de Girardin) avancent que le chiffre des chevaux de luxe employés en France, l'armée en dehors, est de 80 à 100,000, ce qui supposerait un renouvellement annuel de 8 à 10,000. Ce chiffre se rapproche sensiblement de celui de 10 à 12,000 que présente notre importation annuelle de chevaux hongres.

Nature des chevaux exportés.

Quant aux chevaux que nous exportons, des observations analogues établissent qu'ils appartiennent presque tous à la classe des chevaux de trait au trot, si nous en exceptons, toutefois, les chevaux de selle que quelques-uns de nos départements du Midi envoient en Espagne et en Italie; mais ces exportations sont d'une importance minime (1).

(1) On trouve sur les tableaux des douanes qu'en 1848 nous avons exporté en Angleterre 800 chevaux : nous convenons qu'ils appartenaient tous à la catégorie des chevaux de luxe; mais ces chevaux, nous avons pu nous en assurer à Paris même, étaient venus antérieurement d'Angleterre, et les marchands, qui ne trouvaient pas à les vendre en France, les réexportaient au pays de provenance, aimant mieux perdre leurs frais que de livrer ces chevaux à moitié prix sur notre marché.

Ce sont les chevaux de luxe qui manquent à la France.

Il résulte de ce qui précède que les chevaux qui manquent à la France appartiennent surtout à la catégorie des chevaux de luxe, et plus particulièrement à celle des chevaux à deux fins.

D'où nous pouvons inférer avec certitude que nos éleveurs ne produisent pas aujourd'hui en nombre suffisant les chevaux de cette catégorie, et ne peuvent les livrer aux marchands à des conditions aussi avantageuses que celles offertes à l'étranger : ce qui revient à dire que c'est surtout pour cette classe de chevaux que la production indigène est inférieure aux besoins du pays.

Dans quelle catégorie viennent se ranger les chevaux nécessaires aux besoins de l'armée.

Si nous nous sommes appesantis aussi longuement sur les détails qui précèdent, c'est qu'ils ont, comme on va le voir, une grande importance, pour bien préciser la position dans laquelle se trouve la France relativement à la remonte de ses troupes à cheval, soit sur le pied de paix , soit sur le pied de guerre.

Voyons d'abord où viennent se ranger dans la classification que nous avons adoptée, les chevaux nécessaires aux besoins de l'armée.

Ces chevaux sont désignés, au ministère de la guerre, par les dénominations suivantes :

Chevaux de cavalerie de réserve (cuirassiers et carabiniers);

Chevaux de cavalerie de ligne : ce sont les chevaux de dragons et de lanciers, ceux qui montent l'artillerie à cheval et les sous-officiers et brigadiers de l'artillerie montée; c'est aussi dans cette catégorie que sont pris la plupart des chevaux d'officiers ;

Chevaux de cavalerie légère (hussards et chasseurs);

Enfin les chevaux de trait qui sont attelés aux pièces d'artillerie et aux voitures des divers trains.

Quant à la gendarmerie, la taille de ses chevaux ne doit pas descendre au-dessous du maximum fixé pour la cavalerie légère.

Le tableau suivant présente les limites de taille dans lesquelles sont reçus les chevaux des différentes armes, ainsi que les prix moyens auxquels ils sont achetés par le Gouvernement.

ARMES.	TAILLE.		PRIX.	OBSERVATIONS.
	MINIMUM.	MAXIMUM.		
Cavalerie de réserve....................	1m,54	1m,60	800f	Le prix des chevaux d'officier est de 900 fr.
Cavalerie de ligne, artillerie (selle)......	1 ,51	1 ,54	650	
Cavalerie légère.........................	1 ,48	1 ,51	550	
Artillerie (trait) et train..............	1 ,49	1 ,54	550	

Les chevaux de la cavalerie de réserve et de la cavalerie de ligne ne diffèrent entre eux que par la taille ; ils doivent être, comme on le dit, du même modèle : les premiers sont seulement plus grands et étoffés en proportion. Ces chevaux appartiennent, les uns et les autres, à la catégorie des chevaux de carrosse et des chevaux à deux fins ; il faut qu'ils aient en outre, autant que possible, les qualités particulièrement utiles aux chevaux de guerre, de l'énergie sans beaucoup d'ardeur, du fond et de la sobriété.

Les chevaux de cavalerie légère, qui portent des hommes et un harnachement moins lourds et dont on exige moins de taille, sont rangés dans la classe des chevaux de selle.

Enfin les chevaux de trait employés pour le service de l'armée appartiennent à la catégorie des chevaux de trait au trot ; le service des batteries surtout réclame beaucoup de force unie à une certaine vitesse dans les allures.

Il résulte de ce que nous venons de dire qu'à l'exception des chevaux de trait, tous les chevaux employés par l'armée appartiennent à cette catégorie qu'on désigne habituellement sous le nom de chevaux de luxe.

Il faut d'ailleurs remarquer que les chevaux de trait, notamment sur le pied de paix, n'entrent que pour une petite portion dans l'effectif total. En jetant les yeux sur le tableau D, qui donne l'effectif des troupes à cheval sur le pied de paix et sur le pied de guerre et les chiffres de leurs besoins annuels en chevaux de remonte, on verra que le nombre des chevaux de trait sur le pied de paix est seulement de 6,821, avec une remonte annuelle de 850, tandis que les autres troupes à cheval ont un effectif de 49,560 chevaux, et exigent une remonte annuelle de 6,181 (1). Ainsi, et c'est ce que nous voulions constater, les espèces le plus généralement employées pour la remonte des troupes à cheval sont précisément celles dont la production spontanée est insuffisante dans notre pays, et que le commerce achète à l'étranger. On ne doit donc pas s'étonner que, quand la nécessité de mettre notre cavalerie sur le pied de guerre a obligé le ministère de la guerre à augmenter inopinément, et dans une très-forte proportion, le chiffre de ses achats annuels, il ait inutilement cherché, dans nos contrées d'élevage, la totalité des chevaux d'arme dont il avait besoin, et qu'il se soit trouvé parfois dans la fâcheuse extrémité d'en demander un certain nombre à l'étranger.

---

(1) Nous devons ajouter, pour mémoire, une remonte annuelle de 1,325 chevaux que nécessite l'entretien de la gendarmerie à cheval.

CHAPITRE III.

RESSOURCES QU'OFFRAIT JADIS LA POPULATION CHEVALINE DU PAYS. — ORIGINE DE L'INTERVENTION DE L'ÉTAT DANS LA PRODUCTION.

L'infériorité de la production chevaline du pays n'est pas un fait nouveau. — Elle est constatée dès le 17ᵉ siècle. — Elle motive l'ordonnance de 1717, qui règle l'intervention de l'État, sans remédier au mal. — Supprimée en 1790, cette intervention est rétablie sur de nouvelles bases par le décret de 1806. — Causes générales de l'insuffisance de la production. — Danger sérieux qui en résulte pour le pays. — Il motive l'existence de l'Administration des haras et de celle des remontes de l'armée. — Concourant au même but, ces deux services devaient cesser la lutte qui les a trop longtemps divisés.

L'insuffisance de la production du pays est-elle un fait nouveau ?

Cette infériorité de la production du pays, que nous venons de constater au chapitre précédent, est-elle donc un fait nouveau? On serait parfois tenté de le croire, à entendre les plaintes et les récriminations qui surgissent de temps à autre à cet égard.

Les personnes les plus étrangères à ce qu'on appelle, dans le langage de l'époque, la question chevaline, ne sont pas sans avoir entendu répéter autour d'elles : « Nos belles races de chevaux français sont perdues : ces races qui faisaient l'honneur de notre pays, dont la supériorité sur celles de l'étranger était reconnue, qui fournissaient amplement à tous nos besoins, à peine en trouvons-nous quelques vestiges; le mal grandit tous les jours; il faut refaire nos races, sans quoi l'avenir de l'espèce chevaline en France est à jamais perdu. »

La supériorité du passé sur le présent une fois admise comme un fait incontestable, chacun, sans même prendre la peine de mesurer l'étendue du mal, sans examiner s'il augmente ou s'il diminue, donne un libre cours à son imagination pour en rechercher la cause et en donner l'explication.

Souvent, par suite d'une habitude trop générale chez nous, on s'en prend au Gouvernement. Pour les uns, c'est le fait même de l'intervention de l'État qui nuit à la production et arrête l'essor que l'industrie privée prendrait si elle était libre; parmi eux et à leur tête se trouve Mathieu Dombasle, qui, dans son remarquable ouvrage des haras et des remontes, a développé cette thèse avec le talent et le savoir qu'il a souvent employés à défendre de meilleures causes. Pour d'autres, c'est le mode suivi par l'État dans son intervention qui est nuisible; il faudrait revenir à celui que l'on pratiquait autrefois et qui produisait, suivant eux, des résultats si supérieurs à ceux que nous constatons aujourd'hui.

Le Conseil a pensé que, pour apprécier la valeur de ces assertions, il était nécessaire de jeter un coup d'œil rapide sur le passé, et d'examiner si nos anciennes races françaises, dont personne ne conteste le mérite, satisfaisaient jadis, comme on le dit, à tous les besoins du pays.

Époque à laquelle cette insuffisance est constatée.

C'est sous le règne de Louis XIII que se montrent les premières tentatives de l'État pour encourager l'élevage du cheval. L'insuffisance de la production, à cette époque, amenait déjà le pouvoir central à stimuler et à diriger les efforts particuliers, qui ne répondaient pas aux exigences de la consommation. D'un côté, les armées permanentes prenaient un développement plus considérable; de l'autre, les grandes influences territoriales tombaient successivement pour faire place à la centralisation naissante.

Les efforts faits alors par le Gouvernement pour réglementer l'action qu'il voulait exercer, afin de perfectionner et d'augmenter la population chevaline en France, furent infructueux.

Règlement de 1717 qui détermine le mode de l'intervention de l'État dans la production.

Sous le règne de Louis XIV, pendant les guerres que la France eut à soutenir, l'impossibilité de remonter notre cavalerie au moyen des ressources du pays créèrent de nombreux embarras que constatent divers rapports faits au conseil du Roi. Dans une période de dix années, plus de cent millions de livres furent dépensées à l'étranger pour se procurer les chevaux que réclamaient les besoins de l'armée.

Ces faits motivèrent le règlement de 1717, qui détermina d'une manière précise la nature et le mode de l'intervention de l'État dans la reproduction de l'espèce chevaline. Ce règlement fut maintenu dans ses dispositions importantes jusqu'en 1790 (pendant 73 ans), époque à laquelle il fut aboli par l'Assemblée constituante.

Comparaison des ressources et des besoins du pays pendant le 18e siècle.

Pour juger les effets de cette institution, examinons ses résultats vers la fin du dernier siècle.

Le premier et le plus important des besoins du pays, celui qui avait amené l'État à intervenir dans la production, était, comme aujourd'hui, la remonte de nos troupes à cheval. Le dépôt de la guerre renferme, à cet égard, des documents qui peuvent éclairer la question.

Plusieurs marchés passés en 1759, et avant cette époque, constatent qu'on achetait alors des chevaux en Allemagne, que les concessionnaires s'engageaient à les tirer de ce pays et à n'en point fournir venant de Suisse, de Flandre ou de Bourgogne.

En 1762 interviennent les ordonnances de M. de Choiseul, à la suite desquelles les chevaux des compagnies de cavalerie cessèrent d'appartenir à leurs capitaines; la remonte se fit par régiment. Des officiers de chaque corps, détachés à cet effet dans les contrées de production, y achetaient des chevaux à l'âge de quatre ans, les conservaient dans les dépôts de remonte pendant un temps plus ou moins long, et les dirigeaient ensuite sur le corps; mais les remontes ainsi faites à l'intérieur étaient loin de suffire.

En vertu d'un marché passé par l'État en 1778, pour la fourniture de chevaux de remonte, le concessionnaire s'engage à les tirer du Danemark, du Holstein et de l'Oldenbourg.

En 1785, d'après un marché passé pour la fourniture de 1,788 chevaux destinés à la remonte de la cavalerie (grosse cavalerie), des dragons et chasseurs, le concessionnaire s'engage à fournir des chevaux ou juments tirés, autant que possible, des trois contrées déjà désignées, et le reste des autres pays de l'Allemagne où l'on élève de bons chevaux, tel que le pays d'Anspach. La réception se fit à Uckange et à Vic. Leur prix était de 403 livres pour la grosse cavalerie, et de 303 livres pour les dragons et les chasseurs. S'il ne se trouvait pas suffisamment de chevaux en Allemagne, on pouvait en acheter en France; ceux-ci donnaient droit à une prime de 10 francs, qui n'était payée que sur certificat authentique.

Le sieur Sincère soumissionna, le 21 juillet, un marché de 9,000 chevaux tirés des localités indiquées dans les marchés antérieurs et, en outre, du Mecklembourg.

En 1788, voici ce que renfermait le supplément, en date du 16 juin, à l'instruction permanente du même jour concernant les inspections des lieutenants généraux, chefs de division et inspecteurs divisionnaires :

« Sa Majesté se proposant de fixer, par un règlement particulier, « tout ce qui a rapport aux remontes quand elle aura attentivement « examiné cette partie importante de son service, elle a réglé provi- « soirement que le prix de chaque cheval de remonte serait fixé ainsi « qu'il suit :

	CHEVAUX	
	FRANÇAIS.	ÉTRANGERS.
	livres.	livres.
« Grosse cavalerie	470	430
« Dragons	400	360
« Hussards et chasseurs (1)	360	320

(1) Il n'y avait, à cette époque, ni lanciers, ni artillerie à cheval, ni train d'aucune espèce.

« Sa Majesté a en vue, par les différences de cette fixation, d'en-
« courager l'éducation des chevaux dans le royaume.

« Les régiments ne recevront plus le fourrage dans les lieux où ils « feront leur remonte; ce sera à eux à pourvoir à la nourriture des « chevaux par les soins des officiers qu'ils continueront de détacher à « cet effet.

« Chaque régiment continuera d'avoir un lieu de dépôt pour les « chevaux qu'il achètera dans le royaume..... »

On trouve, à la date du 24 mai 1789, des instructions contenant des prescriptions semblables.

Ce document constate plusieurs faits importants :

1° Que ni la grosse cavalerie, ni la cavalerie de ligne, ni la cavalerie légère, ne trouvaient en France des ressources suffisantes à leur remonte sur le pied de paix, puisqu'on prend la peine de fixer, pour chaque espèce de cavalerie, un prix particulier pour les chevaux achetés en France et pour ceux achetés à l'étranger;

2° Que les dépôts affectés à chaque régiment sont destinés à recevoir seulement les chevaux achetés dans le royaume : d'où il résulte que les corps étaient dans l'habitude de se remonter non-seulement en France, mais aussi à l'étranger;

3° Enfin, qu'en 1788, deux ans avant la suppression de l'ancienne administration des haras, le Gouvernement sentait encore le besoin d'encourager l'élevage des chevaux en France en fixant un prix supérieur pour les chevaux d'arme achetés dans le pays.

Un article de l'*Encyclopédie méthodique*, sur les carabiniers, fait en 1784 par M. Lacuée de Cessac, contient ce qui suit :

« Tous les chevaux du corps sont noirs...... leur taille est de « 4 pieds 10 pouces au moins. Ils sont généralement d'une belle « conformation : comme ce corps reçoit pour sa remonte des fonds « plus considérables que le reste de la cavalerie, il peut choisir avec « le plus grand soin les chevaux qu'il achète.

« C'est en Danemark et en Jutland que les carabiniers font leurs « remontes; malgré la prévention qu'on a généralement contre les

« chevaux danois, le corps a tout lieu de se louer de leur durée et « de leur bonté. Cependant combien ne serait-il pas à désirer que le « royaume pût fournir aux carabiniers et au reste de la cavalerie les « chevaux dont ils ont besoin? »

Depuis les ordonnances de M. de Choiseul, les remontes se faisaient par régiment; un règlement du 1er novembre 1791 porte que, par arrêté du Roi, les remontes des troupes à cheval se feront à l'avenir en commun.

« Sa Majesté a jugé convenable d'établir des dépôts de remonte « pour y réunir les chevaux destinés à compléter les différents régi« ments de l'armée; en conséquence, elle ordonne ce qui suit :

« L'officier général chargé de la réception et de la distribution des « chevaux de la remonte y procédera conformément...... etc. »

Suivent les conditions.

La taille est réglée ainsi qu'il suit :

Pour la grosse cavalerie...........	4 pieds	8 pouces	1/2
Pour les dragons.................	4	7	1/2
Pour les chasseurs et les hussards....	4	6	1/2

Le premier dépôt fut établi à Lunéville, le deuxième et le troisième à Vic et à Rosières.

Par un marché de 5,000 chevaux passé le 10 août 1791, le sieur Sincère s'engageait, comme dans ceux précédemment rapportés, à tirer ces remontes des pays de l'Allemagne ci-dessus indiqués.

Quant aux remontes faites à l'intérieur du pays, on ne trouve qu'un marché de 3,500 chevaux, en date du 4 septembre 1792. Ils devaient être livrés, ceux de la Normandie au Pin, etc.

La remonte de notre cavalerie préoccupait vivement alors les pouvoirs de l'État, et, le 15 février 1793, un nouveau règlement était publié sur l'administration des remontes générales.

Mais arrêtons-nous à cette époque, et voyons quel était sous la monarchie l'effectif de nos troupes à cheval, que nos ressources ne nous permettaient pas d'entretenir.

D'après la constitution militaire de 1788, faite par le conseil supérieur de la guerre, l'effectif de la cavalerie sur le pied de paix devait être composé, savoir :

Grosse cavalerie	12,788 h.
Dragons	8,568
Chasseurs et hussards	8,886
TOTAL	30,242 h.

A quoi il fallait ajouter la cavalerie de la maison du Roi, réduite alors par les réformes de 1775 et de 1787, savoir :

Gardes du corps du Roi	1,427 h.
——— de Monsieur	105
——— de M. le comte d'Artois	105
TOTAL	1,637 h.

En tout, 31,879 chevaux; soit 32,000 chevaux, effectif, sur le papier.

Malgré les achats nombreux faits à l'étranger, cet effectif était bien loin d'être complet, ainsi que le prouvent les situations, déposées en 1791 à l'Assemblée, qui constatent que nous n'avions alors que 26,000 chevaux de cavalerie.

Il est impossible d'établir d'une manière précise la proportion exacte dans laquelle les chevaux étrangers entraient à cette époque dans nos remontes; celle des carabiniers se faisait entièrement au dehors. Divers renseignements portent à croire qu'il en était de même du reste de la grosse cavalerie, dont l'effectif total était de 12,000 chevaux; enfin les dragons, les chasseurs et les hussards ne trouvaient point dans le pays des ressources suffisantes.

Telle était notre situation au moment de la révolution de 1789, tandis qu'aujourd'hui nous entretenons régulièrement sur le pied de paix un effectif moyen de 49,408 chevaux de selle, sans avoir besoin de faire aucun achat au dehors.

Nous venons de constater l'insuffisance des ressources pour la remonte de notre cavalerie. Le pays fournissait-il au moins, à cette époque, les chevaux de luxe qu'il consommait?

A cet égard, on peut consulter les nombreux écrivains qui s'occupaient alors de l'amélioration de nos races; tous déplorent notre insuffisance. Nous citerons, entre autres, Buffon, qui dit (page 187, tome Ier, édition de Sonnini) : « Les chevaux de Hollande sont fort « bons pour le carrosse, *et ce sont ceux dont on se sert le plus commu-* « *nément en France;* les meilleurs viennent de la province de Frise.... »

Enfin, le peu de développement qu'il donne au détail de nos races, dans sa célèbre étude du cheval, prouve qu'à cette époque on en avait dans le pays une opinion tout à fait analogue à celle qui est répandue aujourd'hui. Voilà ce passage, que nous reproduisons en entier : « Il y a en France des chevaux de toute espèce, mais les beaux « sont en petit nombre. Les meilleurs de selle viennent du Limousin; « ils ressemblent assez aux barbes, et sont, comme eux, excellents « pour la chasse; mais ils sont tardifs dans leur accroissement; il « faut les ménager dans leur jeunesse et même ne s'en servir qu'à « l'âge de huit ans. Il y a aussi de très-bons bidets en Auvergne, en « Poitou, dans le Morvan, en Bourgogne; mais, après le Limousin, « c'est la Normandie qui fournit les plus beaux chevaux : ils ne sont « pas si bons pour la chasse, mais ils sont meilleurs pour la guerre; ils « sont plus étoffés et plus tôt formés. On tire de la basse Normandie « et du Cotentin de très-beaux chevaux de carrosse, qui ont plus de « légèreté et de ressources que les chevaux de Hollande. La Franche- « Comté et le Boulonnais fournissent de très-bons chevaux de tirage. »

L'éditeur de Buffon, qui écrivait en l'an VIII (1800), ajoute à ce passage la note suivante : « Presque toutes les races distinguées de « nos chevaux de France sont éteintes. La négligence dans les éta- « blissements propres à les maintenir a commencé le mal, et l'ef- « frayante destruction de ces animaux utiles l'a porté à son comble. »

Nous pourrions multiplier ces citations; mais celles que nous venons de faire suffisent pour établir qu'avant la Révolution, s'il existait en France des races douées de qualités bien reconnues, elles étaient loin de fournir les mêmes ressources qu'aujourd'hui pour la remonte de notre cavalerie, et qu'elles étaient, de plus, insuffisantes pour alimenter la consommation de luxe.

Il en était ainsi dès la fin du XVIIe siècle et au commencement du XVIIIe. Cet état de choses amenait alors le Gouvernement à intervenir dans la production, et cette intervention, continuée jusqu'en 1790, n'avait pas notablement amélioré la situation.

Les inconvénients du mode de l'intervention de l'État dans la production amènent sa suppression en 1790.

A cette époque, on s'en prit au mode d'intervention suivi par l'État. Ces reproches étaient en partie fondés.

L'État ne se bornait pas alors, comme aujourd'hui, à encourager et faciliter la production : les mesures adoptées avaient pour but d'obliger pour ainsi dire les éleveurs à produire les chevaux dont on avait besoin, et en voulant ainsi réglementer la production on la réduisait au lieu de l'augmenter.

L'État plaçait, dans des dépôts (1) répartis sur divers points du pays, un certain nombre d'étalons choisis; d'autres étaient remis à des garde-étalons, et souvent ils étaient la propriété de ces derniers, qui recevaient pour eux une patente. Les garde-étalons étaient rémunérés par divers privilèges, et, entre autres, par le prix des saillies, qui devenaient obligatoires pour les juments qu'on jugeait propres à donner des chevaux d'arme. Cette disposition, attentatoire au droit de propriété, contribua surtout à rendre odieuse l'institution dont il s'agit. En outre, la direction administrative était confiée tantôt aux intendants des provinces, souvent fort étrangers à ce qui concerne l'élève du cheval, tantôt à de grands seigneurs revêtus de charges de cour, qui ne pouvaient en surveiller les détails.

Le choix des étalons, parfois fort négligé, se fit longtemps d'après

(1) Le nombre des étalons appartenant à l'État et répartis dans les dépôts était, en 1789, de 300; le chiffre de ceux qui étaient aux mains des garde-étalons, s'élevait à 2,939, en tout 3,239, et la population chevaline de la France était alors de 2,048,000. Aujourd'hui l'Administration n'a que 1,592 étalons entretenus ou subventionnés pour agir sur une population chevaline de 3,000,000 de têtes.

des systèmes erronés, auxquels on ne renonça qu'après les déplorables résultats constatés par une longue expérience.

Enfin, les nombreux abus qui, à la fin de la monarchie, s'étaient introduits dans cette branche de l'administration, plus encore peut-être que dans toutes les autres, achevèrent de la décrier dans l'esprit des populations de nos pays d'élevage. Au lieu de la transformer en l'améliorant, on la détruisit.

On essaya de nouveau du régime de liberté sans encouragement de l'État, régime dont, sous Louis XIII et sous Louis XIV, l'expérience avait surabondamment constaté l'insuffisance; on ne tarda pas à s'en repentir.

Dès l'an VI (1798), le remarquable rapport d'Eschasseriaux jeune, au Conseil des Cinq-Cents, établit, non-seulement sur des raisonnements incontestables, mais sur les faits, l'indispensable nécessité, en France, de l'intervention de l'État, qui ressortira du reste également de ce rapport. On avait alors à réparer non-seulement les pertes de la guerre, mais encore les résultats désastreux des réquisitions. Cependant le conseil des Cinq-Cents n'osa pas rétablir une institution si impopulaire. Ce ne fut qu'en 1806 que l'Empereur décréta la mise en pratique d'un système peu différent de celui qui était formulé dans le projet de loi dont nous venons de parler.

Rétablissement de l'intervention de l'État sur de nouvelles bases, en 1806.

Le décret de 1806 est la base sur laquelle repose aujourd'hui l'Administration des haras; toutefois, on a introduit en 1833, dans la composition des dépôts d'étalons, une modification importante. En vertu du décret de 1806, les étalons des dépôts devaient, pour la plus grande partie, appartenir aux meilleures races françaises. En 1833 cette disposition fut changée. Les chevaux de pur sang anglais et par leurs dérivés entrèrent en beaucoup plus grand nombre dans nos dépôts. Ce système nouveau fut, pour l'Administration actuelle, l'objet d'attaques vives et nombreuses dont nous discuterons plus loin la valeur; mais examinons d'abord les effets produits par le décret de 1806.

On a prétendu que l'application du système contenu dans ce décret avait rapidement rétabli notre prospérité chevaline. Nous conviendrons que la période de 1806 à 1813 fut un bon temps pour les éleveurs qui produisaient des chevaux d'arme. La consommation était immense, le débouché était assuré ; les marchands qui fournissaient l'armée enlevaient tout ce qu'ils trouvaient dans les pays de production, l'éleveur était sûr de vendre ses produits, bons ou mauvais, car les détachements de remonte, formés de chevaux reçus à la hâte, rejoignaient au loin les régiments, après avoir fait des pertes dont personne ne s'occupait alors de constater la proportion. Ce fut le temps des fortunes rapides dans ce commerce : de là vient que cette époque est citée comme celle qui vit fleurir chez nous l'élevage; mais il n'est pas possible de penser qu'en sept ans l'espèce chevaline se fût sérieusement améliorée en France.

En 1813 revinrent les réquisitions; puis l'invasion nous enleva le plus grand nombre des poulinières d'élite qui n'avaient pas été conduites sur les champs de bataille; on ne peut donc tirer aucun enseignement sérieux de ce qui se produisit alors.

La Restauration, trouvant la France épuisée, fut obligée d'aller demander à l'Allemagne la meilleure partie des faibles remontes nécessaires alors à l'entretien de nos troupes à cheval. Mais n'anticipons pas sur l'appréciation des ressources que le pays a présentées, depuis cette époque, aux remontes de notre cavalerie.

Causes générales de l'infériorité de la production chevaline en France.

Nous devons seulement dire ici quelques mots pour répondre à ceux qui s'en prennent exclusivement au mode suivi par l'État, de la pénurie, si souvent observée dans notre pays, sous le rapport de la production chevaline.

« La France, disent-ils, a un climat plus chaud que celui de l'Allemagne et de l'Angleterre. La richesse et la fertilité de son sol sont renommées : comment est-il possible qu'une contrée aussi favorisée ne puisse produire les chevaux dont elle a besoin? »

Les causes de ce fait sont plus générales et plus profondes qu'on ne paraît le croire.

Est-ce donc seulement de chevaux que manque la France?

Pour peu qu'on jette les yeux sur les tableaux publiés par l'administration des douanes, on reconnaîtra que, pour toutes les grosses espèces d'animaux domestiques, nos importations dépassent nos exportations (1).

Ce n'est donc pas seulement le cheval qui manque à la France : le bœuf et le mouton lui font également défaut ; ces espèces sont insuffisantes sur son marché. Or, il ne s'agit pas seulement de savoir si on peut faire de bons chevaux, mais bien si on peut les faire avec avantage. A quoi tient chez nous cette pénurie des espèces animales? A plusieurs causes : La grande étendue des terres consacrées à la production des céréales, conséquence nécessaire d'une agriculture peu avancée ; les surfaces considérables cultivées en vigne; un grand nombre de régions montagneuses, qui, quoique placées au sud de l'Angleterre et de la plus grande partie de l'Allemagne, sont plus froides que ces contrées et ne permettent pas un parcours aussi prolongé; enfin, pour une grande partie de notre pays, la faiblesse du capital employé dans les exploitations agricoles.

S'il y a des moyens de remédier à ce dernier inconvénient, le plus grave de tous, ils sont du ressort de l'économie sociale, et ne rentrent nullement dans notre sujet; mais les gens les plus étrangers à l'agriculture se rendront facilement compte que la production des animaux de boucherie présente des chances de gain beaucoup plus assurées que la production du cheval. Il est en effet beaucoup plus rare, dans l'élevage du bœuf et du mouton, de perdre la totalité de la va-

(1) La différence moyenne et annuelle de nos importations à nos exportations, pendant les cinq années de 1844 à 1848 inclus, est :

Pour l'espèce bovine (animaux de toute espèce)............	24,944
Pour l'espèce ovine..................................	81,267

leur des produits, et une foule d'accidents, qui diminuent parfois de moitié et des trois quarts le prix d'un cheval, n'ont souvent aucune importance pour les autres espèces. Enfin, comme les animaux destinés à la boucherie ont, en général, une croissance plus rapide, le producteur rentre beaucoup plus vite dans ses avances.

Que sera-ce donc si nos tarifs de douane, dont le droit d'entrée sur les chevaux ne constitue qu'une protection illusoire, accorde aux autres espèces une faveur comparativement très-considérable (1)?

La production d'un bœuf, par exemple, dont chacun sait que la valeur moyenne est fort inférieure à celle des chevaux de la catégorie de ceux dont il s'agit d'encourager l'élevage, est protégée par un droit de 50 francs, tandis que pour le cheval le droit est moitié moindre. Il n'est donc pas étonnant que, comme on l'a observé dans certaines contrées, l'élevage du cheval diminue pour faire place à celui du bœuf et du mouton. Ce résultat était, en partie du moins, la conséquence naturelle de la position faite par les lois de l'État aux éleveurs de chacune de ces espèces.

Telles sont les causes réelles de l'infériorité de notre production, causes dont on n'a pas suffisamment tenu compte en adressant trop souvent d'injustes reproches à l'administration des haras.

---

[1] L'extrait suivant de ces tarifs suffit pour montrer la situation relative faite aux agriculteurs qui se livrent à la production des espèces animales que nous venons de mentionner :

Espèce.	*Droit d'entrée.*
Bœufs	50f 00c
Vaches	25 00
Taureaux / Bouvillons	15 00
Génisses	12 50
Veaux	3 00
Moutons, béliers et brebis	5 00
Agneaux	0 30
Chevaux / Juments	25 00
Poulains	15 00

Si le cheval, et particulièrement celui qui nous manque, n'était qu'un objet de luxe, comme tant d'autres que la France achète à l'étranger, l'infériorité de la production nationale, à cet égard, n'aurait pas été l'objet de tant de préoccupations; mais le cheval qui nous fait défaut, nous l'avons dit, c'est le cheval de guerre, celui que, pour sauvegarder l'indépendance et l'honneur du pays, nous devons faire naître et élever sur notre territoire.

L'insuffisance de la production constitue un danger sérieux pour le pays.

S'il faut mettre notre cavalerie sur pied de guerre, nous sommes obligés d'avoir recours à l'étranger.

Ce funeste expédient nous manquerait au moment même où la nécessité rendrait les besoins plus impérieux, car si la guerre devenait imminente, les puissances étrangères fermeraient leurs frontières. Et, tandis que n'ayant plus à redouter notre concurrence sur leurs propres marchés, elles y trouveraient à vil prix les chevaux que notre commerce de luxe va leur demander chaque année, l'impossibilité de suffire à l'entretien de nos troupes à cheval sur le pied de guerre ne nous laisserait alors d'autres ressources que celles, trop souvent employées, des réquisitions : moyen extrême et désastreux qui ruine en un seul jour, et pour de longues années, l'avenir de la production du pays!

Mais plus les causes de cette situation sont graves, plus il faut d'efforts et de persévérance pour les combattre. On a fait, pour arriver au but, des essais dans les sens les plus divers et parfois les plus opposés. Aujourd'hui l'État ne borne plus son intervention à l'action de l'administration des haras qui ressortit au ministère de l'agriculture et du commerce; administration dont le but est d'encourager l'élevage par divers moyens, et de le faciliter en plaçant dans chaque contrée des étalons capables de produire de bons chevaux d'arme; mais il intervient aussi pour assurer à la production un débouché avantageux et régulier, par l'organisation donnée au service des remontes, qui ressortit au ministère de la guerre.

L'Administration des haras et le service des remontes ont pour but de remédier au mal qu'on vient de signaler.

Ce service établit une relation directe et incessante entre le producteur et l'État, qui, parvenant ainsi à s'assurer de la nationalité des chevaux qu'il achète, a de plus l'avantage de connaître, d'une manière précise, la nature et l'étendue des ressources de chaque partie du pays; enfin l'éleveur, assuré de se défaire à un bon prix des produits qui réussissent bien, est encouragé à continuer et à augmenter ses efforts.

Ces deux administrations, auxquelles un même besoin du pays a donné naissance, qui, par conséquent, doivent tendre au même but, ont été malheureusement fort divisées pendant longtemps sur les moyens à employer pour l'atteindre. Inquiétée dans son existence, lorsque le ministère de la guerre prétendit l'absorber dans le service des remontes, l'administration des haras se défendit avec succès, et gagna son procès devant les Chambres; mais les habitudes d'antagonisme que cette lutte avait fait naître et dont rien ne motiverait aujourd'hui la continuation, sont abandonnées sans retour. — Les ressentiments et les passions des hommes devaient se taire lorsqu'il s'agissait de débattre les grands intérêts du pays.

CHAPITRE IV.

DU SERVICE DES REMONTES DE L'ARMÉE DANS SES RAPPORTS AVEC LES ÉLEVEURS.

Des établissements de remonte. — Leurs circonscriptions. — Système du règlement de 1837. — Conditions exigées des chevaux d'arme. — Dispositions législatives concernant les prix. — Du mode d'achat. — Nécessité de la permanence des crédits annuels. — Résultats produits par ce système. — Des améliorations qu'on peut y apporter. — Pourquoi on a exclu les marchands. — Leur utilité. — Dans quelle mesure ils ont été admis.

Nous avons établi, dans le chapitre II, que les chevaux nécessaires pour la remonte de notre cavalerie appartiennent, en grande majorité, à la catégorie de ceux que nos éleveurs ne produisent point en nombre suffisant pour la consommation du pays, et que le commerce va généralement chercher à l'étranger.

C'est parce que les conditions de la production ont ainsi forcément établi les relations des marchands au dehors, que ceux de nos agriculteurs qui se livrent à l'élevage de ce genre de chevaux n'ont, pour ainsi dire, d'autre débouché que les achats faits par la remonte de l'armée. On concevra donc sans peine de quelle importance sont, pour cette classe nombreuse de producteurs, les détails d'exécution de ce service. Telle est la cause de l'examen attentif que le Conseil a dû en faire. Nous allons résumer ici les renseignements qui lui ont été communiqués à cet égard, ainsi que les appréciations dont ils ont été l'objet.

Des dépôts de remonte.

Le service des remontes comprend cinq circonscriptions; chacune a pour centre un établissement nommé *Dépôt de remonte*, dont le chef correspond directement avec le ministre de la guerre. Ces établissements sont placés à Caen, Guingamp, Saint-Maixent, Auch et Villers.

Succursales.

La grande étendue des circonscriptions des dépôts a motivé successivement la création d'établissements secondaires dépendants des premiers, et qui prennent le nom de succursales. Les commandants de ces succursales ne sont point en relation directe avec le ministre de la guerre; ils correspondent avec les commandants des dépôts. Ces succursales sont au nombre de quinze.

Le tableau E présente les circonscriptions des dépôts de remonte, ainsi que celles des succursales qui en dépendent, la date de la création de ces établissements, la population chevaline des départements qui les composent, et les rapports de cette population à la population humaine dans ces diverses contrées.

Le tableau E donne des indications analogues pour les départements qui restent en dehors de l'action du service dont il s'agit.

Annexes.

Viennent ensuite les annexes. On nomme ainsi des établissements où on nourrit pendant quelques mois, avant de les envoyer dans les régiments, les chevaux achetés dans certaines circonscriptions. Ces établissements sont au nombre de trois, savoir : Le Gibaud (Charente-Inférieure), Saint-Maurice (Landes), Le Visens et la Ferme-Forcade (1) (Hautes-Pyrénées). D'après la destination qui leur est assignée, ils n'ont, à vrai dire, aucune relation avec les éleveurs. Nous ne les mentionnons que pour mémoire. La carte n° 1 indique les lieux où sont placés les dépôts et les succursales, ainsi que les circonscriptions qui dépendent de ces établissements. Une teinte noire désigne les régions qui ne sont point explorées par les officiers acheteurs.

(1) Le Visens et la Ferme-Forcade, à Tarbes, situés très-près de la ville, ne sont, à proprement parler, que les écuries du Dépôt.

Règlement qui régit le service des remontes.

Le service des remontes est régi par un règlement, en date du 23 mars 1837. Quelques points secondaires ont seuls été modifiés ou éclaircis depuis cette époque par des instructions ministérielles. Parmi les dispositions que renferme ce règlement, le conseil supérieur des haras n'a examiné que celles qui déterminent les conditions exigées des chevaux d'arme et celles qui sont relatives au mode de leur achat.

Fixation de la taille.

La taille des chevaux des différentes armes est fixée conformément à l'état que nous avons rapporté dans le chapitre II. Cette fixation, faite en 1837, n'était point une innovation ; elle n'a fait que réglementer d'une manière absolue des dispositions auxquelles on se conformait depuis de longues années en vertu de circulaires ministérielles.

Il n'est donc point exact de dire, comme on l'a fait quelquefois, que le règlement dont il s'agit ait réduit la taille des chevaux de la cavalerie.

En 1846, l'année s'ouvrait avec un déficit plus considérable qu'à l'ordinaire pour les chevaux de cavalerie de ligne. Une circulaire, adressée aux commandants des dépôts de remonte, les autorisa, exceptionnellement pour les achats de l'année, à réduire la taille de ces chevaux de 1m,515 à 1m,50.

Enfin, en 1847, une décision ministérielle (insérée au *Journal militaire*, 1er novembre de cette année, p. 312) prescrit d'exprimer, à l'avenir, en mètres et en centimètres, sans indication de millimètres, la taille réglementaire des chevaux de remonte.

Voici ce qui résulte de ces trois textes successifs :

1° De 1837 à 1846, la taille est fixée de la manière suivante :

Cavalerie de réserve		de 4p,9p	à 4p,11p	ou de 1m,542	à 1m,597.
Cavalerie de ligne	Artillerie à cheval Dragons Lanciers	de 4 ,8	à 4 ,9	ou de 1 ,515	à 1 ,542.
Cavalerie légère	Chasseurs Hussards	de 4 ,6 ½	à 4 ,8	ou de 1 ,475	à 1 ,515.
Train des parcs d'artillerie, du génie et des équipages		de 4 ,7	à 4 ,9	ou de 1 ,488	à 1 ,542.

2° En 1846, réduction pour l'année suivante seulement de $0^m,015$ sur la taille des chevaux de ligne;

3° A partir de 1847, elle est fixée comme suit :

Cavalerie de réserve	de $1^m,54$ à $1^m,60$.
Id. de ligne et artillerie (selle)	de 1 ,51 à 1 ,54.
Id. légère	de 1 ,48 à 1 ,51.
Artillerie trait et trains	de 1 ,49 à 1 ,54.

La suppression des millimètres, qui peut être considérée, en thèse générale, comme sans importance, a eu néanmoins pour conséquence d'augmenter d'un demi-centimètre la taille minimum des chevaux de cavalerie légère, les plus petits de ceux qui soient reçus dans l'armée; si donc on voulait tenir compte des modifications, d'ailleurs insignifiantes, qui ont été introduites par la décision ministérielle de 1847, on devrait reconnaître qu'elle a eu pour effet de réduire plutôt que d'augmenter le nombre des chevaux qui sont en état d'être achetés pour le service de l'armée.

Le règlement de 1837 (article 12) réserve au ministre la faculté d'autoriser les acquisitions avec une tolérance d'un demi-pouce, soit $0^m,014$ en dessous des tailles exigées, pour des chevaux qui rachèteraient ce défaut de taille par des qualités supérieures. On ne fait point usage de cette tolérance, et elle n'a été appliquée que pour quelques rares chevaux fournis par le département des Landes.

Age des chevaux.

L'article 17 dispose que les chevaux devront avoir 7 ans au plus et 5 ans au moins; mais le ministre de la guerre peut permettre de descendre au-dessous de cette dernière limite, et dans le fait tous les officiers de remonte sont autorisés à acheter des chevaux de 4 ans (1). C'est dans ces conditions que la grande majorité des achats sont effectués.

On a critiqué cette disposition, parce qu'il est notoire que les che-

(1) On entend par chevaux de 4 ans ceux dont la 4e année sera révolue avant le 31 décembre de l'année courante.

vaux ne peuvent entrer en service dans les régiments avant l'âge de 5 ans révolus; les chevaux de 4 ans sont en effet gardés de trois à six mois dans les dépôts de remonte, et conduits de là à petites journées aux régiments qui doivent les recevoir, où ils demeurent encore pendant six mois, au moins, au rang des jeunes chevaux. Il en résulte qu'au prix de chaque cheval, acheté à 4 ans, on doit ajouter, au moment où il entre en service, les dépenses qu'il occasionne pendant près d'une année pour sa nourriture et son entretien.

Cette critique paraît fondée au premier abord, car il est certain que si nos éleveurs pouvaient eux-mêmes conduire les chevaux jusqu'à l'âge de cinq ans, ils les entretiendraient à meilleur marché que le Gouvernement, et on se conformerait ainsi à ce principe si profondément vrai : que l'État doit se borner à produire ce que l'industrie privée ne peut lui fournir dans les mêmes conditions. Mais dans l'état actuel de l'élevage, eu égard aux habitudes prises, à l'exiguïté et au mauvais état des bâtiments affectés aux jeunes chevaux, les hommes qui ont examiné les choses de près regardent comme certain qu'on ne peut demander aux éleveurs de conserver leurs produits jusqu'à l'âge de cinq ans.

D'un autre côté, les achats à 4 ans ont un avantage qu'il faut signaler. Chez nous, contrairement à ce qui s'observe chez la plupart des autres peuples, le roulage, les diligences, et par suite l'agriculture, emploient presque généralement des chevaux entiers. Cela porte l'éleveur à ne castrer son cheval que quand il est à peu près sûr de le vendre à la remonte, de sorte qu'il est naturellement enclin à ne prendre ce parti que le plus tard possible, afin de se conserver aussi longtemps que cela lui est permis deux débouchés ouverts à la fois.

L'Administration des remontes est donc incessamment exposée à recevoir des chevaux qu'on a hongrés beaucoup trop tard et dont on a ainsi notablement compromis les qualités. Or elle n'a qu'un moyen de réagir contre cette funeste tendance : c'est d'abaisser jusqu'aux limites raisonnablement admissibles l'âge de réception, et de solliciter ainsi l'acheteur à hâter davantage le moment de la castration, dont toutes les suites doivent être d'ailleurs parfaitement guéries au moment de la vente, ainsi que le prescrit l'article 15 du règlement de 1837.

Il y a, en outre, un autre motif d'agir ainsi, dont semblent particulièrement frappés des hommes qui ont passé de longues années dans les remontes ou dans les corps de cavalerie. Ils pensent que lorsqu'un cheval est destiné à servir dans un régiment, à y mener la vie commune, à recevoir ce traitement général et uniforme qui ne permet pas de tenir compte des différences individuelles de tempérament et d'organisation, il convient à tous égards qu'il y soit façonné de bonne heure. L'âge de quatre ans leur paraît être celui où le cheval est le mieux en état de contracter cet ensemble d'habitudes qui doivent être l'avenir de son existence, et ils estiment que, si on l'enrégimentait plus tard, on s'exposerait à des pertes plus considérables.

Cette opinion n'est point basée sur des chiffres; mais on cite pour l'appuyer l'exemple de l'Angleterre et de l'Allemagne, qui, mieux placées que nous pour remonter leur cavalerie avec des chevaux de 5 ans, font cependant leurs achats dès l'âge de 3 et de 4 ans.

Afin d'éclairer définitivement cette importante question, il serait désirable qu'au ministère de la guerre on tînt compte de la mortalité des chevaux achetés à 4 ans et de ceux achetés au-dessus de 5 ans. Cette observation suivie pendant plusieurs années permettrait de décider quel est le meilleur des deux systèmes; ce qui conduirait, si l'on devait augmenter la proportion des chevaux achetés à 5 ans, à accorder pour ceux-ci des prix plus élevés que ceux fixés pour les chevaux de 4 ans.

De la proportion des juments dans la remonte de la cavalerie.

Nous avons vu, dans la discussion des documents statistiques, que, sur l'ensemble de l'espèce en France, la production des chevaux était égale à celle des juments. Quant au service de la cavalerie, il n'y a pas de différence notable entre l'usage que font les chevaux et celui qu'on obtient des juments; aussi le règlement de 1837 ne fixe point d'une manière absolue la proportion dans laquelle les chevaux et juments seront achetés pour la remonte. Le ministre détermine cette proportion chaque année pour chaque contrée, pour chaque dépôt et même pour chaque succursale, conformément aux demandes qui lui sont adressées par les officiers de remonte et par les autorités locales. Le tableau suivant donne ces prescriptions telles qu'elles ont été notifiées pour les années 1848 et 1849.

FIXATION PAR DÉPÔT.

	PROPORTION DES JUMENTS.
Caen et succursales	45 sur 100
Guingamp et succursales	53 — 100
Saint-Maixent et succursales	53 — 100
Auch et succursales	23 — 100
Villers et succursales	37 — 100

FIXATION PAR SUCCURSALES.

Caen	34 sur 100
Saint-Lô	52 — 100
Alençon	77 — 100
Bec-Hellouin	43 — 100
Angers	50 — 100
Guingamp	53 — 100
Morlaix	54 — 100
Saint-Maixent	56 — 100
Saint-Jean-d'Angely	40 — 100
Fontenay	63 — 100
Villers	29 — 100
Sampigny	30 — 100
Hesdin	56 — 100
Guéret	35 — 100
Aurillac	35 — 100
Auch	14 — 100
Tarbes	20 — 100
Castres	23 — 100
Mérignac	31 — 100
Agen	24 — 100

Il est facile d'expliquer, en général, les variations considérables que subit cette proportion d'un point à un autre.

Dans les contrées où les éleveurs font naître plus de chevaux qu'ils n'en élèvent, ce sont généralement les pouliches qu'ils conservent, et les mâles dont ils se défont : la population de juments adultes est donc, dans ces contrées, beaucoup plus considérable que celle des chevaux dans les mêmes conditions; dans les départements qui élèvent dans une proportion plus forte que celle dans laquelle ils font naître, la situation inverse se produit.

Il est donc convenable que, pour les circonscriptions qui se trouvent dans la première de ces deux conditions, la proportion des juments soit plus considérable que dans celles où se rencontrent les circonstances contraires. On observera des contrastes de ce genre en comparant les circonscriptions de Saint-Lô et d'Alençon à celle de Caen. Quant aux circonscriptions où l'on a réduit au tiers, au quart, au cinquième la proportion des juments, on a voulu sans doute, y encourager la production, en laissant dans le pays un plus grand nombre de poulinières; mais comme, en agissant ainsi, on diminue les profits de l'élevage, on nuit plus à la production qu'on ne l'encourage, car ce sont moins les juments qui manquent que la certitude pour l'éleveur de réaliser des bénéfices. Le Conseil a pensé qu'il n'y avait nul inconvénient à laisser toute latitude, en cette matière, aux achats de la remonte.

Fixation des prix.

Le règlement de 1837 ne s'occupe pas de la fixation des prix ; ce sont, en effet, les lois de finances qui les déterminent chaque année. Le tableau suivant présente l'ensemble des indications que le ministère de la guerre a fournies à cet égard :

Tableau des prix d'achat des chevaux des différentes armes.

	CARABINIERS	CUIRASSIERS.	DRAGONS.	LANCIERS.	CHASSEURS ET HUSSARDS.	ARTILLERIE (selle).	TRAIT.
En 1790	//	450 à 600	417 à 550	//	340 à 450	//	//
— 1791........	594	504	454	//	414	//	//
— 1792........	712	622	572	//	522	//	//
De 1818 à 1825.	570	570	490	//	390	//	//
— 1825 à 1828.	540	540	490	//	390	//	//
En 1831 et 1832.	600	570	490	490	390	//	//
De 1833 à 1835.	650	650	520	490	430	//	//
En 1836.......	650	650	520	490	430	550	490
	Cavalerie de réserve.		Cavalerie de ligne.		Cavalerie légère.		
En 1837.......	750		550		480	550	480
De 1838 à 1845.	750		550		480	600	500
	Cavalerie de réserve.		Cavalerie de ligne, artill^{ie} et train (selle).		Cavalerie légère.	Trait.	
De 1846 à 1850..	800		650		550	550	

Le prix des chevaux d'officier a été, en 1843, 1844, et 1845, de 800 francs; depuis 1846, il est de 900 francs.

L'inspection de ce tableau montre qu'après la chute de l'Empire, alors que l'espèce épuisée dans tout le pays par une consommation démesurée, par les réquisitions et par l'invasion, aurait eu besoin d'encouragement pour se relever, on réduisait avec une déplorable imprévoyance le prix de remonte des chevaux d'arme; et, tandis qu'on refusait à nos éleveurs un encouragement si indispensable, on créait à Saint-Avold un dépôt de remonte, destiné à acheter à l'Allemagne près de la moitié des chevaux nécessaires à notre cavalerie réduite. Aussi, lorsqu'en 1823 on voulut mettre une partie de l'armée sur le pied de guerre, pour passer les Pyrénées, ce fut à l'Allemagne qu'on dut demander la plus grande partie des chevaux dont on avait besoin.

En 1825, on fit un pas de plus dans le même sens, en réduisant encore de 30 francs les prix de remonte de la cavalerie de réserve. Cependant, à cette époque, la prospérité du pays était grande, et les prix de toutes choses s'étaient singulièrement élevés. Comment pouvait-on donc espérer qu'on trouverait des chevaux de guerre à des prix inférieurs à ceux qui avaient été fixés au commencement de la révolution? Chaque jour le roulage devenait plus actif, les diligences plus nombreuses; nos éleveurs rencontrant, pour les chevaux que demandaient ces services, un débouché avantageux et certain, s'adonnèrent à peu près exclusivement à leur production. Le luxe continuait, d'ailleurs, à s'approvisionner à l'étranger, et le Gouvernement, ne voulant pas payer les chevaux d'arme au prix où on pouvait raisonnablement les lui fournir, frappait ainsi dans sa source l'industrie qui les produisait.

A la suite de la révolution de 1830, la position politique du pays était changée; l'état déplorable de l'élevage des chevaux propres à la remonte fut constaté par la nécessité de demander encore à l'Allemagne ceux dont on eut besoin pour mettre une partie de la cavalerie sur le pied de guerre. Les Chambres crurent faire un grand effort en augmentant de 60 francs et 30 francs les prix des chevaux de carabiniers et de cuirassiers, sans modifier ceux fixés pour la remonte des autres armes. Ce ne fut qu'en 1833 qu'on adopta une augmentation plus sérieuse. Elle fut suivie d'une troisième plus considérable en 1837; mais ces avantages faits à l'agriculture furent immédiatement compensés par une réduction de droits de 25 francs à l'entrée de chaque cheval étranger; réduction qu'on aima mieux adopter que d'organiser quelques brigades de douaniers à cheval pour empêcher la contrebande. Le tarif d'achat de cette époque fut maintenu jusqu'en 1845; mais comme les lois des comptes constataient que, chaque année, les prix moyens des achats effectués étaient supérieurs à ceux qui servaient de base aux fixations du budget, et qu'en outre on continuait à éprouver quelques difficultés à se remonter en chevaux de cavalerie de ligne au prix de 550 francs, inférieur de près d'un quart à celui des chevaux de diligence, on adopta en 1846 le tarif qui sert de base aux achats qui se font aujourd'hui : ces prix ont paru suffisamment rémunérateurs aux éleveurs qui font partie du conseil des haras, bien que quelques voix se soient fait entendre pour demander que le prix des chevaux de cavalerie de ligne fût porté à 700 francs.

Aussi longtemps que le Gouvernement sera de beaucoup le plus important, sinon le seul acheteur, sur notre marché, de l'espèce des chevaux nécessaires aux besoins de l'armée, la fixation des prix d'achat sera toujours une matière fort délicate, car ces chevaux n'ont point, à proprement parler, de cours bien établi. Le Gouvernement est placé dans une position toute différente de celle où il se trouve lorsqu'il contracte des marchés pour la fourniture de denrées nécessaires à l'entretien des troupes. Dans ces dernières circonstances, la consommation à laquelle il veut subvenir n'étant qu'une faible partie de la consommation générale du pays, il achète au prix courant les denrées dont il a besoin. Pour les chevaux de guerre, c'est lui qui détermine le cours, et il doit le fixer de manière à encourager suffisamment une production que l'honneur et l'indépendance du pays lui font un devoir de soutenir et d'encourager.

Le conseil a manifesté le désir que les conditions de taille et de prix des chevaux des différentes armes reçussent une plus grande publicité que celle qui leur a été donnée jusqu'à ce jour. En outre il a pensé qu'il serait convenable de généraliser une disposition déjà pratiquée dans certaines circonscriptions, et qui consiste à publier les prix auxquels ont été achetés les chevaux de chaque éleveur (1).

Prescriptions relatives au mode d'achat.

La partie du règlement du 23 mars 1837, relative au mode d'achat des chevaux, est celle qui a introduit les innovations les plus im-

(1) Le ministère de la guerre a pris des mesures en 1850 pour que cette disposition fût étendue à toutes les circonscriptions dans lesquelles elles n'étaient point pratiquées. Partout, excepté dans le Calvados, les conseils généraux n'ont fait aucune difficulté pour couvrir les frais minimes exigés par ces publications. On s'étonnera, sans doute, que le département du Calvados, duquel sont parties tant de plaintes sur le service des remontes, soit le seul qui refuse de prêter son concours à ce service lorsqu'il cherche à appeler la lumière sur ses actes.

portantes, et dont la valeur a été et est encore le plus vivement controversée.

Aux termes de ce règlement, le ministre fait chaque année, d'après les renseignements qui lui ont été antérieurement transmis, la répartition du nombre de chevaux de chaque arme que *doit fournir chaque dépôt.* Les commandants des dépôts font ensuite une répartition semblable entre les succursales placées sous leurs ordres; et c'est d'après l'ensemble de ce travail que sont fixés les crédits affectés à chaque établissement.

Les circonscriptions sont partagées entre les divers officiers acheteurs; chacun d'eux doit parcourir le territoire qui lui est assigné, se mettre en rapport avec les éleveurs, connaître non-seulement les ressources du présent, mais encore celles que fait espérer l'avenir. Les achats de chevaux doivent être *permanents* ou, en d'autres termes, se continuer pendant toutes les époques de l'année; *individuels,* c'est-à-dire opérés un à un, chaque cheval étant acheté pour les qualités qui lui sont propres; *directs,* ce qui signifie que l'officier est obligé d'acheter directement à l'éleveur sans passer par l'intermédiaire des marchands de chevaux.

Tout l'ensemble de ces combinaisons proscrit à la fois les marchands et les marchés, et leur conséquence la plus évidente est d'assurer d'une manière incontestable la nationalité des chevaux.

Le règlement de 1837 introduisant un système tout nouveau, on crut devoir faciliter la transition aux officiers de remonte, en y insérant un article qui les autorisait à se servir de l'intermédiaire de courtiers pour les renseigner sur les ressources du pays et les guider dans leurs investigations; mais ces agents, qui ont pu être utiles à l'origine, ont cessé d'être employés déjà depuis assez longtemps.

Enfin le règlement établit la responsabilité individuelle de l'officier acheteur; non-seulement son nom est inscrit sur les contrôles du dépôt de remonte, à côté du nom et du signalement de chacun des chevaux achetés par lui; mais ces documents sont en outre envoyés par les dépôts aux régiments qui reçoivent les chevaux.

Les officiers acheteurs sont surveillés dans leurs achats, d'une part par le commandant du dépôt (1), qui voit arriver les chevaux et forme toujours les détachements de départ, de l'autre par les inspecteurs généraux de cavalerie, qui inspectent les dépôts et les régiments. Mais, de toutes ces dispositions, celle qui est peut-être la plus efficace, c'est l'envoi des noms des officiers acheteurs aux régiments sur lesquels sont dirigés les chevaux, car cette mesure les soumet au contrôle perpétuel du colonel, et, pour ainsi dire du régiment tout entier. Les résultats de ce contrôle sont d'ailleurs consignés chaque année dans les travaux des inspecteurs généraux d'arme, qui sont transmis au ministre.

Un si grand nombre de témoignages, fournis par des gens placés à des points de vue si divers, permettent d'apprécier rapidement la valeur des plaintes qui peuvent être formulées contre les officiers acheteurs, et, comme ceux-ci ne sont que détachés de leurs régiments pour le service des remontes, le ministre peut les y renvoyer, et les remplacer par d'autres plus capables, ou convenant mieux par leur caractère et leur instruction à ces difficiles fonctions (2).

Quant aux achats de chevaux à faire par les corps, le règlement ne les mentionne que pour mémoire, et comme devant être spécialement autorisés pour des cas particuliers. Ce procédé est, en effet, depuis longtemps condamné comme moyen général de remonte.

---

(1) La faculté que le règlement donne aux commandants des dépôts de remonte, d'effectuer des achats, quand ils le jugent convenable, leur avait été retirée en 1847; elle leur a été rendue en 1850.

(2) Nous n'avons point à examiner dans ce rapport l'organisation du service des remontes, au point de vue du personnel; toutefois nous croyons que le système des ordonnances des 11 avril 1831 et 15 octobre 1832, dont l'une créait le corps des remontes et l'autre en réglait l'organisation sous la dénomination de corps de la remonte générale, devait nécessairement produire de mauvais résultats. Il était, en effet, très-difficile de faire sortir des officiers de ce service sans nuire gravement à leur carrière, et l'on pouvait cependant se trouver journellement obligé d'infliger cette disgrâce à des hommes qui n'avaient d'autre tort que de ne pas être heureux dans leurs achats. Nous pensons, en conséquence, que l'ordonnance du 12 novembre 1837, qui a licencié le corps de la remonte générale, et qui dispose que les officiers acheteurs seront pris indistinctement dans tous les corps de cavalerie, et temporairement détachés pour ce service, a accompli un véritable progrès.

L'expérience a prouvé qu'il ne valait rien, et la cause en est simple; les officiers qui achètent les chevaux, appartenant au corps qui doit les employer, le régiment a souvent à dissimuler les mauvais résultats des achats effectués, et un esprit de camaraderie bien naturel peut empêcher les inspecteurs généraux et le ministre de connaître à temps la vérité.

Adoption du principe de la permanence des crédits inscrits au budget de la guerre pour le service de la remonte.

Tel est le système d'après lequel se sont faites les remontes de notre cavalerie à partir de 1837. Ces dispositions ont été incontestablement dictées, ainsi que l'exprime le premier article du règlement, par le désir sincère d'encourager la production des chevaux d'arme dans le pays.

Mais il importe de remarquer que toutes les mesures prises par l'administration de la guerre pour arriver enfin à remonter en France notre cavalerie sur le pied de paix, seraient restées infructueuses, si les Chambres n'avaient adopté, à partir de 1840, un principe qui pouvait assurer la réalisation pratique de ce résultat. Il a été admis, depuis cette époque, que le nombre des chevaux d'arme à acheter chaque année ne varierait qu'entre des limites très-restreintes, et, pour cela, les crédits annuels, portés au budget pour achat de chevaux de cavalerie, ont dû rester à très-peu près les mêmes, quelles que fussent les réductions que les lois de finances obligeassent le ministre de la guerre à opérer sur l'effectif de notre cavalerie. Il en résulte que, lorsqu'une semblable réduction est rendue nécessaire, on doit rentrer dans l'effectif fixé au budget par voie *de réformes anticipées.*

La nécessité d'adopter cette méthode ressort naturellement de ce fait, que nous avons surabondamment démontré, savoir : que l'État est, pour ainsi dire, le seul acheteur de l'espèce des chevaux propres au service de la cavalerie.

En vain nous dira-t-on que, si le Gouvernement cesse ses achats pendant une année, les chevaux qui conviennent à ce service étant à peu près de même nature que ceux qui sont employés par le luxe, les marchands les achèteront, au lieu d'aller se pourvoir à l'étranger. Les choses ne sauraient se passer ainsi.

Rappelons d'abord que nos éleveurs ne peuvent produire au même prix que l'étranger. Mais, en supposant même qu'ils se résignassent à la perte qui résulte de cette différence, ils ne trouveraient pas à vendre leurs chevaux; car les marchands de nos grandes villes ont avec l'Allemagne et l'Angleterre des relations établies depuis de longues années; souvent même leurs marchés sont faits à l'avance; enfin les moindres circonstances de ce commerce sont étudiées et prévues. Si le Gouvernement laisse disponibles 6 ou 8,000 chevaux répartis sur toute la surface de la France, dans des contrées qui ne sont point explorées par les marchands, dans lesquelles ils n'ont point de relations faites, et qui souvent ont avec les centres de consommation des communications beaucoup plus difficiles que les pays où ces mêmes marchands s'approvisionnent d'habitude, ils laisseront les chevaux à nos éleveurs, et continueront à se pourvoir à l'étranger en suivant les voies frayées par leur commerce.

L'expérience n'a que trop bien démontré la vérité de ces réflexions; nos éleveurs n'ont point oublié le coup qui leur fut porté en 1833, 1834, lorsqu'après avoir mis l'armée sur le pied de guerre on refusait d'opérer par voie de réformes anticipées les réductions prescrites par les lois de finances, et que, pour satisfaire à leurs injonctions, on réduisait les achats à 1,403 chevaux en 1833, et à 114 pour l'année suivante.

Les achats annuels sont calculés, en principe, sur le septième de l'effectif. Il importe de maintenir une proportion constante, à cet égard, alors même que l'installation mieux entendue de nos écuries, la meilleure qualité des fourrages fournis à la cavalerie, les soins plus intelligents donnés aux chevaux dans nos régiments et l'amélioration de leur espèce, augmenteraient le temps de service qu'ils pourraient faire dans le rang (1). Si l'on était, en effet, parvenu à accroître la

(1) Les divers progrès qui se sont réalisés sous ce point de vue pendant les dernières années

durée des chevaux de telle sorte que la meilleure partie de ceux qu'on réformerait pussent à la rigueur rester encore quelque temps dans les corps, ce serait un avantage immense pour le cas où on aurait à mettre tout ou partie de nos troupes à cheval sur le pied de guerre. On pourrait alors conserver ces chevaux dans nos régiments, et ils feraient toujours un meilleur service que ceux qu'on achèterait et incorporerait à la hâte.

Examen des résultats produits depuis 1837 par le système de remontes.

Constitué comme nous l'avons dit, et favorisé par les dispositions législatives que nous venons de rapporter, le service des remontes a successivement élargi son action depuis 1837, et ses investigations s'étendent aujourd'hui à soixante-quatre départements.

Le tableau E donne la date de la création des succursales fondées dans le but de multiplier les recherches et de les rendre véritablement sérieuses, en rapprochant le lieu de séjour des officiers acheteurs des contrées qu'ils ont mission d'explorer.

Les indications du tableau E' tendent à faire penser qu'il existe encore un certain nombre de départements, comme ceux de la Haute-Marne, de la Côte-d'Or et de l'Aube, où des explorations judicieusement conduites feraient probablement découvrir des ressources qu'il serait convenable d'utiliser.

Le tableau F présente les chiffres des achats annuellement effectués par la remonte pour les besoins de la cavalerie, et fait voir que, depuis 1838, le service des remontes a fourni généralement tout ce qui était nécessaire pour l'entretien de l'effectif de notre cavalerie sur le pied de paix.

Si les chiffres d'achat, pour plusieurs exercices, ont été inférieurs à ceux des autres années, nous nous sommes assurés que cela tenait beaucoup moins à l'infériorité des ressources que la remonte avait trouvées dans le pays, qu'à l'époque avancée de l'année où avaient été

---

ont permis de réduire assez notablement cette proportion, qui n'est plus guère aujourd'hui que d'un huitième, et c'est pour cela que nous avons pris ce dernier rapport pour base des évaluations du tableau D. Le renouvellement par huitièmes est adopté en Russie et dans divers états de l'Europe.

ouverts les crédits afférents aux derniers mois de ces exercices. Le règlement faisant cesser au 31 décembre les achats à effectuer sur les fonds de chaque année, on conçoit aisément que, quand les dernières portions de crédit sont notifiées aux commandants des dépôts dans le courant de décembre, il devient le plus souvent impossible de les employer.

Le tableau F′ indique pour les deux exercices 1846 et 1847 le nombre des chevaux de chaque arme achetés par chaque dépôt et par chaque succursale, et fait ressortir l'importance relative de chacun de ces établissements, en montrant la proportion dans laquelle ils fournissent aux besoins généraux de l'armée.

Enfin, pour s'éclairer dans la répartition à faire annuellement, entre les divers dépôts, des crédits ouverts à la remonte générale par les lois de finances, le ministre de la guerre a prescrit depuis 1840 aux officiers de remonte de dresser, chaque année, des états indiquant, relativement aux besoins de chaque arme, les ressources que présenteraient probablement leurs circonscriptions pendant le courant de l'année suivante ; le relevé de ces documents est réuni dans le tableau G.

Les quatre dernières années correspondant à la dernière et à la plus importante augmentation, la moyenne des chiffres qu'elles présentent fait ressortir un accroissement notable dans les ressources. Si l'on compare ces chiffres à ceux des besoins, on trouve que l'excédant des ressources est d'environ 2,500 pour les chevaux de cavalerie. L'excédant serait encore plus considérable, si la comparaison avait eu lieu entre les ressources et les achats qui sont toujours inférieurs aux besoins, à cause des incomplets.

Vœu émis par le conseil pour que la gendarmerie se remonte exclusivement en chevaux français.

Ce résultat a particulièrement attiré l'attention du Conseil; plusieurs membres ont fait remarquer que, si l'on cessait de déterminer pour chaque localité la proportion des chevaux et des juments à recevoir par les remontes, les ressources s'accroîtraient encore notablement, et que dès lors rien ne s'opposait plus à ce qu'on obligeât la gendarmerie à se remonter exclusivement en chevaux français, comme le reste de notre cavalerie. La remonte annuelle de cette arme est de 12 à 1,300 chevaux; on estime qu'un millier environ sont annuellement fournis par l'Allemagne, et il est généralement reconnu que ces chevaux, quoique ne manquant pas d'apparence, sont, la plupart du temps, de qualités douteuses; que leur valeur est fort inférieure au prix auquel ils sont payés; qu'ils durent peu, et que leur fréquent renouvellement est une cause permanente de ruine pour les gendarmes, qui sont propriétaires de leurs chevaux. Les tableaux publiés par M. d'Aure, qui présentent comparativement la durée des chevaux français et allemands dans la garde municipale, viennent à l'appui de cette opinion. La Commission a émis, en conséquence le vœu que le ministre de la guerre prît des dispositions pour que la gendarmerie se remontât à l'avenir en chevaux français. Cette question a été soumise à l'Assemblée législative et décidée conformément au vœu du conseil, dans la séance du 27 juillet 1850.

Par cette résolution, on a fait un dernier pas dans la voie où nous marchons depuis plusieurs années avec succès. S'il faut, en effet, tirer une conséquence générale de tout ce qui précède, on aperçoit que nous tendons de plus en plus à obtenir de notre propre sol la totalité des ressources dont nous avons besoin, et c'est ce qui ressort en particulier, d'une manière parfaitement claire, de la deuxième partie du tableau E, où l'on voit qu'à aucune époque, depuis 1819, le pays n'a offert à la remonte des ressources aussi considérables que dans les dix années qui viennent de s'écouler.

Des modifications qui pourraient être avantageusement introduites dans le service des remontes.

Le système que nous venons d'analyser a été l'objet de critiques nombreuses; elles ont donné lieu au sein du Conseil à des discussions longues et animées, dont nous devons présenter ici le résumé.

Le service des remontes voulant acheter aux éleveurs sans l'intermédiaire des marchands, il importerait qu'aux époques où les chevaux arrivent à leur quatrième année, les officiers acheteurs pussent disposer de crédits suffisants pour payer tous les chevaux d'arme qui leur sont présentés. Or, ce service, comme tous ceux qui relèvent du budget, ne reçoit pas la totalité de ses crédits au commencement de l'année, et il est arrivé souvent qu'au mois de mai, il avait à peine reçu le quart de ceux qui devaient lui être ouverts pendant l'exercice. Il est résulté de là un notable dommage pour une partie considérable des éleveurs, qui étaient obligés de garder leurs chevaux à leurs risques et périls, et de les nourrir pendant plusieurs mois, en attendant qu'on pût les leur payer; et qui en outre se trouvaient souvent avoir leurs écuries encombrées au moment où de nouveaux produits devaient remplacer ceux qui avaient acquis l'âge de 4 ans.

Le Conseil, prenant en considération ces incontestables inconvénients, a *émis le vœu* que les crédits alloués par le budget, pour le service général des remontes, fussent mis intégralement à la disposition du ministre de la guerre, et délégués par lui aux officiers acheteurs dès les premiers mois de l'année (1).

Sur plusieurs points, les éleveurs critiquent l'étendue trop considérable des circonscriptions des dépôts de remonte; et, en effet, les commandants des dépôts qui résident au chef-lieu sont généralement beaucoup mieux au courant des besoins et des intérêts de la région qui dépend directement de l'établissement principal que de ce qui concerne les arrondissements des succursales, qu'ils visitent au plus une fois par an. Les arrondissements de ces établissements secondaires se plaignent souvent d'être lésés dans la répartition des crédits; enfin on fait remarquer avec raison que les circonscriptions affectées à certains officiers acheteurs sont elles-mêmes trop étendues, et qu'à moins d'une activité peu commune, ils ne peuvent ni les parcourir assez souvent, ni les bien connaître. L'inspection de la carte des dépôts suffit pour apercevoir que l'action de quelques-uns d'entre eux s'exerce effectivement sur des territoires trop considérables. Quant aux plaintes des succursales relativement à leurs relations avec

(1) Ce vœu, soumis à l'Assemblée nationale, a reçu sa sanction. Le rapporteur de la Commission du budget et le ministre de la guerre ont reconnu qu'il était fondé. Le ministre des finances a déclaré qu'il y serait fait droit sans difficulté.

les dépôts, on ne peut méconnaître qu'elles ne soient, en divers cas, fondées; cependant, on doit peut-être y voir, en quelques circonstances, l'écho des sentiments qui animent les officiers eux-mêmes. Tout ce qui tend à faire augmenter l'importance des établissements particuliers qu'ils dirigent, doit naturellement se présenter à leur esprit, avec le caractère d'une chose utile et désirable.

Le conseil a pensé qu'il y avait à cet égard deux buts à poursuivre : d'abord de rapprocher, autant que possible des éleveurs, les lieux où résident les officiers chargés des achats; en outre, d'augmenter le nombre des dépôts, afin de diminuer les circonscriptions qui en dépendent, afin de rendre sérieuse et efficace la surveillance des officiers qui les commandent. Quant au principe des deux classes d'établissements, on a été d'avis qu'il devait être maintenu, parce qu'il permet plus aisément de créer des succursales dans des lieux où elles seraient utiles, mais où les ressources sont encore peu considérables. Le conseil n'a point émis d'avis détaillé relativement aux succursales qu'il convient d'ériger en dépôts; mais il croit qu'il faut commencer par celles qui présentent des ressources considérables et d'une importance à peu près égale, sinon supérieure, à celles de l'arrondissement dépendant directement du dépôt.

Le ministère de la guerre est entré dans cette voie en 1850. Une décision du 13 juillet a érigé en dépôt la succursale de Guéret avec les départements qui en dépendent; la succursale d'Aurillac, avec les départements qu'elle renferme, a été distraite du dépôt d'Auch pour être annexée au dépôt de Guéret. Une autre décision, exécutoire seulement à partir du 1er janvier 1851, a distrait de la circonscription de Caen et érigé en dépôt la succursale de Saint-Lô, qui comprend le département de la Manche.

La carte n° 2 présente ces délimitations telles qu'elles sont arrêtées à dater du 1er janvier 1851 (1).

(1) L'étude de la carte n° 3 fait naître les réflexions suivantes:

La circonscription du dépôt de Villers est démesurément étendue; il conviendrait de créer un nouveau dépôt, soit dans le Pas-de-Calais, soit dans la Somme, et d'y annexer tout le territoire qui

De l'exclusion prononcée contre les marchands.

L'exclusion absolue prononcée contre les marchés et les marchands de chevaux est la disposition qui a donné lieu à la plus sérieuse controverse; l'achat direct par les officiers est évidemment un avantage surtout pour les petits éleveurs, qui sont de beaucoup les plus nombreux. En même temps que cette disposition assure à l'agriculture tout le bénéfice de l'élevage, elle peut seule donner une garantie sérieuse de la nationalité du cheval, car les marchands ont trop fréquemment fourni des certificats d'origine signés par complaisance et qui ne méritaient aucune confiance. De plus, lorsqu'ils étaient autorisés à présenter leurs chevaux à la remonte, ils employaient toutes les ruses du maquignonnage, qui trompent les plus habiles connaisseurs, et ils mettaient parfois en défaut le savoir des officiers les plus expérimentés. Enfin ils affichaient souvent la prétention de vendre en bloc tous les chevaux qu'ils avaient dans leurs écuries, voulant compenser par les qualités des bons les défauts des mauvais, et obligeant ainsi la remonte, ou à se priver des ressources que le pays pouvait lui fournir, ou à accepter des chevaux impropres au service.

Tels sont les motifs qui ont fait interdire aux officiers de faire des achats chez les hommes patentés comme marchands de chevaux.

Les personnes qui pensent que cette interdiction doit être levée font observer que la plus grande partie des inconvénients que nous venons de signaler se sont produits lorsque la remonte a procédé

s'étend sur la rive droite de la Seine et qui dépend aujourd'hui du dépôt de Caen. La circonscription de Caen, ainsi réduite, serait encore bien considérable et pourrait donner lieu à un nouveau démembrement.

Il paraîtrait convenable de faire pour le département de la Vendée et la partie de la Loire-Inférieure située sur la rive gauche du fleuve, ce qu'on a fait pour le département de la Manche. La succursale de Fontenay peut fournir d'abondantes ressources en chevaux de cavalerie de ligne : elle doit être explorée avec grand soin, au moment où l'on se préoccupe de remonter la gendarmerie en chevaux français.

La circonscription de Guéret, telle qu'elle est aujourd'hui, est fort étendue; mais on remarquera que la Lozère et la Haute-Loire peuvent sans inconvénient cesser d'être explorées, puisqu'on y cherche en vain des ressources depuis plusieurs années.

Enfin, on pense qu'une succursale placée du côté du Nivernais et du Morvan serait une création utile.

par marché. Elles conviennent qu'il faut proscrire ce mode d'achat, mais soutiennent que quand les marchands ont dans leurs écuries des chevaux propres au service, il faut les acheter et traiter avec eux comme avec des éleveurs; elles ajoutent que partout où l'élevage a pris quelque développement ce n'est guère celui qui fait naître le poulain qui conserve le jeune animal jusques à quatre ans. A cet âge, le cheval a souvent changé deux ou trois fois de propriétaire : ainsi le veulent les besoins de la production, et souvent même les bonnes conditions de l'élevage. Vous achetez le cheval au cultivateur qui le possède au moment où il atteint l'âge voulu; vous considérez cet homme comme un éleveur, quoique parfois il n'ait acheté cet animal que depuis quelques mois, car il y a des cultivateurs qui font la spéculation d'acheter de jeunes chevaux à de deux et trois ans, et de les conduire jusqu'au moment où ils pourront les vendre à la remonte; à vos yeux, ces hommes ne sont point des marchands parce qu'ils n'ont point de patente. Près d'eux, se trouve un marchand patenté, qui dirige une exploitation agricole, qui possède de vastes herbages où il entretient plusieurs poulinières; il veut joindre à cette industrie celle d'acheter des chevaux à trois ans et de les revendre entre quatre et cinq; il vous amène ses chevaux; ils sont bons, vous les reconnaissez tels, et, parce qu'il a une patente de marchand de chevaux, vous refusez de les lui prendre, quoiqu'il vous les propose un à un, et qu'il vous produise des certificats d'origine dont vous pouvez, sur les lieux, vérifier l'authenticité. Il semble qu'une telle manière d'agir ne soit réellement pas fondée en raison.

D'autres considérations encore, sont mises en avant par les partisans du système de l'emploi des marchands. Les officiers acheteurs, qui ont souvent des circonscriptions très-étendues (trois ou quatre départements), qui sont étrangers aux localités, qui manquent parfois de l'activité nécessaire à leur service, ne vont point chercher les chevaux chez les éleveurs; ceux-ci doivent aller trouver eux-mêmes l'officier de remonte et sont forcés à des déplacements toujours onéreux. Les marchands qui appartiennent au pays et qui en connaissent les ressources, feraient des investigations plus complètes et plus sûres, et s'ils font payer leur peine, au moins donnent-ils à l'éleveur une plus grande certitude de se défaire de ses chevaux.

Enfin, il serait difficile de méconnaître que souvent c'est en vain que l'on fait tant d'efforts pour s'opposer à la liberté des transactions : les marchands honnêtes sont seuls exclus; mais ceux qui ne dédaignent pas de recourir à la fraude, trouvent moyen de faire recevoir leurs chevaux, en les faisant présenter par des cultivateurs, sous le nom desquels ils les vendent.

A ces raisons, qui semblent militer en faveur de l'admission des marchands, vient s'en joindre une autre d'un ordre plus élevé. Aussi longtemps qu'il ne s'est agi que de faire produire à nos éleveurs le nombre de chevaux nécessaire à la consommation régulière de notre cavalerie sur le pied de paix, on a pu se contenter des moyens indiqués dans ce qui précède; en employant des officiers zélés et capables, en élevant convenablement les prix, en inscrivant chaque année au budget le même crédit pour la remonte de la cavalerie, en le répartissant d'une manière judicieuse, il a été possible de résoudre le problème sans l'intermédiaire des marchands : car la remonte n'avait point besoin de chevaux dressés ou préparés à entrer au service. Mais, aujourd'hui que ce premier problème est résolu et que nos ressources sur le pied de paix sont assurées, notre but doit être d'arriver à augmenter notre production, en fournissant aux besoins du commerce de luxe, qui se pourvoit à l'étranger : tel est le résultat que nous devons nous efforcer d'atteindre, car c'est seulement quand nous serons parvenus à approvisionner nous-mêmes notre propre marché, que nous pourrons, à un moment donné, trouver chez nous le nombre de chevaux nécessaires pour faire passer notre cavalerie du pied de paix au pied de guerre. Or, dans tous les pays qui produisent les chevaux de luxe il y a un intermédiaire obligé entre le producteur et le consommateur, c'est le marchand. Celui qui veut acheter un cheval pour son usage, exige aujourd'hui que cet animal soit fait au régime de l'écurie, qu'il soit dressé et prêt à lui rendre le service qu'il prétend en tirer. Le marchand explore les campagnes; il y prend les chevaux qui lui conviennent et les prépare pour les besoins de la consommation. Il semble donc que lui seul, au point où nous sommes arrivés, puisse nous faire accomplir les progrès qui nous restent à faire.

On nous objectera que, nos éleveurs ne pouvant produire au même prix que l'étranger, nos marchands continueront à s'approvisionner au dehors de tous les chevaux qu'ils devront livrer au commerce. Si cette situation devait se perpétuer sans modification, l'objection serait fondée; mais plusieurs causes font espérer qu'il n'en sera point ainsi. D'une part, nous devons aux progrès de notre agriculture d'avoir vu diminuer, depuis plusieurs années, dans une proportion très-considérable, les différences qui existaient entre nos importations et nos exportations d'animaux de boucherie; le pays, arrivant sous ce rapport à suffire à ses besoins, tend nécessairement à porter une activité nouvelle dans la production de l'espèce chevaline. D'un autre côté, les encouragements judicieusement distribués par l'État depuis dix ans à l'élevage des chevaux que réclament à la fois les besoins de l'armée et le commerce de luxe, ont répandu chez nous les bonnes pratiques d'accouplement et d'élevage, et tout porte à croire que cette industrie peut arriver à produire prochainement à meilleur marché. Enfin, le besoin de voyager plus rapidement, que fait naître le développement des chemins de fer, devant avoir pour résultat, comme nous le verrons plus tard, de rapprocher dans leurs formes les chevaux employés aux voitures publiques des chevaux à deux fins, le commerce de luxe paraît devoir trouver, dans cette première catégorie dont l'élevage se fait chez nous dans de si bonnes conditions, les ressources qui lui ont manqué jusqu'ici.

Les réclamations des marchands, qui avaient pris une vivacité toute particulière à la suite de la dernière augmentation qui a eu lieu dans les prix des chevaux de remonte, ont été surtout élevées par ceux qui résident dans les environs de Caen. Une commission permanente, choisie par le préfet du Calvados, et dont la composition est soumise à l'approbation du ministre de la guerre, a reçu depuis lors mission de désigner ceux des marchands de chevaux, faisant valoir des exploitations agricoles, ou possédant des herbages, qui doivent être considérés comme éleveurs, et, par suite, autorisés à fournir des chevaux à la remonte. Cette commission détermine le nombre des chevaux que chacun d'eux peut fournir. Un grand nombre de marchands patentés ont été ainsi relevés de l'exclusion dont ils se plaignaient, et il en est plusieurs qui ont été autorisés à livrer jusqu'à vingt chevaux chacun.

Le résumé de l'opinion du conseil, à ce sujet, peut être ainsi formulée : continuer à proscrire les marchés; ne pas repousser néanmoins les marchands d'une manière absolue; mais maintenir l'organisation du service des remontes dans des conditions telles qu'on puisse se passer de leur intermédiaire.

L'Administration des remontes n'a pas cru devoir entourer de précautions particulières la réception des chevaux fournis par les marchands. Les officiers acheteurs, individuellement responsables de leurs actes, lui paraissent offrir des garanties plus réelles que ne le feraient des commissions, dont la responsabilité collective est presque toujours illusoire.

En résumé, le service des remontes trouve facilement en France le nombre de chevaux nécessaires à l'entretien des troupes à cheval sur le pied de paix; il y rencontrerait aisément ceux que réclame la remonte de la gendarmerie; ces deux faits constatent, sous le rapport de la quantité, un progrès notable depuis dix ans.

Quant à la qualité, c'est une opinion généralement reçue dans nos régiments de cavalerie, qu'ils sont mieux montés aujourd'hui qu'ils ne l'ont jamais été, et les rapports faits au conseil supérieur des haras par la sous-commission qui a visité les quartiers de cavalerie des divers régiments de l'armée de Paris, confirment de tout point cette opinion.

Ces heureux résultats sont dus aux mesures législatives dont nous avons parlé, aux bonnes dispositions prises par le service des remontes ainsi qu'à l'action persévérante de l'Administration des haras, qui sera l'objet des chapitres suivants.

CHAPITRE V.

ANALYSE DES DÉCRETS, ORDONNANCES, ARRÊTÉS ET RÈGLEMENTS QUI RÉGISSENT L'ADMINISTRATION DES HARAS.

Des dépôts d'étalons. — Des haras. — Circonscriptions qui en dépendent. — Mode d'achat des reproducteurs. — Épreuves qui leur sont imposées. — Le décret de 1806 et le règlement de 1833. — Taux des subventions aux étalons approuvés. — Patente de santé des étalons autorisés. — Intervention de l'État dans les courses. — Circonscriptions successivement affectées aux hippodromes. — Division du territoire en deux régions, celle du Nord, celle du Midi. — Classification des prix. — Prix spéciaux pour la région de l'Ouest. — Prescriptions relatives à l'âge des chevaux qui doivent courir, aux poids à porter, aux distances et à la vitesse. — L'importance des épreuves n'a pas été diminuée comme on l'a dit. — Comparaison des résultats obtenus en France et en Angleterre. — Des primes aux juments de pur sang, de sang croisé, des races communes. — Du personnel de l'Administration. — École du Pin. — Palefreniers.

L'Administration actuelle des haras a été constituée, comme nous l'avons dit, par le décret de 1806.

Depuis cette époque sont intervenus, en grand nombre, des ordonnances, règlements et arrêtés dont l'ensemble régit aujourd'hui cette administration (1).

L'honorable rédacteur du compte rendu pour l'année 1849, dit

(1) *Décrets, ordonnances, arrêtés et règlements concernant le service des haras.*

4 juillet 1806. — Décret organique des haras et dépôts d'étalons.

13 juillet 1818. — Arrêté qui crée l'emploi d'agent général des remontes.

28 mai 1822. — Ordonnance portant création d'un conseil des haras présidé par le directeur de l'administration générale. — Réduction à quatre du nombre des inspecteurs généraux.

16 janvier 1825. — Ordonnance portant organisation nouvelle de l'administration des haras. — Nombre des inspecteurs généraux des haras porté à huit. — Deux agents des remontes. — Création de dépôts d'étalons et poulains.

que l'administration demande à être mieux connue, et il expose, avec une grande lucidité, les doctrines qu'elle professe et les travaux de l'année. Mais ce n'est pas seulement sous le double point de vue de ses actes et de ses doctrines qu'elle est peu connue et qu'il importe de la faire connaître : ce qu'on ignore, c'est la nature exacte de ses attributions. Si l'on sait imparfaitement ce qu'elle fait, on ne sait pas mieux ce qu'elle est chargée de faire en vertu des prescriptions auxquelles elle obéit.

Mode d'action de l'Administration.

L'Administration des haras agit de plusieurs manières sur la production :

Elle la facilite en mettant à la portée des éleveurs des étalons qui conviennent dans chaque contrée pour y améliorer l'espèce ;

---

12 novembre 1828. — Ordonnance portant création d'une *commission administrative* des haras.

10 décembre 1828. — Ordonnance qui détermine les attributions de la commission administrative et qui en nomme les membres.

13 mai 1829. — Ordonnance qui réduit à six le nombre des inspecteurs généraux. — Circonscription des arrondissements d'inspection.

19 juin 1832. — Ordonnance qui réduit ce nombre à quatre, et qui supprime neuf dépôts d'étalons.

3 mars 1833. — Ordonnance portant établissement d'un registre matricule pour l'inscription des chevaux de race pure.

10 décembre 1833. — Ordonnance portant organisation nouvelle des haras. — Suppression de l'agent général des remontes. — Le nombre des inspecteurs généraux est reporté à cinq.

15 décembre 1833. — Ordonnance qui supprime le dépôt de Lamballe et qui érige celui de Pompadour en haras, et celui de Langonnet en dépôt d'étalons et poulains.

15 décembre 1833. — Ordonnance portant rétablissement du dépôt d'Arles.

12 octobre 1835. — Ordonnance qui crée l'emploi d'agent général des remontes des haras.

Mars 1838. — Suppression des dépôts d'étalons et poulains.

24 octobre 1840. — Ordonnance contenant organisation nouvelle des haras. — Création d'une école spéciale.

3 juin 1842. — Ordonnance qui rétablit le dépôt de Villeneuve.

12 novembre 1842. — Ordonnance qui crée un dépôt d'étalons à Bourbon-Vendée.

22 juin 1846. — Ordonnance qui crée un dépôt d'étalons à Saintes.

30 septembre 1846. — Arrêté portant organisation nouvelle du service des remontes des haras.

27 octobre 1847. — Arrêté qui rétablit la catégorie des étalons autorisés.

10 novembre 1847. — Ordonnance qui élève le taux des primes à allouer aux *étalons approuvés*.

25 avril 1848. — Arrêté portant création d'une commission chargée d'étudier les diverses questions relatives à l'industrie chevaline.

11 décembre 1848. — Arrêté de M. le Président du conseil chargé du pouvoir exécutif, portant organisation nouvelle du service des haras.

Elle l'encourage par les courses et par des primes accordées aux belles juments poulinières;

Enfin, ses agents répandus sur toute la surface du pays propagent les bonnes méthodes d'élevage et les diverses connaissances qui manquent trop souvent à nos cultivateurs.

Dépôts d'étalons nationaux. Leurs circonscriptions.

L'action de l'Administration s'étend sur 83 départements, partagés en 25 circonscriptions, dont chacune possède un établissement où sont conservés et entretenus aux frais de l'État des étalons de choix qui lui appartiennent. Ces établissements prennent le nom de dépôts d'étalons, et les étalons qu'ils renferment sont appelés *nationaux* ou *entretenus*.

Au moment de la monte, chacun de ces dépôts répartit ses étalons dans des stations dont l'emplacement est déterminé de manière à les rapprocher autant que possible des éleveurs.

Les prix de saillie de ces étalons sont déterminés, pour chaque établissement, par le ministre, sur la proposition du directeur et de l'inspecteur général. Ces prix varient suivant les étalons : en 1850, au dépôt de Paris, par exemple, ils sont compris entre 60 et 80 francs; au Pin, entre 5 et 20 francs, et dans plusieurs dépôts, entre 1 et 5 francs.

Le dépôt d'étalons de la circonscription de Paris porte le nom de dépôt de remonte, parce qu'en vertu d'une prescription, souvent inexécutée, à cause des frais qu'elle entraînerait, tous les chevaux achetés par l'État pour servir d'étalons doivent y être conduits, avant qu'on les dirige sur les établissements auxquels ils sont destinés (1).

A deux de ces dépôts, ceux du Pin et de Pompadour, sont annexés des haras, c'est-à-dire des établissements où l'Administration se livre elle-même à l'élève du cheval, afin de conserver, pure de tout mélange, la descendance des chevaux et des juments de choix importés de l'étranger.

---

(1) Article 75 du règlement du 15 décembre 1833.

Enfin, on a institué à côté de l'établissement du Pin une école destinée à former les jeunes gens parmi lesquels doit être recruté le personnel de l'Administration.

Le tableau H donne les noms des dépôts et des haras avec l'indication des départements qui composent leurs circonscriptions. Il présente le chiffre de la population chevaline, par département et par circonscription, celui des étalons de chaque dépôt et leur répartition par département pour la monte. Ce tableau renferme en outre plusieurs autres indications, dont on se servira ultérieurement.

Mode d'achat des étalons.

Le mode d'achat des étalons destinés aux établissements de l'État a souvent varié : de 1818 à 1833, les acquisitions furent faites par des agents spéciaux de remontes; de 1833 à 1835, elles furent effectuées par les inspecteurs généraux de l'Administration. Une ordonnance royale du 12 octobre 1835 créa de nouveau un agent général des remontes des haras auquel ce soin fut confié ; enfin, depuis l'arrêté du 25 octobre 1840 jusqu'en 1848, les achats furent opérés par deux préposés aux remontes.

Un arrêté du 30 septembre 1846 régla d'une manière plus complète le mode des achats et spécifia qu'à partir de 1848 les jeunes chevaux proposés par les éleveurs pour la remonte des dépôts seraient soumis à des épreuves spéciales, dont la nature fut déterminée par l'arrêté ministériel du 12 avril 1849.

A la suite de la discussion qui eut lieu les 23 et 24 novembre 1848, à l'Assemblée nationale, le personnel de l'Administration des haras fut réorganisé par l'arrêté du chef du Pouvoir exécutif, en date du 11 décembre, et les préposés aux remontes furent supprimés. Depuis cette époque, tout en maintenant les dispositions contenues dans les arrêtés du 30 septembre 1846 et du 12 avril 1849, on s'est déterminé à confier le soin de conclure les achats, non plus à un seul agent, mais à une commission composée d'hommes expérimentés pris dans le sein de l'Administration, qui espère ainsi couper court aux plaintes qu'avaient quelquefois soulevées les achats faits par un seul fonctionnaire incessamment chargé de ce soin (1).

Nature et nombre des étalons.

Quant à la nature et à l'espèce des étalons qui doivent être entretenus dans les dépôts, le décret de 1806 et le règlement fait en exécution de l'ordonnance du 10 décembre 1833 sont les seuls documents qui s'en occupent, et, sur ce point, le règlement semble avoir abrogé le décret; car celui-ci exige que les deux tiers des étalons appartiennent aux races françaises, tandis que le règlement (titre II, art. 33) dit que le ministre fixera tous les ans l'espèce des chevaux que devra renfermer chaque dépôt.

Le nombre total des étalons nationaux (tableau H) est aujourd'hui de 1,178; il n'a jamais été plus élevé à aucune époque. Le décret de 1806 en fixait, il est vrai, le minimum à 1,470; mais ce nombre n'a jamais été atteint.

Étalons approuvés.

Les dépenses considérables qu'occasionnent l'achat et l'entretien de ces chevaux ont fait chercher dès longtemps un moyen supplémentaire pour conserver dans chaque contrée, à la disposition des éleveurs, les sujets les plus propres à la reproduction. C'est ce qui a donné lieu à l'institution des *étalons approuvés*. On désigne sous cette dénomination des étalons appartenant à des particuliers qui les destinent à la monte. Les agents de l'Administration des haras visitent

---

(1) La suppression d'agents spécialement et exclusivement destinés à effectuer les achats d'étalons paraît une sage mesure. L'Administration, qui renferme dans son sein tant de fonctionnaires capables et expérimentés, en retirera, sans doute, des avantages analogues à ceux que le ministère de la guerre a obtenus par la suppression du corps de la remonte générale. Mais peut-être aurait-il été nécessaire, en même temps qu'on supprimait les deux agents des remontes, d'augmenter l'effectif des inspecteurs généraux des haras, dont le nombre est fort réduit et que les missions au dehors, nécessitées par les achats, distrairont du service important qu'ils font à l'intérieur. Le fonctionnaire qui reçoit ces missions à l'étranger est nécessairement seul responsable des achats qu'il opère. Quant aux acquisitions d'étalons à l'intérieur, l'expérience éclairera la question de savoir s'il vaut mieux les confier à une commission qu'à un seul fonctionnaire temporairement chargé de cette mission et dont le nom suivrait partout les chevaux qu'il aurait acquis pour le compte de l'État.

ces étalons et les proposent, s'il y a lieu, pour recevoir une subvention de l'État.

Les règlements faits en exécution du décret de 1806 fixaient le montant de cette subvention ou prime dans les limites de 100 à 300 francs. Les ordonnances et les règlements intervenus depuis cette époque ont tous maintenu le principe de ces encouragements et conservé longtemps ce tarif. Il ne fut modifié une première fois que par l'ordonnance du 10 décembre 1833, qui l'établit de la manière suivante :

De 300 à 600 francs pour un étalon de selle;

De 200 à 500 francs pour un étalon carrossier;

De 100 à 200 francs pour un étalon de gros trait.

Ces derniers taux, modifiés en 1840 et 1847, ont été établis par l'arrêté du 11 décembre 1848, qui a élevé les limites entre lesquelles peuvent être fixées les primes accordées aux chevaux distingués; mais il n'a introduit qu'une modification assez insignifiante en faveur des étalons de gros trait. Aux termes de l'article 7, il sera distribué des primes :

De 500 à 800 francs pour les étalons de pur sang;

De 300 à 600 francs pour les étalons de demi-sang;

De 100 à 300 francs pour les étalons de gros trait.

Telles sont les dispositions aujourd'hui en vigueur. Mais la faiblesse des ressources que le budget met à la disposition de l'Administration est bien loin de permettre de subvenir à tous les besoins de la production au moyen des étalons nationaux et des étalons approuvés.

Étalons autorisés.

Dans cette situation, on a été frappé du sérieux inconvénient qu'il y avait à laisser la grande majorité des éleveurs en présence des étalons très-défectueux qui leur sont offerts, sans aucune indication qui puisse les aider à reconnaître ceux qui sont les moins mauvais. Tels sont les motifs qui ont porté l'Administration à créer une troisième classe d'étalons sous le nom d'étalons autorisés. Ces chevaux, qui ne reçoivent aucune prime et auxquels on n'attribue pas assez de mérite pour être dignes du titre d'étalons approuvés, sont simplement ceux que l'on a jugés être les moins défectueux parmi tous ceux qui se rencontrent dans un même arrondissement. Cette dernière catégorie, qui peut s'étendre selon l'occurrence et qui est indépendante des nécessités du budget, était le complément indispensable des institutions spécialement relatives aux étalons. Elle a été créée par un arrêté en date du 27 octobre 1847.

Ordonnances et arrêtés qui régissent les courses subventionnées par l'État.

Les courses, comme exercice et comme épreuve pour les chevaux, sont en usage depuis longtemps dans plusieurs de nos provinces; mais elles n'ont pris chez nous une importance véritable que depuis le jour où l'État est intervenu pour régulariser les conditions dans lesquelles elles se pratiquent.

Cette intervention, réclamée dans un rapport d'Eschasseriaux jeune, fut réalisée pour la première fois par le décret du 31 août 1805.

Les dispositions réglementaires qui les concernent sont relatives, à l'emplacement des hippodromes sur lesquels l'État subventionne les courses, aux circonscriptions dont les chevaux sont admis à courir sur chacun d'eux, à la nature et à l'importance des prix disputés; enfin, à l'âge des chevaux admis à entrer en lice, aux poids qu'ils doivent porter, aux distances à parcourir et aux vitesses minimum exigées pour chaque genre d'épreuves.

Circonscriptions affectées aux hippodromes.

Le décret impérial du 31 août 1805 désigna les six départements dans lesquels les courses auraient lieu; le règlement du 4 juillet 1806 détermina toutes les conditions qui y sont relatives. Elles ont été, depuis, modifiées par un grand nombre de règlements et d'arrêtés (1).

La grande différence qui existe, en France, entre les chevaux produits par les diverses contrées d'élevage fit établir tout d'abord des conditions spéciales, suivant les lieux où les courses furent fondées; mais comme on n'était point obligé de constater que les chevaux, qui venaient courir sur un hippodrome avaient été produits dans le pays environnant, il arrivait souvent que les prix étaient enlevés par des animaux provenant de contrées où les conditions d'élevage étaient meilleures. On ne tarda donc pas à s'apercevoir qu'une institution destinée à encourager la production dans telle ou telle région où on voulait la stimuler, s'écartait du but que l'on avait en vue. Le règlement de 1820 spécifia, en conséquence, que certains prix ne pourraient être gagnés, sur chaque hippodrome, que par des chevaux nés et élevés dans les départements composant l'arrondissement qui lui était affecté.

C'est en suivant ce même ordre d'idées que l'on a été amené à faire des modifications successives, plus ou moins importantes, dans l'étendue des diverses circonscriptions de courses. Le nombre et les limites des arrondissements des hippodromes, ont souvent varié, et on est arrivé à ne plus faire à cet égard que *deux divisions* de tout le territoire du pays, l'une comprenant la région du Nord, l'autre celle du Midi.

Classification des prix.

Les prix qui, dans l'origine, pouvaient indistinctement être disputés par tous les chevaux nés sur le territoire français, furent classés et dénommés suivant qu'ils pouvaient être disputés uniquement pa. les chevaux nés dans le département, dans l'arrondissement, dans la division, enfin dans la France entière. Ce furent des prix locaux pour les premiers; spéciaux, et plus tard d'arrondissement, pour les se-

(1) Arrêtés des :
27 mars 1820,
16 mars 1825,
9 juin 1826,
13 avril 1827,
31 octobre 1832,
2 juin 1834
5 janvier 1835,
15 janvier 1836,
15 décembre 1837,
8 janvier 1839,
26 février 1840,
7 avril 1840,
15 mars 1842,
2 mars 1846,
23 octobre 1847,
12 avril 1849,
26 avril 1849,
24 janvier 1850,
5 mars 1850.

conds; principaux pour les troisièmes; et enfin les prix royaux et le grand prix royal pour la dernière catégorie, c'est-à-dire pour les chevaux nés et élevés sur tout le territoire de la France.

L'arrêté du 24 janvier 1850, qui reproduit presque textuellement celui du 26 avril 1849, est le dernier qui réglemente les courses d'une manière générale. Il rétablit la classification en deux divisions, celle du Nord et celle du Midi, dont les arrêtés précédents ne parlaient plus et qui semblait avoir été abandonnée.

La division du Nord comprend les départements qui formaient les arrondissements de Paris, Caen, Nancy, Saint-Brieuc, Nantes et Angers, et renferme par conséquent les circonscriptions des dépôts d'étalons de :

Abbeville.	Jussey.	Langonnet.
Braisne.	Paris.	Angers.
Montiérender.	Le Pin.	Napoléon-Vendée.
Rosières.	Saint-Lô.	Saint-Maixent.
Strasbourg.	Lamballe.	Saintes.

La division du Midi comprend les départements qui composaient les arrondissements de Limoges, Pompadour, Aurillac, Bordeaux et Tarbes, et se trouve formée des circonscriptions des dépôts de :

Cluny.	Libourne.	Rodez.
Blois.	Villeneuve-d'Agen.	Arles.
Pompadour.	Pau.	
Aurillac.	Tarbes.	

La dénomination de prix d'arrondissement est supprimée; celle de prix spéciaux est rétablie, mais en prenant un caractère tout nouveau. Le rétablissement des deux divisions du Nord et du Midi, combinées avec cette nouvelle dénomination, donne lieu à la disposition renfermée dans l'article 4 dudit arrêté, savoir : que les prix spéciaux, comme les prix principaux, peuvent être disputés non plus par les chevaux de chaque arrondissement, mais par ceux de toute la division.

Quant aux prix nationaux et au grand prix national, la lice continue à être ouverte à tous les chevaux nés et élevés dans le pays.

On a eu pour but, en détruisant les arrondissements, de stimuler le zèle des éleveurs en augmentant le nombre des chevaux admis à concourir sur chaque hippodrome. Mais, en même temps, on rétablissait les divisions du Nord et du Midi, pour ne pas décourager l'élevage des chevaux de course dans des régions où, soit parce qu'il n'est pas assez avancé, soit parce qu'il se fait dans des conditions moins favorables, ses produits ne peuvent encore supporter la concurrence de tout le pays.

Prix spéciaux affectés à la région de l'Ouest.

C'est aussi dans cette pensée que redoutant, pour un certain nombre de nos départements de l'Ouest, les effets de la concurrence inopinée de Paris et de la Normandie, le ministre a rendu l'arrêté du 8 novembre 1850.

Cet arrêté dispose qu'indépendamment des prix déjà affectés, par celui du 24 janvier 1850, aux hippodromes de Saint-Brieuc, Nantes et Angers, indépendamment aussi des subventions annuelles précédemment accordées aux hippodromes de l'Ouest, il est formé, sous la dénomination de courses de l'Ouest, un arrondissement de courses spéciales aux hippodromes établis ou à établir qui rempliront certaines conditions.

A ces courses sont affectés, pour les poulains entiers et pouliches de 3 ans et plus, appartenant à l'arrondissement ou considérés comme tels, savoir:

Le grand prix de l'arrondissement de l'Ouest;

Quatre prix de l'arrondissement de l'Ouest.

L'article 5 divise les hippodromes de l'arrondissement en quatre circonscriptions. Cette division(1) a eu pour but de régulariser et de localiser la distribution des prix dits de circonscription.

---

(1)

1re Circonscription.	2e Circonscription.	3e Circonscription.	4e Circonscription.
Saint-Brieuc.	Poitiers.	Vannes.	Angers.
Guingamp.	Luçon.	Nantes.	Craon.
Quimper.	Rochefort.	Rennes.	Saumur.
La Martyre.		Saint-Malo.	Le Mans.

L'arrêté dont nous nous occupons ne modifie rien aux prescriptions antérieures relatives à la répartition des hippodromes de la France en deux divisions du Nord et du Midi; et les hippodromes de l'arrondissement de l'Ouest continuent, comme par le passé, à faire partie de celle de ces divisions à laquelle ils appartiennent. La création de l'arrondissement n'a eu pour but que de prévenir le tort qu'aurait pu faire aux éleveurs des départements qui le composent la suppression, prématurée à leur égard, des anciens arrondissements.

L'arrondissement de courses formé pour la région de l'Ouest se compose des circonscriptions des dépôts d'étalons de :

Napoléon-Vendée.	Saint-Maixent.	Lamballe.
Saintes.	Langonnet.	Angers.

Cette indication ne se trouve pas dans l'arrêté, où il eût sans doute été désirable qu'elle figurât; elle ressort de l'examen de l'Atlas des hippodromes publié par l'administration des haras.

Conditions imposées dans les courses.

Il nous reste à énumérer les conditions imposées aux chevaux qui se présentent pour disputer les divers prix. Elles sont relatives, avons-nous dit, à l'âge, au poids à porter, à la longueur de l'espace à parcourir, enfin, à la vitesse. Pour les prix qu'elle donne, l'Administration détermine toutes ces conditions, et elle influe nécessairement sur celles qui sont adoptées quand elle accorde des subventions aux sociétés particulières.

On lui a beaucoup reproché, depuis quelques années, d'avoir abaissé l'âge auquel les chevaux sont admis à courir, réduit les poids qu'ils devaient porter et diminué les distances. Examinons, d'après les documents officiels précédemment cités, quels ont été ses actes : nous les jugerons plus tard.

Age.

L'arrêté de 1806 n'admettait à courir les prix du Gouvernement que des chevaux de cinq ans et au-dessus. L'arrêté du 16 mars 1825 créa des prix pour les chevaux de quatre ans et de trois ans. Cette disposition a toujours été maintenue depuis, et se trouve reproduite dans les règlements en vigueur aujourd'hui.

Poids.

Depuis la création des courses par le décret de 1805 jusqu'à l'arrêté du 16 mars 1825, les poids à porter ont été fixés pour chaque hippodrome, dans les limites de 54^{k} à 61^{k},2 pour les chevaux de cinq ans, et de 57^{k},5 à 64^{k},7 pour ceux de six à sept ans. Pour Paris seulement, un tarif spécial de poids était fixé pour chaque taille. Les juments devaient porter 1^{k},5 de moins que les chevaux de leur âge.

L'arrêté du 16 mars 1825 a réglementé les poids d'une manière uniforme pour toute la France, suivant les âges. A partir de trois ans, jusqu'à sept et au-dessus, les poids variaient entre 41^{k},6 et 66^{k},6. Pendant dix ans, ces fixations sont restées les mêmes. Divers arrêtés ultérieurement intervenus les ont successivement modifiées (1). Celui du 15 mars 1842, dont les prescriptions, quant aux poids, ont été conservées dans tous ceux qui ont paru depuis, les a réglementés de la manière suivante :

AGE.	CHEVAUX ENTIERS.	JUMENTS.
3 ans.	51^{k},0	49^{k},5
4 ans.	60 ,0	58 ,5
5 ans.	62 ,5	61 ,0
6 ans et au-dessus.	64 ,0	62 ,5

Celui de 1850, qui a institué le grand prix national de l'Ouest, couru seulement par les poulains et pouliches de trois ans, a fixé à

(1) Arrêtés des 5 janvier 1835, 15 janvier 1836, 15 décembre 1837, 8 janvier 1839 et 26 février 1840.

$52^k,5$ le poids à porter par les chevaux et à 51^k celui à porter par les juments.

La décharge dont jouissent les juments a toujours été de $1^k,5$.

Les poids que nous venons d'indiquer sont, respectivement pour chaque âge, plus élevés que ceux qui avaient été déterminés dans tous les arrêtés précédents, sans en excepter le règlement de 1806. Toutefois on a supprimé la surcharge de $3^k,5$ qui avait été imposée par l'arrêté de mars 1825 aux chevaux au-dessus de sept ans, et qui avait été maintenue jusqu'à l'arrêté de mars 1842. En cela, on a fait sagement, car un cheval de course ayant certainement atteint toute sa force à sept ans, il ne paraissait pas naturel de le surcharger quand il se présentait sur l'hippodrome au-dessus de cet âge. Les conditions de surcharge imposées aux chevaux qui ont déjà gagné certains prix ont paru suffisantes.

Distances; vitesses.

Quant à la fixation des distances à parcourir et des vitesses minimum exigées pour l'obtention des prix, comme il y a une corrélation intime entre l'espace à parcourir et la vitesse avec laquelle il doit être franchi, nous rapporterons simultanément les prescriptions relatives à ces deux conditions.

Le règlement du 4 juillet 1806 institua trois sortes de prix : les premiers de 1,200 francs (distance : 4 kilomètres, portée à 6 kilomètres pour les chevaux de six ou sept ans), disputés en une seule épreuve;

Les deuxièmes de 2,000 francs, et le grand prix de 4,000 francs (distance : 4 kilomètres en parties liées).

Il n'était pas alors question de vitesse; aucune limite de temps n'est mentionnée dans l'arrêté.

L'arrêté du 27 mars 1820 divise, avons-nous dit, les prix en trois sortes :

Prix locaux, prix principaux et prix royaux.

Les distances à parcourir restent les mêmes dans les mêmes conditions d'âge et pour les prix correspondants; le nombre d'épreuves n'est pas changé. Cet arrêté est le premier qui se préoccupe des vitesses. Le minimum du temps était fixé ainsi qu'il suit :

1er âge, 5 ans....	600^{m} par minute....	pour les prix locaux;
2e âge, 6 et 7 ans.	650^{m} *idem*.........	
	700^{m} *idem*.........	pour les prix principaux et royaux.

L'arrêté du 16 mars 1825 admet à courir les poulains et pouliches de trois ans, mais seulement pour les prix d'arrondissement qu'il substituait aux prix locaux. La distance à parcourir était pour ces chevaux de 2 kilomètres, et de 4 kilomètres pour ceux de quatre ans.

La vitesse était, pour le premier âge, de 550 mètres par minute, et, pour le deuxième âge, de 600 mètres par minute.

Ces prix étaient disputés en une seule épreuve.

Pour les prix principaux et royaux, courus en parties liées, la distance était de 4 kilomètres et la vitesse de 650 mètres par minute.

L'arrêté du 31 octobre 1832 conserve toutes les dispositions de celui de 1825, et modifie seulement les limites de temps.

Le tableau suivant indique les prescriptions successivement adoptées quant au minimum des vitesses exigées, suivant les âges et la nature des prix, dans les arrêtés rendus depuis celui du 31 octobre 1832 jusqu'à celui du 15 mars 1842. Ces dispositions à cet égard ont été maintenues depuis lors.

DATE des ARRÊTÉS.	VITESSE PAR MINUTE POUR LES		
	PRIX D'ARRONDISSEMENT. (Chevaux de 3 ans.) — Distance : 2 kilomètres. Une seule épreuve.	PRIX D'ARRONDISSEMENT ET PRIX ROYAUX. (Chevaux de 4 ans et au-dessus.) — Distance : 4 kilom. Parties liées.	GRANDS PRIX ROYAUX. — Distance : 4 kilomètres. Parties liées.
1832.	600^{m},00	648^{m},65	648^{m},65
1835.	666 ,66	666 ,67	727 ,27
1837.	705 ,88	685 ,72	750 ,00
1842.	750 ,00	750 ,00	786 ,88

En résumé :

Les distances à parcourir pour les prix de toutes les classes n'ont pas été réduites depuis la fondation des courses.

La distance de 6 kilomètres à parcourir par les chevaux de six et sept ans pour obtenir le prix de 1,200 francs, en vertu de l'arrêté de 1806, ne peut servir de base à aucune allégation contraire, car ces prix étaient courus en une seule épreuve, et aucune limite inférieure de temps n'était fixée.

Les vitesses exigées ont toujours été en augmentant, ainsi que le prouve le tableau précédent, qui constate un accroissement de plus d'un cinquième en dix ans. Remarquons, en outre, que, malgré l'augmentation des vitesses exigées par les arrêtés, il arrive bien plus rarement aujourd'hui que jadis qu'un prix reste sur l'hippodrome, faute d'un cheval qui ait pu satisfaire aux épreuves dans les limites de temps déterminées.

Comparaison des vitesses obtenues en France et en Angleterre.

Les vitesses observées, surtout dans les courses pour les grands prix, sur l'hippodrome du Champ de Mars, ont souvent dépassé de beaucoup celles qu'exigent les arrêtés; ces vitesses ont été, en

1823. — 750^{m},	4 par minute.	Pour mémoire.
1830. — 789,	0 *idem*......	
1835. — 811,	4 *idem*.	
1840. — 839,	0 *idem*.	
1847. — 854,	0 *idem*.	
1850. — 858,	4 *idem*.	

Il est curieux de comparer ces vitesses avec quelques-unes de celles qui ont été observées, en 1849, sur l'hippodrome de Newmarket.

Nous extrayons de l'ouvrage de M. Gayot, les renseignements suivants :

Un cheval de 4 ans, portant 42^{k} 500^{g}, a parcouru 3,621^{m} en 4′ 16″; vitesse, 817^{m} par minute;

Un autre cheval de 4 ans, portant 69^k, a parcouru $3{,}522^m$ en 4′ 21″; vitesse, 809^m par minute;

Un troisième cheval de 4 ans, portant 58^k, a parcouru $4{,}954^m$ en 6′ 25″; vitesse, 759^m par minute.

Nous avons choisi les courses où les distances se rapprochent de 4000 mètres, et où les poids sont à peu près les mêmes que chez nous; des courses semblables sont assez rares en Angleterre car les conditions de poids et de distance sont généralement inférieures à celles qui sont en usage en France.

En comparant ces chiffres, on verra que, depuis 1835, les chevaux de course nés en Franre ont acquis des vitesses égales et supérieures à celles observées sur celui des hippodromes d'Angleterre que nous avons nommé. La situation comparative que constatait, à cet égard, en 1832, le *Journal des haras*, s'est donc notablement améliorée.

Le troisième moyen que l'Administration emploie aujourd'hui pour encourager l'élevage consiste à donner des primes aux poulinières d'élite. Une somme de 100,000 francs est inscrite au budget pour cet objet. **Des primes aux juments.**

Dans le principe, outre ces primes aux juments, on donnait aussi des primes aux jeunes poulains mâles (1); on a supprimé cette pratique qui avait l'inconvénient d'encourager les éleveurs, dans l'espoir d'obtenir la prime, à retarder l'époque à laquelle ils faisaient hongrer leurs produits.

Les primes, dont le taux ne s'élevait en 1825 qu'à 100 et 200 fr. pour les plus belles juments de selle, ont été portées, en 1833, de 200 à 400 francs pour les juments arabes, barbes, turques, persanes ou anglaises, réunissant toutes les qualités d'une bonne poulinière,

(1) La somme de 200,000 francs inscrite au même chapitre du budget sous le titre de primes aux étalons, est à notre avis, fort improprement qualifiée, parce que ce ne sont pas des primes, mais bien des subventions données aux détenteurs des étalons approuvés pour l'entretien d'animaux dont l'utilité est reconnue.

ayant au moins 1m 49 (4pi 7po) et suivies de leur poulain de l'année provenant d'un étalon de race pure. A cette dernière époque la prime était de 200 à 300 francs pour les juments indigènes de 1m 52 (4pi 8po) réunissant les autres conditions que nous venons de mentionner.

L'ordonnance du 24 octobre 1840 et l'arrêté du 25 octobre de la même année ne modifient pas ce qui est relatif aux primes accordées aux juments *de pur sang*, mais attribuent aux juments de *demi-sang*, suivies de leurs poulains de l'année, provenant d'un étalon de race pure, appartenant à l'Administration ou approuvé, la prime accordée antérieurement aux juments *indigènes*.

Du personnel de l'Administration.

Nous ne voulons point terminer ce qui concerne le mécanisme de l'Administration des haras sans dire un mot de son personnel.

Ce personnel se divise en deux catégories: l'une qui comprend les employés supérieurs et agents de l'Administration, dont l'effectif doit être en rapport avec le nombre et l'importance des établissements confiés à leur direction; l'autre qui se compose des palefreniers et journaliers, dont l'effectif est déterminé par le nombre des chevaux à soigner et par les travaux à exécuter dans les établissements. C'est de la première catégorie que nous avons surtout à nous occuper.

Le personnel des employés supérieurs et agents de l'Administration des haras a varié, depuis 1806 jusqu'en 1848, en raison du nombre et de la nature des établissements.

L'arrêté du 11 décembre 1848 fixe de la manière suivante le nombre des haras et dépôts d'étalons:

2 haras;

22 dépôts d'étalons;

1 dépôt des remontes, avec station, à Paris.

Il détermine ainsi la composition du personnel, savoir :

3 inspecteurs généraux résidant à Paris, dont un chargé de la direction générale du service;

3 inspecteurs d'arrondissement résidant en province;

Pour chacun des haras du Pin et de Pompadour, { 1 directeur, 1 inspecteur particulier, 1 agent spécial, 1 vétérinaire;

Pour chacun des dépôts d'étalons. { 1 directeur, 1 agent spécial, 1 vétérinaire;

Au dépôt des remontes de Paris, un piqueur chargé de la surveillance et de l'Administration;

Il résulte de la comparaison des diverses organisations du personnel, que le nombre des inspecteurs chargés de la surveillance générale du service n'a jamais été moindre qu'aujourd'hui; quant aux directeurs et agents spéciaux placés dans les établissements, qui sont chargés des soins à donner aux animaux et de tout ce qui s'y rattache, ainsi que de la surveillance à exercer lorsqu'ils sont répartis dans les stations pendant la monte, le nombre ne peut en être réduit : à toutes les époques il a été proportionnellement le même.

La disposition qui donne la direction du service à l'un des inspecteurs généraux est avantageuse à tous égards. La direction de cette administration, qui demande tant de connaissances spéciales, a eu trop souvent à souffrir, lorsqu'elle se trouvait entre les mains d'hommes que les revirements politiques amenaient à la diriger.

11.

Quant au tarif de solde des divers employés (1), il est aujourd'hui à peu de chose près le même qu'en 1806. Le Conseil a remarqué que ces traitements, n'ayant point subi les augmentations reconnues nécessaires dans toutes les autres branches des administrations publiques, par suite de l'abaissement de la valeur relative de l'argent, se trouvent aujourd'hui comparativement très-inférieurs à ce qu'ils étaient autrefois.

Les frais alloués aux inspecteurs généraux, aux inspecteurs d'arrondissement et aux directeurs pour leurs déplacements, lui ont paru au-dessous du strict nécessaire. Si l'on considère en effet que l'efficacité de l'action de ces fonctionnaires dépend précisément des

(1) *Tarif des traitements du personnel des haras.*

DATES des arrêtés	INSPECTEURS généraux.	INSPECTEURS d'arrondissement.	AGENTS généraux des remontes.	DIRECTEURS de haras.	DIRECTEURS de dépôt d'étalons et poulains.	DIRECTEURS de dépôt d'étalons.	INSPECTEUR particulier	AGENTS spéciaux régisseurs.	AGENTS comptables ou spéciaux.	VÉTÉRINAIRES de haras.	VÉTÉRINAIRES de dépôt d'étalons et poulains.	VÉTÉRINAIRES de dépôt d'étalons.
1806.	8,000f	"	"	1re classe 6,000f 2e classe 5,000f 3e classe 4,000f	"	1re classe 3,000f 2e classe 2,700f 3e classe 2,400f	1re classe 3,000f 2e classe 2,700f 3e classe 2,400f	1re classe 3,000f 2e classe 2,700f 3e classe 2,400f	1re classe 1,800f 2e classe 1,500f 3e classe 1,200f	1re classe 2,000f 2e classe 1,800f 3e classe 1,500f	"	1re classe 1,200f 2e classe 1,000f 3e classe 900f
1825.	5,000	"	5,000f	5,000	4,000f	2,700	"	2,100f	1,500f	1,500	1,500f	1,000
1833.	8,000	"	"	1re classe 6,000f 2e classe 5,000f	1re classe 4,000f 2e classe 3,700f	1re classe 3,000f 2e classe 2,700f	1re classe 2,700f 2e classe 2,400f	1re classe 2,400f 2e classe 2,100f	1re classe 1,800f 2e classe 1,500f	1re classe 2,000f 2e classe 1,700f	1re classe 1,500f 2e classe 1,200f	1,000
1848.	(1) 7,000	5,000f	"	5,000	"	1re classe 3,500f 2e classe 3,000f	2,700	1re classe 2,400f 2e classe 2,100f 3e classe 1,800f 4e classe 1,600f	"	2,000	"	1,000

(1) L'inspecteur général chargé de la direction du service a un traitement annuel de 10,000 francs.

tournées qu'ils accomplissent, c'est les mettre dans une position par trop difficile que de les obliger à faire à leurs dépens une partie des voyages auxquels ils sont astreints.

École du Pin.

Le personnel des fonctionnaires de l'Administration des haras n'avait point jadis de recrutement régulier. Le décret de 1806 indiquait seulement que ces agents seraient pris parmi ceux alors employés dans ce service ainsi que parmi les militaires, ayant servi dans les troupes à cheval et qui posséderaient les connaissances requises.

Le vague de ces prescriptions donna lieu à de nombreux abus. Beaucoup d'agents, parfois même très-haut placés dans l'administration, dûrent trop souvent à des considérations tout à fait étrangères à leur aptitude, les fonctions importantes qui leur étaient confiées.

L'ordonnance du 24 octobre 1840, en créant une école spéciale au haras du Pin, donna un recrutement régulier au corps de fonctionnaires dont il s'agit, et remédia aux inconvénients que nous venons de signaler. Des connaissances spéciales, le goût et l'habitude du cheval trop peu répandus chez nous, enfin les notions générales d'administration, nécessaires aux hommes destinés à occuper des fonctions publiques, telles sont les bases de l'instruction que reçoivent les jeunes gens dans cette école, qui a répondu jusqu'ici au but que l'on s'était proposé d'atteindre.

Le chiffre des palefreniers a toujours été calculé à raison de 1 pour 3 étalons dans les dépôts, et de 1 pour 8 juments ou poulains dans les haras. Les gages (1) de ces palefreniers ne dépassent point le strict nécessaire. Il faut en effet que la position de ces hommes soit recherchée, pour qu'on puisse les bien choisir. Il y va de l'intérêt de l'État, car non-seulement on leur confie le soin des étalons dans les établissements, mais on place ces animaux, pour ainsi dire, sous leur responsabilité exclusive, lorsqu'à l'époque de la monte on les envoie dans les stations.

(1) Les gages des palefreniers-chefs et brigadiers sont fixés, à raison de 2 fr. et de 1 fr. 75 c. par jour. Les gages des palefreniers ordinaires et des journaliers, à raison de 1 fr. 50 c. ou de 1 fr. 40 c. par jour.

CHAPITRE VI.

DOCTRINES DE L'ADMINISTRATION DES HARAS. — FAITS CONSTATÉS PAR L'EXPÉRIENCE. — PRINCIPES QUI EN DÉCOULENT.

Opinion de l'Administration sur l'emploi des races de pur sang pour l'amélioration de l'espèce. — Éléments qui influent sur le développement de l'espèce. — Des races. — De la dégénérescence. — L'existence des races bien établies est un avantage pour la production. — Soins qu'exige leur conservation. — De leur amélioration. — De la production des chevaux par les croisements. — Conditions du succès dans cette méthode. — Ses avantages. — Ses écueils. — De la formation des races par l'accouplement des métis entre eux. — En quoi consiste la supériorité absolue des races pures. — Nécessité de l'emploi des étalons de pur sang pour obtenir les chevaux de luxe et l'élite de ceux que veut la remonte de l'armée. — L'État doit entretenir ou subventionner chez nous ces étalons. — Quelques mots des races arabe et anglaise. — Leurs rapports. — Leurs différences. — De l'emploi de leurs étalons dans les croisements.

Doctrines exposées dans le compte rendu de l'Administration.

La doctrine qui a présidé à la marche suivie depuis 1833 se trouve exposée dans le compte rendu déjà cité. Elle se résume dans les passages suivants, qui expriment la pensée de l'Administration :

Page 7 : « En s'occupant de sa race, les Arabes ont conservé chez « le cheval, au titre le plus élevé, les qualités départies par le Créa-« teur à l'espèce . . . . . . ; ils ont maintenu, dans toute sa pureté et « dans toute sa puissance, le principe générateur de toutes les spécia-« lités, le germe de toutes les perfections et des aptitudes les plus « opposées. »

Puis, dans une note placée au bas de la même page : « Cette admirable flexibilité tient à ce que le cheval-type n'a aucune spécialité, « mais toutes les perfections et le germe de toutes les spécialités; il « n'y a qu'à les développer en lui. »

Page 9 : « La race anglaise de pur sang n'est autre que la race la « plus noble d'Arabie, acclimatée à un autre milieu, grandie et for- « tifiée sous l'influence d'une nourriture riche et substantielle. . . . »

Page 10 : « Le pur sang anglais est à nos besoins, ce qu'est le pur « sang arabe à la manière de vivre des Arabes. Ils ont l'un et l'autre « la même puissance de reproduction. . . . .
« l'application judicieuse de celui-ci (le cheval arabe) et de celui-là « (le cheval anglais) à l'amélioration des races satisfait à toutes les « exigences d'appropriation du cheval aux nombreux usages auxquels « on l'applique en Europe. »

Enfin, page 11 : « Pour suivre la plus complète appropriation de « notre population chevaline à toutes les exigences des services pu- « blics, par l'emploi raisonné du cheval de pur sang et du cheval pris à « ses divers degrés de croisement, en d'autres termes, imiter les An- « glais, et arriver comme eux par la voie la plus courte à la plus haute « prospérité chevaline. »

Discussion du conseil sur cette opinion.

Cette doctrine, dont l'appréciation nécessite des études et des observations toutes spéciales, était particulièrement soumise au jugement du Conseil supérieur des haras; pour motiver ce jugement, il a reconnu la nécessité de s'occuper de certaines questions qui se rattachent à l'étude du cheval, considérée au point de vue scientifique et général. Dans cet examen, il a vu aussi l'avantage de préciser nettement la valeur de certaines expressions dont le sens trop vague a jeté pendant longtemps une certaine confusion dans ses propres discussions.

Depuis la fin du siècle dernier, l'art de modifier les animaux, pour les approprier aux besoins de l'homme, a fait de grands pas; à des systèmes séduisants, mais que rien n'appuyait, sont venus se substituer des principes, basés sur l'étude raisonnée des faits et confirmés chaque jour par les résultats d'une expérience aussi attentive que persévérante. Ces principes, ainsi que les faits desquels ils dérivent, sont aujourd'hui acquis à la science, de l'avis de tous les hommes qui ont consacré leur vie à ce genre de travaux; les discussions du conseil les ont fait ressortir, et nous nous sommes proposé de les réunir ici.

De l'influence de l'hérédité et des autres éléments qui tendent à modifier l'espèce.

Il importe d'énumérer d'abord les diverses causes qui influent sur le développement des formes et des qualités de l'espèce chevaline.

La part d'influence que l'on doit accorder à l'hérédité est le premier point à examiner. C'est un fait depuis longtemps reconnu que son action s'exerce sur les formes des animaux, sur les moindres détails de leur structure, sur les qualités et les défauts qui en résultent; elle s'étend aussi à leurs habitudes, à leurs dispositions naturelles et à leur caractère.

L'expérience prouve encore que les animaux transmettent avec d'autant plus de certitude leurs formes et leurs qualités à leurs descendants, qu'ils sont eux-mêmes issus de familles dans lesquelles ces formes et ces qualités se perpétuent depuis plus longtemps.

On a, de plus, remarqué que, dans les familles dont la généalogie est bien établie, quand il se rencontre par hasard un sujet qui n'est point doué des formes et des qualités de ses ascendants, il n'en a pas moins d'ordinaire la propriété de transmettre à sa progéniture ces formes et ces qualités, qui sont chez lui à l'état latent, si l'on peut employer cette expression.

Enfin, c'est encore un fait bien constaté que toutes les circonstances générales qui peuvent influer sur le développement de l'espèce restant les mêmes, quand on accouple entre eux des animaux qui se distinguent par les mêmes particularités de forme, on remarque que ces détails de structure se présentent généralement plus tranchés dans les produits.

En répétant les accouplements pendant plusieurs générations, et dans des conditions semblables, il arrive un moment où cette conformation particulière que l'on a obtenue prend le cachet de la permanence et de la fixité; c'est-à-dire qu'en accouplant entre eux les animaux qui la possèdent, on est certain de la retrouver dans les produits, et que, de plus, elle peut résister, même pendant quelques générations, à des modifications notables dans les circonstances générales sous l'empire desquelles elle s'était produite : à ce moment, elle est, comme on le dit, passée dans le sang.

En dehors de l'action de l'hérédité se trouve celle du climat, du terroir, des soins et du régime alimentaire auxquels l'animal est soumis, surtout pendant l'élevage; de l'état de l'agriculture, duquel dépend en général la qualité de l'alimentation qu'il reçoit; enfin celle du rôle qu'il joue dans l'exploitation du sol.

Ces divers éléments ont chacun leur part d'influence; quand ils luttent contre l'action de l'hérédité, on la voit s'effacer peu à peu et bientôt disparaître. En se combinant avec elle de façons diverses, ils produisent dans l'espèce ces nombreuses races qu'exigent les besoins de notre société.

De la formation des races.

Lorsque, dans une contrée, toutes les circonstances que nous venons de mentionner restent généralement les mêmes, et que, sous leur influence, l'espèce chevaline est arrivée à se reproduire par elle-même d'une manière stable pendant une longue suite de générations, avec des formes et des qualités particulières; lorsque ces formes et ces qualités donnent aux individus qui la composent une sorte d'air de famille auquel on les reconnaît, alors elle constitue ce qu'on nomme une race, et cette race prend le plus ordinairement le nom du pays où elle s'est produite et où elle se perpétue.

De la dégénérescence souvent observée dans les races que l'on dépayse.

Il arrive souvent que, quand on trouve dans une contrée une race bien établie, et dont les qualités sont particulièrement appréciées, on cherche, par l'importation d'un certain nombre d'individus qui appartiennent à cette race, à la propager dans une autre région; elle peut se perpétuer sans altération sensible dans la nouvelle patrie qui lui est assignée, si elle y rencontre des conditions générales à peu près semblables à celles dans lesquelles elle s'est formée. Si, au contraire, les conditions qui lui sont faites sont, dans leur ensemble, moins favorables au développement de l'espèce, la race pourra bien, si elle était ancienne et si ses formes et ses qualités étaient bien assurées, conserver ses traits principaux pendant une ou deux générations; mais elle ne tardera pas à s'abâtardir, à dégénérer, à se rapprocher enfin de la race des chevaux du pays où on l'aura transportée, et au régime de laquelle on l'aura soumise.

C'est dans cette observation qu'il faut chercher la cause de la dégénérescence observée chez presque toutes les races étrangères à une contrée et que l'on essaye d'y naturaliser.

L'existence d'une race bien établie est la meilleure condition pour l'éleveur.

L'existence, dans une contrée, d'une race homogène et bien établie est une des circonstances les plus avantageuses dans lesquelles puisse se trouver le cultivateur qui se livre à l'éducation du cheval. Pour que cette industrie prospère, il faut en effet que l'éleveur sache à l'avance quelle sera la nature du produit qu'il obtiendra, à quel service il sera propre, et quelles facilités il présentera pour la vente. D'un autre côté, le marchand, intermédiaire obligé entre le producteur et le consommateur, ne va point explorer une contrée sans connaître à l'avance le genre des chevaux qu'il y trouvera, et sans être assuré d'y pouvoir faire des acquisitions assez multipliées pour le couvrir des frais de toute nature que son déplacement entraîne. Aussi voyons-nous, en général, toutes les contrées qui se livrent en grand à l'élève du cheval posséder des races qu'elles prennent soin de conserver.

Des variétés dans les races.

Quand une race est nombreuse, et quand, d'un point à un autre de la région qui la produit, les éléments qui peuvent modifier l'ampleur et la forme de l'espèce viennent à varier dans de certaines limites, on rencontre des familles qui, tout en conservant le cachet commun, se distinguent du reste de la race par des nuances plus ou moins accusées, et forment des variétés susceptibles d'être employées à des services différents de ceux auxquels la race est généralement propre.

D'où vient le sens qu'on attache quelquefois à l'expression de cheval de race.

Enfin, quand on transporte des animaux d'un pays dans un autre, et qu'on les y place dans des circonstances propres à conserver les caractères généraux de leur race, il s'introduit dans leur conformation certaines nuances qui tiennent au terroir et au climat, à l'influence desquels on ne peut jamais les soustraire complétement, mais ils restent habituellement propres à l'emploi auquel leur race est destinée. Comme on ne prend d'ordinaire ces soins que pour les animaux appartenant aux races les plus précieuses, qui peuvent être employés comme chevaux de selle et aux divers services du luxe, ce sont eux que l'on désigne généralement sous le nom de chevaux de race, ou d'espèce. Mais il ne faut pas prendre à la lettre cette expression usuelle, et croire qu'il n'y a que ces sortes de chevaux qui constituent des races. L'opinion de ceux qui soutiennent, d'une manière absolue, que toutes les anciennes races ont disparu en France, n'est acceptée ni par les éleveurs ni par les marchands qui produisent et achètent l'immense majorité des chevaux qui naissent dans notre pays. Les uns et les autres connaissent parfaitement les caractères généraux de ces races : ils les ont appris sur nos foires et sur nos marchés; ils les distinguent avec une grande précision, et attachent parfois beaucoup d'importance à certains détails de forme, légers en apparence, qui sont pour eux l'indice de qualités inhérentes à la race, et que possèdent presque invariablement les animaux chez lesquels on les remarque.

Certes, il n'est pas vrai de dire que tous les animaux qui existent en France appartiennent à une race bien définie; beaucoup d'entre eux ont été produits au hasard dans les plus mauvaises conditions, et n'ont, pour ainsi dire, conservé aucun cachet particulier : ils sont, comme l'a si bien remarqué M. Gayot, par rapport à l'espèce, ce que sont, dans celle du chien, ceux que Buffon appelle les chiens des rues.

Des soins à prendre pour conserver les races.

Il résulte évidemment de ce que nous avons dit de l'influence de l'hérédité, que, si on veut conserver une race et la maintenir au niveau que lui assignent les circonstances générales au milieu desquelles elle est placée, on ne doit employer à la reproduction que des animaux d'élite choisis dans son sein. On admet en outre, comme fait d'expérience, que, pour obtenir les meilleurs résultats possibles, ces animaux ne doivent servir comme étalons que quand ils ont atteint toute leur force et tout leur développement.

Enseignements que fournit, pour le choix des étalons, l'histoire de l'espèce à l'état sauvage.

L'histoire de l'espèce à l'état sauvage fournit, à cet égard, des enseignements dont il faut profiter. Les naturalistes et les voyageurs s'accordent tous sur ce point, que partout où l'on trouve le cheval à l'état sauvage, il vit en troupes dont le nombre varie de 15 à 20, et même au delà. Ces bandes sont toutes uniformément composées d'un étalon, qui en est le chef, de juments et de poulains qui le suivent. Lorsque les jeunes chevaux commencent à grandir et à exciter la jalousie du chef de bande, celui-ci les chasse. Forcés de s'éloigner, ils vivent ainsi dans l'isolement jusqu'à ce qu'ils soient arrivés, s'ils peuvent y parvenir, à se former à leur tour une compagnie de jeunes juments. Ce fait se vérifie par cette autre observation, que, lorsqu'on rencontre le cheval sauvage vivant isolé, c'est toujours un jeune mâle adulte.

Dans la vie errante et aventureuse que ces jeunes animaux sont obligés de subir, dans les combats qu'ils soutiennent contre les étalons chefs de bande, ou qu'ils se livrent entre eux avant de parvenir à se former une compagnie, un grand nombre trouve la mort. Les plus forts, les plus intelligents, les plus agiles, les plus hardis, peuvent seuls résister à tant d'épreuves, et c'est ceux-là seulement que la nature destine à la propagation de l'espèce.

Enfin, comme ceux-là même ne peuvent se former une bande, et la conserver, qu'à l'âge où ils ont acquis toutes leurs forces, ce n'est qu'alors qu'ils concourent à la reproduction.

Ces enseignements sont souvent méconnus.

Les conséquences que l'on peut tirer de ces enseignements de la nature sont, comme nous l'avons dit, généralement admises. Mais malheureusement, dans plusieurs de nos provinces, on est loin de suivre les pratiques qui devraient en résulter, et les conditions que la domesticité fait à la reproduction sont, sous certains rapports, fort inférieures à celles dans lesquelles la nature place l'espèce à l'état sauvage.

Dans les contrées dont nous parlons, il est d'usage de faire paître ensemble les juments et les poulains. Les chevaux qui ont acquis leur développement sont retirés des herbages, vendus ou gardés à l'écurie; les poulains qui sont les mieux venus sont, en général, ceux dont l'éleveur se défait le plus tôt; les moins bons restent seuls au troupeau du village. Si on remarque en outre que, dans ces régions, la castration ne se pratique point avant trois ans, tandis que les poulains sont adultes de quinze mois à deux ans, on verra ressortir de l'ensemble de ces coutumes, que l'espèce vit à l'état de promiscuité dans les conditions les plus fâcheuses, puisque la reproduction se fait incessamment par des animaux trop jeunes et pour ainsi dire choisis parmi les plus chétifs.

Enfin, parmi les précautions qu'il importe de prendre pour la conservation des races, nous devons citer celle qui consiste à éviter, en général, la consanguinité répétée dans les accouplements. Malgré quelques exceptions observées dans des circonstances particulières, on peut regarder à cet égard l'expérience comme ayant prononcé.

De l'amélioration des races.

Les races sont d'autant plus recherchées qu'elles peuvent rendre des services plus importants et plus nombreux : leur amélioration, que l'on réclame si souvent, consiste non-seulement à les rendre plus aptes à l'emploi auquel elles sont destinées, mais aussi à les approprier à de nouveaux besoins.

Ces modifications sont toujours fort difficiles à introduire dans des races bien établies, car, parmi les éléments qui influent sur leur formation, le sol ainsi que le climat sont invariables, par la nature même des choses. Quant aux autres : les soins donnés à l'élevage, la situation de l'agriculture, le rôle que joue le cheval dans l'exploitation du sol, ils tiennent à l'état social tout entier ; ils se rattachent à la division plus ou moins grande de la propriété, d'où résulte l'étendue des exploitations, à l'importance des capitaux qui y sont engagés, à l'aisance plus ou moins grande des cultivateurs, au degré d'instruction et d'intelligence qui leur est départi, enfin à leurs habitudes et à leurs mœurs, toutes choses sur lesquelles le mouvement général de la société peut seul amener des changements notables. C'est donc seulement l'influence de l'hérédité que l'on pourra mettre en jeu pour obtenir des résultats de quelque importance.

Dans ce cas, on profitera de ces nuances que l'on rencontre dans une race un peu nombreuse, et qui donnent à certaines familles des formes et des qualités qui les rapprochent de celles qu'exigent les besoins auxquels il faut pourvoir. On emploiera à la reproduction des animaux de ces familles, on les accouplera les uns avec les autres pour obtenir une appropriation de plus en plus complète, et l'on arrivera ainsi, par des efforts successifs, à introduire dans la race les modifications que l'on veut obtenir, ou tout au moins à y produire une variété qui jouisse des propriétés que l'on recherche.

Comme c'est ici un des points les plus importants que nous ayons à traiter, un exemple nous a paru nécessaire, afin de préciser ce que nous voulons dire.

Prenons la race percheronne, qui a été l'objet de tant de controverses et dont on a été jusqu'à mettre l'existence en question ; elle fournit, en général, des chevaux de trait au trot, et cependant, à côté de ces animaux, qui forment la majorité de la race, il s'en trouve qui sont plus grands et plus lourds, qui ont les épaules plus chargées et plus droites, l'encolure plus épaisse et plus courte, qui sont enfin moins propres que les premiers aux allures vives, et plus convenables pour le trait au pas.

Par opposition avec ceux-ci, se trouvent, à l'autre bout de l'échelle, et dans la même race, des animaux de même taille que le cheval ordinaire de diligence, mais qui ont les épaules plus inclinées et moins chargées, le garrot mieux sorti, l'encolure plus légère et plus longue, sans cependant cesser d'avoir le cachet et le caractère de la race. Ce sont ceux-là que nos postillons employaient jadis et qu'ils emploient encore quelquefois comme porteurs; ce sont ceux que les maîtres de poste et les relayeurs attellent de préférence à leur cabriolet. Ils ont les allures plus allongées, le galop plus agréable; ce sont de véritables chevaux à deux fins.

Tous ces animaux appartiennent à la même race et sont soumis aux mêmes conditions d'élevage, qui sont excellentes, parce que les services qu'ils rendent de bonne heure à l'agriculture permettent de les bien nourrir dès leur jeune âge.

Eh bien, ceux de la troisième catégorie, tels qu'ils sont aujourd'hui, peuvent faire d'excellents chevaux de cavalerie de ligne, et, si le Gouvernement, dans le but d'encourager leur élevage, subventionnait plus largement dans ce pays des étalons de ce genre, il en résulterait un perfectionnement réel dans la race, puisqu'elle fournirait un beaucoup plus grand nombre de chevaux à deux fins, qui sont précisément ceux que nous avons tant d'intérêt à multiplier (1).

Quand on procède comme nous venons d'indiquer, on pratique ce qu'on appelle l'amélioration des races par elles-mêmes ou en dedans, et, ainsi que le fait remarquer Mathieu de Dombasle, cette marche présente, par rapport aux croisements (dont nous parlerons tout à l'heure) « . . . . Cet avantage immense, que les produits sont constam-« ment au niveau du régime auquel la race est soumise sous le rapport

(1) Grand nombre d'animaux de cette variété dans la race, et particulièrement des juments, seraient dès aujourd'hui très-propres à remonter nos gendarmes; mais il est vrai de dire que la race est généralement sous poil gris, et que cette couleur, fort commune dans les races françaises, est particulièrement exclue par le ministère de la guerre pour la remonte de la gendarmerie. Cette étrange prescription, que rien ne motive, sera sans doute prochainement rapportée.

(Ordonnance du 29 oct. 1820; circulaire ministérielle du 15 juillet 1835, art. 1er.)

« de l'alimentation et des soins, car les reproducteurs eux-mêmes ont « été formés sous ce régime. »

Mais lorsque, dans les races sur lesquelles on doit agir, on ne rencontre pas de familles qui se rapprochent des formes et des qualités que l'on veut obtenir, ou quand ces races, longtemps négligées, tombées au-dessous d'elles-mêmes par suite des mauvaises pratiques suivies pour leur reproduction, ne présentent plus aucun sujet d'un ensemble un peu satisfaisant, on est obligé d'aller chercher des reproducteurs dans les races dont on a pris plus de soins.

Toutefois, pour que l'action de ceux-ci soit efficace et qu'il en résulte une amélioration réelle et durable, il faut que leur taille et l'ensemble de leurs formes diffèrent peu de celles de la race avec laquelle on les accouple, et que les circonstances générales auxquelles les deux races sont soumises soient aussi peu différentes que possible. C'est-à-dire qu'on prendra ces reproducteurs dans des races qui sont, comme on le dit, très-près de celle que l'on veut améliorer.

On ne doit pas oublier, en effet, que, pour imprimer le cachet de la permanence et de la stabilité aux modifications obtenues, nous devons suivre les indications de la nature, et par conséquent nous conformer à cette marche progressive, mais toujours lente, dont elle semble ne jamais s'écarter dans la formation des races.

Des croisements.

Jusqu'ici nous avons supposé que, pour produire des animaux propres à de nouveaux besoins, on mettait en jeu l'action de l'hérédité, de manière à créer dans les races des variétés possédant d'une manière stable les formes et les qualités qu'on recherchait.

Mais les pratiques que nous avons indiquées, qui réclament de la suite et de la persévérance, demandent aussi beaucoup de temps, surtout quand les races sur lesquelles on doit agir sont très-éloignées de satisfaire aux exigences du service auquel il faut pourvoir.

Lorsqu'on veut arriver le plus vite possible à produire les chevaux dont on a besoin, et que l'on renonce dans ce but aux avantages que présente à l'éleveur l'existence d'une race dont les formes et les qualités se reproduisent avec certitude, alors on a recours aux croisements : on nomme ainsi l'accouplement d'un étalon et d'une jument de races différentes.

Comme il est matériellement impossible de modifier d'une manière notable, par l'importation, la nature des juments d'une contrée, ce sont des étalons étrangers que l'on y introduit. On les prend dans des races qui, par les soins donnés à leur reproduction et à leur élevage, ont acquis une véritable supériorité, et on les choisit comme il convient pour donner aux métis les qualités qui manquent aux races communes avec lesquelles les croisements doivent être opérés.

Conditions auxquelles il faut avoir égard dans les accouplements.

Les croisements demandent une attention particulière. On doit, en effet, tenir compte d'exigences qui se contrarient et semblent opposées les unes aux autres. D'une part, il y a nécessairement entre la conformation du mâle et celle de la femelle des différences assez importantes, puisque le premier doit donner au produit certaines aptitudes qui manquent à la mère, et qu'il convient d'établir une compensation entre les qualités et les défauts de l'une et de l'autre. On peut même admettre entre eux une grande disproportion de dimensions et de volume, pourvu que la jument soit toujours plus grande et plus étoffée que l'étalon; mais, malgré toutes ces dissemblances, encore faut-il qu'il y ait une certaine similitude dans l'ensemble de la structure des deux animaux que l'on accouple. La pratique a trop souvent prouvé que l'on s'expose à ne voir sortir des croisements que des produits décousus et manqués, quand l'étalon et la jument n'ont point entre eux cette sorte d'analogie que nous venons d'indiquer, et qu'un œil exercé peut seul bien juger. Il y a dans cette appréciation tout un art qu'on doit apprendre, et dont l'expérience et l'observation peuvent seules révéler les secrets.

Principal avantage des croisements.

Pour que l'animal issu d'un croisement réponde à tout ce qu'on peut attendre de lui, on devrait, pendant l'élevage, lui donner des

soins et une nourriture qui se rapprochassent de ceux que reçoit la race de l'étalon dont il est issu. Mais il arrive souvent qu'il se trouve placé dans les mêmes conditions que les poulains de la race commune à laquelle sa mère appartient; et, cependant, malgré cette circonstance défavorable, si la jument a été convenablement choisie, si l'étalon est d'une race bonne et ancienne, s'il a, par suite, cette propriété de transmettre ses formes et ses qualités à ses descendants, le métis sera presque toujours fort supérieur au produit qu'eût donné sa mère avec un étalon de même race qu'elle.

La production d'un animal doué de qualités supérieures et propres à un plus grand nombre de services, sans changer notablement les conditions d'élevage, et par cela seul que l'on a employé un étalon de bonne race, est ce qui constitue le principal avantage des croisements. Mais, qu'on ne l'oublie pas, il faut, pour réussir, que les accouplements soient faits avec intelligence.

Causes des mécomptes auxquels ils ont parfois donné lieu.

C'est, en effet, pour ne pas s'être suffisamment rendu compte des causes qui avaient amené les bons résultats souvent obtenus par ce procédé, que l'on a été conduit à pratiquer des croisements qui ont abouti à de nombreux mécomptes. Il importe de donner, à cet égard, quelques explications.

Ainsi, il arrive souvent que l'on ne se conforme pas à ce que nous avons dit, qu'il convenait de choisir, en général, l'étalon plus petit que la jument.

De tous les éléments qui agissent sur la formation des races, la nature de l'alimentation et sa qualité, surtout dans le jeune âge, est la condition qui a l'influence la plus directe et la plus certaine sur la taille et sur le volume de l'animal. Or, dans les pays d'élevage, le volume et la taille des juments, qui sont la partie sédentaire de la population chevaline, permettent d'apprécier les dimensions que peut prendre l'espèce, eu égard aux conditions qui lui sont faites.

Les animaux de grande taille étant propres d'ordinaire à un plus grand nombre de services que les autres, et par conséquent se vendant mieux, ce sont eux que les cultivateurs cherchent surtout à produire. Aussi voit-on trop souvent ceux qui possèdent des juments de petites races, parfois des plus chétives, s'imaginer qu'en les accouplant avec un étalon de grande taille fortement établi, ils obtiendront un produit qui lui ressemblera, et tenter, suivant l'expression usuelle, *d'accroître la taille du produit par le père.*

Si l'on croise de petites juments avec de trop grands étalons, et que, comme on le fait d'ordinaire, on soumette les poulains au régime de la race du pays, il est possible que l'on obtienne plus de taille dans ceux-ci; mais, comme leur volume et leur poids resteront toujours en rapport avec l'alimentation qu'ils auront reçue, ils seront, à l'âge adulte, décousus et trop grêles pour la taille qu'ils auront acquise; leur élevage aura été difficile, et ils seront souvent impropres à toute espèce de service. Les croisements tentés dans plusieurs de nos contrées d'élevage avec des chevaux de race anglaise et de race percheronne ont souvent confirmé la vérité de ces observations.

D'autres fois il est arrivé que les éleveurs, séduits par les heureux résultats d'un premier croisement, au lieu de vendre, comme chevaux de service les métis qu'ils en avaient obtenus, ont conservé les les juments pour les livrer à la reproduction, et les ont accouplés de nouveau avec un étalon de même race que celui primitivement employé. Cette marche aurait pu être bonne si on avait donné aux poulains issus d'un deuxième croisement des soins et une alimentation en rapport avec leur origine; mais s'il en est autrement, et si, comme cela arrive d'ordinaire, on veut les élever de la même manière que ceux de la race commune, cette pratique est vicieuse, et, quand on la continue, elle finit par donner, à moins de circonstances exceptionnelles, des poulains qui réussissent mal et des chevaux très-souvent inférieurs à ceux de la race indigène de la contrée dans laquelle on opère.

Ces inconvénients se produisent surtout quand les races que l'on croise sont très-éloignéee l'une de l'autre par leurs formes, leurs qualités ainsi que par les conditions d'élevage et d'alimentation auxquelles elles sont soumises.

Si, au contraire, ces races étaient peu éloignées, les inconvénients qui résulteraient des croisements répétés et successifs des juments métis avec les étalons importés seraient naturellement fort atténués. Les résultats qui se produiraient alors se rattacheraient à ceux dont nous avons parlé quand il s'agissait de l'amélioration des races par des étalons pris très-près d'elle.

De la transformation des races par le métissage.

Nous venons d'examiner les résultats des croisements lorsqu'on emploie ce procédé pour produire des chevaux de service, plus complets que ceux que fournissent les races communes; il nous reste à parler de ce qui se produit quand, la race indigène ne présentant plus d'étalons vraiment dignes d'être employés à la reproduction, on entreprend de la *transformer* par l'introduction d'étalons étrangers. La race commune et celle des étalons que l'on importe sont dans ce cas généralement fort éloignées l'une de l'autre. Pour éviter les inconvénients que nous avons signalés comme résultant de l'emploi répété de l'étalon étranger, on est alors forcé d'accoupler entre eux les métis des deux sexes.

Ce procédé, surtout au début, présente toujours beaucoup d'incertitude; cela tient à ce fait bien établi par l'expérience que les métis des deux sexes, alors même qu'ils sont excellents pour le service auquel ils sont destinés, n'ont point la propriété de transmettre avec certitude leurs formes et leurs qualités à leurs descendants. On conçoit, en effet, que les formes et les qualités de ces animaux, alors surtout qu'ils sont le résultat d'un premier croisement, n'aient point chez eux ce caractère de permanence et de fixité qui n'appartient qu'aux races bien établies.

Il résulte de là qu'en suivant la marche dont nous parlons on doit généralement, dans les premières années, éprouver quelques mécomptes. Toutefois, si les étalons étrangers sont tous de bonne race, s'ils sont bien appropriés au croisement avec la race indigène, si on ne prend parmi les métis, et surtout parmi les mâles, que les meilleurs pour les employer à la reproduction, on verra, après un un certain nombre d'années, la population chevaline qui se substitue à l'ancienne race de la contrée prendre dans ses formes et dans ses qualités ce caractère d'homogénéité qui indique la formation d'une race, et se reproduire avec cette constance si avantageuse pour l'éleveur. Si on a satisfait à toutes les conditions que nous venons d'énoncer, cette race nouvelle sera incontestablement supérieure à l'ancienne; mais, dans le cas contraire, il pourra bien ne pas en être ainsi si l'on n'a pas satisfait à toutes ces conditions.

En s'engageant dans cette voie, il y a divers inconvénients à éviter, et dont il faut tenir compte en choisissant, tant sous le rapport de leur race que de leurs qualités, les étalons que l'on importe. On doit craindre par exemple que la race sortie du métissage ne soit inférieure à celle que produisait le pays sous le rapport du volume et du développement des formes, de la rusticité, de la facilité de l'élevage et particulièrement du temps nécessaire pour que les jeunes chevaux puissent entrer en service. Cette dernière condition, dont l'influence est si grande sur le prix de production, a une importance toute particulière qu'on ne doit jamais négliger.

Dans ce que nous venons de dire, nous avons supposé que les métis, ainsi que les animaux issus de leur accouplement, étaient soumis au même régime que la race indigène. Quand on les place dans des conditions d'élevage et de nourriture meilleures, ils arrivent plus rapidement à former une race qui est alors de beaucoup supérieure à la race commune de la contrée; mais alors les poulains, ainsi que leurs mères, nécessitent souvent des dépenses qui ne sont pas couvertes par les prix de vente. Pour qu'une pareille race puisse se produire sur une échelle un peu étendue, il faut qu'elle trouve une place dans l'exploitation du sol, ce qui rencontre souvent des difficultés assez sérieuses.

Toutefois, la création d'une semblable race présente l'avantage qu'elle peut fournir des étalons d'élite particulièrement propres aux croisements avec les races communes, dont ils sont moins éloignés que ceux que l'on pourrait importer, par l'ensemble de leur structure ainsi que par les conditions de climat et de soins généraux au milieu desquelles ils ont été produits.

Des races dites de pur sang, et de la supériorité qui leur est attribuée.

Il résulte de ce que nous avons dit de l'influence de l'hérédité, que l'on doit attacher une grande importance à n'employer, comme reproducteurs, que des étalons dont l'origine fût bien établie. Les peuples de l'Orient, qui les premiers ont entouré de soins particuliers l'élevage et la reproduction de l'espèce chevaline, ont, depuis des siècles, reconnu cette nécessité, et c'est elle qui les a conduits à tenir d'une manière précise et authentique la généalogie des animaux de leurs races les plus précieuses.

Cet usage s'est introduit depuis cent cinquante ans environ en Angleterre. Ce n'est guère que de nos jours qu'il s'est répandu dans diverses autres contrées de l'Europe et enfin chez nous.

Les races pour lesquelles on s'astreint à tenir cette sorte d'état civil sont celles qu'on appelle races de *pur sang* ou *races nobles*. Ce sont leurs étalons, ou ceux qui en dérivent que l'on emploie le plus généralement pour les croisements. Les étalons de pur sang sont les seuls qui présentent, sous le rapport de l'origine, des garanties tout à fait certaines ; à cet égard, il n'y a pas de discussion. Mais il n'en est pas de même quant à la supériorité absolue qu'on leur attribue relativement à ceux de toutes les autres.

Cette question a donné lieu à de nombreuses controverses, et le Conseil a dû l'examiner avec soin.

Éléments de la comparaison des races entre elles.

Quand on met en parallèle les qualités des diverses races de chevaux, une foule d'éléments, fort difficiles à apprécier les uns par rapport aux autres, se présentent immédiatement à l'esprit : le service auquel le cheval est destiné, sa durée, le prix qu'il coûte, les soins et l'alimentation nécessaires à son entretien, la diversité des besoins auxquels il doit satisfaire dans la société.

Ici, on exigera de l'animal des allures plus vives, plus longtemps soutenues, et on sacrifiera volontiers à cette condition le poids des fardeaux qu'il sera susceptible de mouvoir; là, au contraire, la vitesse et la rapidité n'auront point d'importance, car sa fonction se réduira à porter ou à traîner des masses considérables, mais avec de très-petites vitesses. Ici on demandera de la souplesse, de l'agilité, de l'adresse, qui se trouvent généralement réunies avec une certaine élégance de formes, et alors on se laissera moins arrêter par l'accroissement du prix d'achat; là, toutes ces qualités seront comptées pour rien: il ne s'agit que d'avoir le travail d'un moteur qu'il faut acheter et entretenir au plus bas prix possible. Parfois l'animal, exposé aux vicissitudes les plus diverses, devra être sobre, pouvoir attendre suivant l'expression de l'Arabe, et fournir encore sa carrière: cette qualité devra souvent passer avant toutes les autres; ailleurs l'animal, soumis à une vie plus régulière et à des soins plus constants, pourra sans inconvénient avoir un besoin absolu de manger et de boire à ses heures, sans qu'on le lui impute comme un défaut.

Des exigences aussi diverses et aussi opposées donnent difficilement prise à une appréciation précise de supériorité ou d'infériorité; cherchons néanmoins s'il n'y a pas quelques éléments qui puissent servir de base à la comparaison.

Qualités qui font la supériorité des races de pur sang.

Quels que soient l'emploi du cheval et les dépenses qu'exigent son achat et son entretien, il est clair qu'il sera d'autant plus précieux qu'il durera plus longtemps, qu'il aura une santé plus stable et qu'il pourra fournir pendant un temps plus long, sans intervalle de repos, le travail auquel il est destiné. La longévité, la bonne santé, le fond, sont donc des qualités pour ainsi dire absolues, qui constituent à elles seules une certaine supériorité en faveur des races qui les possèdent plus particulièrement.

Or l'expérience apprend que la race pure de l'Arabie, et celles qui en descendent le plus directement, les races barbe, anglaise et persane, en un mot celles qu'on nomme races de pur sang, possèdent à un plus haut degré que toutes les autres les qualités que nous avons énumérées. Et sous ce rapport leur supériorité n'est pas contestée.

Mais on reproche aux sujets de ces races une certaine infériorité pour les services où la masse de l'animal a une grande importance. Ils sont en effet loin d'atteindre, dans leur taille et dans leurs dimensions, le plus grand développement que l'homme soit parvenu à obtenir dans l'espèce. Examinons la valeur de ce reproche.

Si nous considérons l'animal en liberté, n'ayant qu'à se mouvoir lui-même, celui de race pure a sur tous ceux de l'espèce une supériorité de vitesse bien établie.

Si nous imposons une charge au cheval, sa vitesse de locomotion diminue; mais, si le poids est faible, et ne dépasse pas celui d'un cavalier, par exemple, la supériorité reste toujours en faveur de l'animal des races pures. Il en est de même s'il s'agit de traîner un chariot léger.

Si on accroît la masse à porter ou à traîner au point qu'elle devienne considérable relativement à la masse du cheval, alors la vitesse diminue très-notablement, et il n'est pas certain que le cheval de race pure ait toujours l'avantage. Mais peut-on en conclure quelque chose contre la supériorité de sa vigueur et de son énergie? il n'en est rien. Car dans ce cas, pour mesurer l'effort qu'il fait pour accomplir la tâche qui lui est imposée, il faut tenir compte du rapport qui existe entre la force qu'il déploie pour se mouvoir et celle qui est nécessaire pour transporter ou traîner la charge qu'on lui a donnée. Car ne perdons pas de vue que la nature départit à chaque animal la force qui lui est nécessaire pour se mouvoir avec une certaine vitesse, et que l'effort qu'il est obligé de faire pour transporter ou traîner un poids qu'on lui impose est d'autant plus considérable, que ce poids est plus grand relativement au sien propre. Or, c'est un fait bien établi que les chevaux de pur sang ont toujours une grande supériorité pour porter ou traîner des fardeaux quels qu'ils soient, quand on les compare à des animaux de même poids qu'eux. Cette supériorité est telle, qu'ils la conservent, alors même que la disproportion de volume et de masse devient énorme entre les animaux que l'on compare.

Néanmoins, pour que notre comparaison soit entièrement exacte en ce qui concerne l'emploi des sujets de diverses races comme chevaux de trait, nous devons ajouter que, toutes choses égales d'ailleurs, il y a toujours un certain avantage mécanique du côté des animaux les plus grands. Il est en effet bien reconnu que, dans la traction des voitures, le moteur est dans une position d'autant plus favorable que les roues sont plus grandes; et que, d'un autre côté, pour qu'il n'y ait pas de force perdue, on doit tenir l'essieu un peu au-dessous de la hauteur du point d'attache des traits sur le collier de l'animal. On pourra donc employer des roues d'autant plus grandes que la taille des chevaux sera plus élevée, et c'est là une des causes qui font rechercher particulièrement les races de grande taille pour le roulage et les voitures publiques.

D'après ce qui précède, les qualités par lesquelles les races pures sont supérieures à toutes les autres sont la longévité, la santé et tout ce qui s'y rattache, le fond ou la résistance au travail, la vitesse, quand il s'agit de porter un cavalier ou de mouvoir des fardeaux qui ne sont pas disproportionnés avec le poids de l'animal, enfin, dans tous les cas, une supériorité incontestable dans l'énergie de tout l'appareil locomoteur, ce à quoi il faut joindre une élégance de formes toute particulière.

Emploi des étalons de race pure pour les croisements.

Tant d'avantages rendraient sans doute leur usage beaucoup plus répandu, si le haut prix de revient des animaux qui leur appartiennent, les soins spéciaux que nécessite leur entretien ainsi que la délicatesse de main qu'il faut pour les conduire, ne rendait leur emploi, surtout chez nous, inaccessible à presque tous les consommateurs. Mais, lorsqu'il s'agit de pratiquer des croisements, les qualités que nous avons énumérées font rechercher les étalons de ces races de préférence à ceux de toutes les autres.

On conçoit, en effet, qu'en accouplant ces étalons avec des juments des grandes races, le métis héritant, en partie du moins, des éminentes qualités du père, tout en conservant l'ampleur et les dimensions de sa mère, aura pour les services auxquels on veut l'employer des propriétés supérieures à celles que possèdent ses deux ascendants.

Telles sont les raisons qui font préférer les métis issus de ces croisements aux sujets des meilleures races, et il n'est pas exact de dire qu'il n'y a là qu'une affaire de mode : on les recherche pour la remonte des troupes à cheval; le commerce de luxe n'en veut, pour ainsi dire, pas d'autres et va demander à l'étranger presque tous ceux qu'il emploie.

Or, nous avons établi que le pays n'arriverait à produire les chevaux nécessaires à la remonte de sa cavalerie sur le pied de guerre que s'il parvenait à fournir en temps de paix aux besoins de sa consommation de luxe : nous sommes donc amenés à conclure que l'emploi sur une grande échelle des étalons de race pure est indispensable pour atteindre le but proposé à l'Administration.

Nécessité de l'intervention de l'État pour l'entretien de ces races en France.

C'est, en outre, un fait qu'il est aisé de constater, que, dans les pays où les races pures se sont produites et se conservent, ce n'est point par simple spéculation qu'on se livre à leur élevage. Ici leur existence est une nécessité sociale, ailleurs les soins de leur éducation sont une obligation pour la haute aristocratie et pour les familles princières, quelquefois ils sont, pour de riches propriétaires, le résultat de la passion du goût ou de la mode; mais presque toujours les éleveurs sont obligés de consacrer une partie de leur fortune pour faire face à ces dépenses, qui leur sont, pour ainsi dire, imposées par leur position. Dans l'état de la société en France, de pareilles exigences n'existent pour personne, et d'ailleurs les grandes fortunes y sont si rares, qu'on ne peut compter sur le goût et la mode pour amener seuls des résultats importants : c'est ce qui, chez nous, rend en cela, comme en tant d'autres choses, l'intervention de l'État absolument nécessaire.

La suite de nos raisonnements nous ramène, on le voit, à cette conséquence que les faits historiques précédemment cités avaient déjà fait ressortir.

Des races arabe et anglaise.

Les étalons de pur sang que l'on emploie en France sont presque tous pris dans les races arabe et anglaise. Quelques mots sont nécessaires sur ces deux races.

La race noble a pris naissance en Arabie. Là, on ne tient pas compte de ce que le cheval coûte à produire; il joue un rôle trop important dans l'existence de la tribu : la nécessité, la religion (1), les mœurs obligent à l'entourer de soins particuliers; sa fonction est de porter son maître. Il n'y a au désert ni chariots ni charrues; le chameau y sert de bête de somme.

La possession d'un cheval de race est ce qui établit la position sociale d'un chef de famille; elle est pour lui ce qu'était chez nous, au moyen âge, la possession d'un fief. Là où la stérilité du sol condamne l'homme à la vie nomade, la mobilité est tout : c'est le cheval qui la donne.

Il n'est donc pas exact de dire, dans toute la rigueur de l'expression, que le cheval arabe n'a pas de spécialité; c'est, au contraire, l'importance de sa spécialité pour ce peuple, à la vie duquel le che-

(1) Le Prophète a dit aux croyants : « Tous les biens de ce monde, jusqu'au jour du jugement « dernier, sont attachés aux crins qui pendent entre les oreilles de vos chevaux ; ne négligez jamais « ni le soin de leur race, ni d'accroître leur nombre, etc...... » Cette prédiction et l'injonction qui en résulte, sont tirées des conversations du Prophète, auxquelles les Arabes croient comme au Coran, elles sont la cause de la répugnance qu'ils ont à vendre leurs juments, et des soins tous particuliers dont ils entourent les femelles dès leur naissance, attendu que le nombre des chevaux que la tribu pourra élever dépend uniquement du nombre de juments qu'elle aura, tandis qu'elle ne manquera jamais d'étalons pour féconder ses poulinières. C'est là ce qui a fait dire à tort, nous le croyons, à quelques auteurs, que les Arabes pensent que la jument possède, à un plus haut degré que l'étalon, la propriété de transmettre ses qualités à ses produits : nous pourrions citer des sentences, prises sur les lieux, qui indiquent une pensée toute contraire.

val est si intimement lié, qui a été la cause du perfectionnement de sa race; et l'on conçoit aisément que des besoins toujours les mêmes, au milieu d'une civilisation toujours immobile, aient dû l'amener et la maintenir au degré de supériorité que nous admirons aujourd'hui.

La description du cheval arabe se trouve dans tous les ouvrages spéciaux. Nous nous bornerons à rappeler ici qu'il est de petite taille, que la nourriture qu'il reçoit pendant son élevage est plutôt substantielle qu'abondante et qu'il en est de même de celle nécessaire à son entretien.

Il n'est pas rigoureusement exact de dire que le cheval anglais ne soit autre chose que le cheval arabe grandi et doué de qualités supérieures résultant du développement de ses formes.

Les Anglais voulant se dispenser d'aller périodiquement demander des reproducteurs à l'Orient et à la Barbarie, ont importé chez eux des chevaux et des juments des meilleures races de ces contrées. Ils ont maintenu, sans mélange de sang étranger, la descendance de ces animaux, mais cette condition était loin de suffire à la conservation des qualités de la race.

Avec cet esprit d'observation judicieux et cette persévérance qui caractérisent leur nation, avec les dépenses que pouvait faire une aristocratie dont les fortunes sont immenses et dont les domaines ne se fractionnent pas, ils sont parvenus à trouver quels étaient, sous le climat de l'Angleterre, les soins et l'alimentation qu'il fallait donner aux races de l'Orient pour maintenir en elles les qualités précieuses qui les faisaient rechercher.

Le succès a couronné ces efforts; mais la race du Midi, soumise depuis cent cinquante ans à l'influence du climat et du sol de l'Angleterre, que des soins particuliers devaient incessamment combattre, recevant une alimentation non-seulement recherchée, mais très-abondante, a pris un caractère particulier. Aujourd'hui, elle est devenue une race nouvelle, dans la véritable acception du mot, puisqu'elle a des formes et des qualités qui lui sont propres et qui se reproduisent avec toute la certitude que peut demander l'éleveur.

Le cheval anglais est plus grand que le cheval arabe : il est plus rapide au trot et au galop; sous le rapport de la longévité, de la pureté des formes et du fond, il ne le cède en rien aux races dont il est issu. Il en est de même quant à la santé.

Mais l'existence exceptionnelle qu'on a dû faire à cette race pour la créer, et qu'elle doit avoir pour se conserver, l'a rendue en général plus délicate et plus irritable que la race arabe; l'augmentation de la taille et les diverses modifications de formes, desquelles résulte un notable accroissement de la vitesse, font que le cheval anglais est, comme cheval de selle, moins adroit et moins sûr que l'arabe dans les mauvais terrains, pour éviter ou franchir les obstacles.

Cas dans lesquels il faut préférer les étalons de l'une ou l'autre race.

Tels sont les rapports et les différences qui existent entre ces deux races. Nous devions les rappeler avant d'examiner, suivant le vœu de M. le Ministre de l'agriculture et du commerce, les circonstances générales dans lesquelles on doit employer de préférence des reproducteurs de l'une ou de l'autre.

Il résulte évidemment des principes établis dans ce chapitre, que, partout où la race du pays aura une taille moyenne inférieure à celle de la race anglaise, l'étalon arabe devra être préféré.

Mais, là où la race commune aura un développement supérieur à celui de la race anglaise, l'étalon anglais sera généralement plus avantageux, parce que ses produits auront, en général, plus de taille et de développement que ceux de l'Arabie.

Il arrive parfois que, faute d'avoir un assez grand nombre d'étalons arabes, on place des étalons anglais de petite taille dans les contrées d'élevage où la race est petite; nous ne contestons pas que ces étalons ne vaillent mieux pour ces pays que ceux de la même race qui seraient plus grands; mais sont-ils aussi bons que des étalons arabes? Nous ne le pensons pas.

Nous avons dit en effet que, dans le choix de l'étalon, il ne suffisait pas de considérer ses formes et ses qualités, mais qu'il fallait aussi se préoccuper de son origine. Or, quoiqu'un cheval anglais soit petit, on doit croire, puisque la race est grande, que ses ascendants avaient une taille supérieure à la sienne, et que sa petite taille n'est qu'un accident; dès lors il y a probabilité que les poulains qu'il donnera auront une tendance à devenir plus grands que lui, et, s'il en est ainsi, on verra se reproduire tous les inconvénients que nous avons signalés dans le cas où la jument est plus petite que l'étalon.

Il est incontestable que l'étalon arabe donne en général à ses produits moins de taille et des allures moins développées que l'étalon anglais, ce qui est souvent un grave inconvénient; mais par cela même qu'il est petit il a cet avantage que les métis issus de lui demandent une alimentation moins abondante, et que si l'on croise de nouveau avec un étalon de sa race des femelles issues d'un premier ou d'un second croisement, on est beaucoup moins exposé, dans les conditions moyennes de l'élevage, à voir se produire des sujets trop grêles et d'un tempérament trop délicat.

Plusieurs causes ont contribué à faire employer chez nous l'étalon anglais dans des contrées où l'étalon arabe aurait mieux convenu.

Quelquefois on a cédé à ce préjugé si généralement répandu, que l'on peut avantageusement augmenter la taille des produits par l'emploi de grands étalons. Cette erreur, hâtons-nous de le dire, l'Administration ne la partage point; mais une preuve qu'elle est malheureusement assez générale en France, c'est que plusieurs des départements qui repoussaient les étalons de l'État, parce qu'ils avaient *trop de sang*, ont introduit chez eux des étalons percherons, quoique souvent la taille de ceux-ci dépassât de beaucoup celle des races avec lesquelles on voulait opérer des croisements. Nous avons déjà dit que, partout où cette circonstance s'était rencontrée, ces croisements avaient donné de mauvais résultats. D'un autre côté, l'étalon arabe est beaucoup plus difficile à se procurer que l'étalon anglais, et, quand on l'achète, on n'a pas toujours des garanties suffisantes, tant pour ses qualités que pour son origine; tandis que le cheval anglais, qui a fait ses preuves sur l'hippodrome et quelquefois comme reproducteur, a toujours une généalogie parfaitement authentique.

Le croisement des étalons anglais avec des races trop petites ayant produit sur plusieurs points de fâcheux effets, on a eu recours, pour remédier au mal, à ce qu'on nomme des croisements alternatifs, c'est-à-dire qu'on a accouplé avec l'étalon arabe les juments issues d'un croisement avec le cheval anglais. En pareil cas le cheval arabe corrige la taille trop élevée, le décousu donné par le cheval anglais, et le produit issu du deuxième croisement a plus de taille que celui qu'on eût obtenu de deux croisements avec l'arabe. L'accroissement de taille ainsi obtenu pourra être avantageux, si on a amélioré le régime; sinon, il est à craindre qu'il ne présente les inconvénients qui se produisent lorsqu'on veut élever la taille par l'emploi d'étalons plus grands que les juments (1).

---

(1) La majorité du conseil a demandé l'insertion de la note suivante présentée par M. de la Roque Ordan :

« L'emploi presque exclusif de l'étalon arabe et des dérivés avait produit, dans la plaine de « Tarbes, une race précieuse par le sang et les qualités, mais insuffisante, sous le rapport de la « taille, à répondre aux exigences du commerce, à celles du service des remontes pour les chevaux « destinés à monter les officiers.

« Des éleveurs pensaient que l'on pouvait demander à la race anglaise le complément des qualités « déjà produites, à savoir : plus de taille et de volume, une plus grande extension dans les « allures.

« L'expérience fut faite, elle eut ses erreurs et ses déceptions; les unes et les autres peuvent être « attribuées à l'emploi d'étalons d'une taille trop élevée, d'une conformation peu régulière, à l'in- « suffisance du régime. Toutefois, cet enseignement porta ses fruits pour les éleveurs et l'adminis- « tration des haras. De nouveaux essais furent tentés avec des animaux près de terre et d'une taille « moins élevée que les premiers. Ce régime fut amélioré. Dans ces conditions nouvelles on obtint « les meilleurs résultats; ce qui n'avait d'abord été qu'un essai devint une pratique générale.

« Toutefois, les éleveurs se gardèrent d'oublier que le cheval arabe était le fondateur de cette fa- « mille nombreuse répandue dans la plaine de Tarbes, qu'il était l'étalon de la race elle-même, « puisqu'il l'avait fondée; aussi est-il rare que la fille d'un cheval anglais ne soit rendue à l'étalon « arabe; c'est, comme on le voit, une sorte d'alternat dans l'emploi du sang oriental et anglais; les « éleveurs ont donné à ce mode d'opérer le nom de croisement alternatif. L'on comprend que, dans « la pratique, la chose ne soit point aussi absolue que le mot.

« Il est juste et vrai de reconnaître que c'est à l'emploi bien entendu de ce mode de reproduction « que la plaine de Tarbes doit sa prospérité hippique actuelle. Les caractères de la race nouvelle « ainsi formée deviendront permanents par l'emploi d'un étalon intermédiaire entre le cheval arabe « et anglais, celui que l'on désigne sous le nom d'anglo-arabe, et que le haras de Pompadour est « spécialement destiné à produire. »

On comprendra facilement que ce n'est pas sur la question de principe que le dissentiment s'est

Si l'on considère que l'amélioration du régime ne peut être générale que quand elle correspond à un progrès de l'agriculture, et que malheureusement chez nous, la plupart des éleveurs ne peuvent changer la nourriture de leurs poulains suivant la race de l'étalon dont il sont issus, on sera porté à croire que les croisements alternatifs, employés, non comme remède, mais comme moyen, donneront parfois des produits manqués, toujours difficiles à placer.

Après cet exposé des opinions théoriques admises par le Conseil; il nous reste à présenter ses appréciations de l'influence exercée sur la production chevaline du pays, par les pratiques de l'Administration des haras.

élevé, mais sur un point de fait. La minorité n'a pas regardé comme suffisamment établi que, dans la région du Midi, les progrès agricoles et l'amélioration qui s'en est suivie dans l'alimentation de l'espèce, fussent assez généraux et assez importants pour permettre avantageusement l'accroissement de taille qui résulte des croisements alternatifs employés, non comme remède, mais comme moyen. Considérés sous ce dernier point de vue, ils lui ont paru rendre plus difficile la formation d'une race bien établie. Enfin, dans le doute où elle est restée à cet égard, elle pense qu'il serait préférable, pour le plus grand nombre des éleveurs, d'attendre l'accroissement progressif de la taille, de l'amélioration du régime. Cette marche plus lente, il est vrai, serait plus sûre, et n'exposerait pas les producteurs aux mécomptes qui ont été signalés.

CHAPITRE VII.

EXAMEN DE L'ACTION QU'A EXERCÉE L'ADMINISTRATION DES HARAS SUR LA PRODUCTION DE L'ESPÈCE CHEVALINE.

Situation faite à l'Administration en 1833.—Difficultés que rencontre le système adopté à cette époque. — Circonscription des haras et dépôts d'étalons. — La proportion de l'intervention de l'État dans la production varie d'une contrée à une autre. — Les éleveurs acceptent les étalons de l'État pour certaines races, pour d'autres ils les repoussent. — Aperçu des conditions d'élevage des unes et des autres. — Celles-ci s'abâtardissent faute de soins. — Les premières se transforment par l'action dominante des étalons de l'État. — Nous n'avons pas suivi l'exemple de l'Angleterre. — Vœu du conseil. — L'industrie emploie des chevaux entiers. — La remonte et le luxe les repoussent. — Ces coutumes nuisent au débouché de chaque race et à la production de toutes. — Des étalons approuvés. — Des étalons autorisés. — De la police de la reproduction. — Des étalons entretenus dans les dépôts sous le rapport de leur race. — Élevage en France des races de pur sang. — Haras du Gouvernement. — Encouragements donnés à l'industrie privée. — Influence des courses sur la production. — Observations sur les primes.

Pour juger sainement la marche suivie par l'Administration des haras depuis 1833, il importe de rappeler ce que nous avons dit des inquiétudes que fit concevoir au Gouvernement, après la révolution de juillet, l'impossibilité bien constatée de trouver dans le pays les chevaux nécessaires à la remonte de nos troupes à cheval.

Motifs du système suivi depuis 1833, difficultés qu'il rencontre.

Les pratiques suivies jusqu'à cette époque n'ayant point conduit au but que l'on se proposait d'atteindre, on résolut de les changer, et, comme on voulait surtout obtenir de prompts résultats, on eut recours au procédé des croisements. Il s'agissait de faire des chevaux de selle : on choisit pour reproducteurs des étalons arabes et anglais, généralement employés à l'étranger pour en obtenir; ils remplacèrent successivement, dans les dépôts du Gouvernement, ceux qu'on y avait entretenus jusqu'alors.

Voici à peu près le calcul sur lequel fut basé le système qu'on adopta : le budget de l'Administration des haras permet d'entretenir environ 1,200 étalons qui peuvent fournir à la saillie de 54,000 juments dont il naîtra en moyenne 30,000 poulains. Sur ce nombre 20,000 animaux mâles ou femelles arriveront à l'âge de 4 ans, et, supposant que la moitié ait bien réussi, nos ressources en chevaux propres à la remonte seront de 10,000 par an, chiffre fort supérieur aux ressources que présentait alors le pays. Ce résultat, obtenu aujourd'hui dans son ensemble, ne se produisit pas sans rencontrer de nombreuses difficultés.

Les étalons qui se trouvaient dans les dépôts de l'État durent être en grande partie changés. On ne pouvait en tirer qu'un très-petit nombre de l'Orient, il fallait beaucoup de temps pour en recevoir de ce pays; l'Angleterre dut en fournir le plus grand nombre. Ces animaux, achetés trop vite, n'étaient pas tous irréprochables. Ils furent répartis dans les dépôts sans beaucoup de soins, c'est-à-dire sans qu'on se préoccupât suffisamment de choisir pour chaque contrée ceux qui par leur taille et par leur forme n'étaient pas trop éloignés des juments avec lesquelles on devait les croiser.

Les étalons des races pures, substitués à ceux de race plus commune que l'on était habitué à voir dans nos dépôts, n'étaient pas inconnus de nos éleveurs. Mais les moins riches et les moins éclairés, qui sont les plus nombreux et qui aiment peu les nouveautés, parce qu'ils n'ont pas les moyens de supporter les frais d'une expérience, regrettaient les étalons qu'ils avaient employés jusqu'alors. La marche de l'Administration, comme toute chose nouvelle, était attaquée; la confiance était ébranlée, et ce ne fut pas sans peine qu'en 1834 on put arriver à faire saillir 30,000 juments par les étalons de l'État.

Les premiers résultats présentèrent, comme cela devait être, d'assez nombreux mécomptes. Beaucoup de poulains étaient décousus et manqués; ils étaient généralement plus délicats, plus irritables, plus difficiles à élever que ceux des races du pays; les cultivateurs, peu habitués aux soins nécessaires à ces animaux, n'étaient souvent pas en mesure de leur donner la nourriture qui leur convenait. Les conseils ne leur manquèrent pas de la part des agents de l'Administration, mais ils furent peu écoutés, parce que les producteurs n'étaient pas certains d'être payés de leurs soins et de leurs dépenses. Ils craignaient, et non sans quelque raison, que les chevaux qu'ils produiraient, s'ils étaient refusés par la remonte, se trouvant aussi trop imparfaits pour satisfaire à la consommation de luxe, ne fussent difficiles à vendre, parce qu'ils n'appartiendraient à aucun type en usage dans la consommation générale du pays et qu'on ne saurait au juste quel service on pourrait en attendre.

Aussi, dans les années qui suivirent, le chiffre des juments conduites aux étalons de l'État descendit jusqu'à 25,000; mais il se releva bientôt, et, à partir de 1841, il reprit une marche ascendante[1]: il est aujourd'hui de 61,298. Des pratiques meilleures et plus éclairées dans l'élevage, des étalons mieux choisis et répartis avec plus de soin dans les dépôts, des encouragements donnés à la production, enfin les augmentations importantes des prix de remonte votées par les Chambres, ont amené ce résultat et ceux que nous avons déjà constatés dans le chapitre relatif aux remontes de l'armée.

Telles sont les difficultés qu'a eu à traverser l'Administration des haras. Entrons maintenant dans le détail de l'action qu'elle exerce aujourd'hui sur la production.

De l'action exercée actuellement par l'Administration.

La carte n° 1 fait juger d'un coup d'œil la manière dont sont groupés, par circonscriptions, les 83 départements sur lesquels s'é-

(1) La diminution observée en 1848 tient trop évidemment aux circonstances politiques pour qu'on doive en tenir compte, et, dès 1849 et 1850, les saillies atteignaient le chiffre des années 1846 et 1847.

tend l'action de l'Administration des haras. Cette carte résume la première partie des indications comprises dans le tableau *H*.

Renseignements réunis dans les tableaux.

La colonne dans laquelle se trouve le rapport du chiffre de l'espèce chevaline au nombre des naissances, permet d'apprécier quelles sont les circonscriptions qui produisent plus qu'elles ne consomment, et quelles sont celles qui consomment plus qu'elles ne produisent; il suffit pour cela de comparer les rapports inscrits dans cette colonne avec le rapport moyen, pour toute la France, qui est de 0,125 p. 0/0.

Bien que cette indication ne soit pas rigoureusement exacte, puisqu'elle suppose que la vie moyenne des chevaux est la même dans toutes les parties de la France, nous avons cru devoir la présenter ici : elle donne, à première vue, une idée à peu près exacte de la situation de chacune des circonscriptions sous le rapport de la production chevaline et de sa consommation.

Les colonnes suivantes du même tableau donnent, pour chaque département et pour chaque circonscription, le nombre des étalons entretenus, approuvés, autorisés; et enfin, par circonscription, la race ou tout au moins la catégorie à laquelle ils appartiennent.

Le tableau *I* présente, en regard des circonscriptions et des départements qui les composent, la population chevaline et les naissances annuelles, puis le nombre des juments qui doivent être employées à la reproduction pour donner les poulains dont on a constaté l'existence. Les colonnes suivantes indiquent le minimum des étalons nécessaires pour féconder ces poulinières, et, comme le tableau précédent nous a fourni le chiffre des étalons entretenus, subventionnés et autorisés par l'État, on en peut conclure le nombre minimum des étalons libres qui sont employés à la reproduction. Le rapport entre ces chiffres indique, pour chaque circonscription, la proportion de l'intervention de l'État dans la reproduction. La récapitulation présente cette même proportion pour l'ensemble du pays.

Répartition des étalons.

La comparaison de ces rapports entre eux permet de juger la manière dont cette intervention est répartie dans nos différentes contrées d'élevage, et montre combien elle varie d'une circonscription à une autre. Ces variations eussent été encore plus considérables si nous n'eussions tenu compte que de l'action exercée par les étalons entretenus.

De nombreuses réclamations, dont quelques-unes sont fondées, ont été soulevées par l'irrégularité de cette répartition, due principalement à ce fait que, l'Administration s'occupant presque exclusivement, comme nous l'avons dit, de la reproduction par voie de croisement, a dû placer ses étalons dans les contrées où l'espèce, par ses formes et par l'usage auquel elle est destinée, ne différait pas trop des reproducteurs qu'il fallait employer pour le but que l'on voulait atteindre. En un mot, l'Administration agit surtout sur ce qu'on nomme les races distinguées, désignées souvent sous la dénomination assez impropre de races légères, sur celles qui ont, presque de tout temps, accepté l'intervention de l'État et qui, si elles éprouvent aujourd'hui les améliorations que nous avons constatées, avaient autrefois subi les conséquences des erreurs et de l'instabilité des systèmes qui dirigeaient cette action.

Mais, en admettant même qu'on ne doive et qu'on ne puisse agir que sur ces races, il faudrait, pour motiver la répartition actuelle des étalons du Gouvernement, connaître d'une manière précise les caractères principaux de chacune d'elles, les conditions générales d'élevage auxquelles elles sont soumises, et la proportion pour laquelle elles entrent dans la population chevaline de chaque circonscription.

Il importerait surtout d'avoir cette dernière proportion, car, dans presque toutes nos contrées d'élevage, à côté de ce qu'on nomme les races distinguées ou légères, se trouvent les races de trait, dites communes, et que l'on désigne aussi improprement sous le nom de grosses races. Tous ces renseignements, l'Administration s'occupe de les réunir et de créer la géographie chevaline du pays qui n'a point encore été faite.

A défaut de documents précis et de motifs satisfaisants à l'appui de la répartition actuelle, l'Administration se borne à faire remarquer que ses étalons valent mieux dans tous les cas que les étalons libres que les éleveurs pourraient trouver; et, en cela, elle a généralement raison. Puis elle ajoute que, son but ne pouvant être atteint qu'autant que les éleveurs emploient ses étalons, elle a dû placer ceux-ci dans les pays où ils trouvaient le plus de faveur; enfin, que la répartition actuelle est généralement bonne, puisqu'il est constaté qu'elle a fourni le plus grand nombre de saillies obtenues jusqu'ici, et qu'enfin on amène aux étalons autant de juments qu'ils peuvent en saillir.

En se préoccupant uniquement du but principal proposé à l'Administration, il est donc juste de reconnaître que la répartition actuelle se trouve justifiée dans son ensemble.

Mais, si les documents nous manquent pour apprécier en détail les motifs de la répartition des étalons de l'État, les chiffres que renferme le tableau *I* et les indications de la carte n° 1 font ressortir quelques faits généraux qu'il importe de constater.

Proportion variable de l'intervention de l'État.

La proportion de l'intervention de l'État, qui est de 0,17 en moyenne (environ 1/6) sur la production totale du pays, est de 0,58 dans la circonscription de Pompadour; de 0,40 dans celle de Villeneuve-sur-Lot; entre 0,38 et 0,40 dans celles de Tarbes, de Pau, de Libourne, de Saintes, de Napoléon-Vendée, de Jussey et du Pin; entre 0,25 et 0,30 dans celles de Saint-Lô, Aurillac et Rhodez. Enfin, à l'autre extrême, elle varie de 0,07 et 0,08 à 0,15 dans les circonscriptions de Langonnet, Abbeville, Blois, Rosières, Angers.

Si on jette les yeux sur la carte, on verra que les circonscriptions du Midi sont, de beaucoup, celles qui sont les mieux partagées, ce sont celles qui comprennent le Limousin, la Navarre, la Gascogne, la Saintonge; et il résulte du tableau que ces circonscriptions sont celles où la population chevaline est généralement peu nombreuse. La Normandie et le Poitou sont moins favorisés que les provinces que nous venons de nommer.

Enfin, parmi celles de nos contrées qui ont une production chevaline très-importante, plusieurs restent pour ainsi dire en dehors de l'action de l'Administration : telles sont, au nord, le territoire qui le long de la mer, depuis la Seine jusqu'à la frontière de Belgique, où se trouvent les races cauchoise, boulonnaise, flamande; enfin le Perche et la Bretagne.

Causes de ces variations.

Or, les contrées où l'action de l'Administration se fait peu sentir sont précisément celles où les grosses races de trait sont bien établies, composent l'immense majorité de la population, et donnent lieu à un commerce considérable. Ces races ont repoussé, en général, les croisements que leur offrait l'Administration des haras, soit instinct chez les éleveurs, soit que quelques résultats d'expérience aient rapidement montré qu'il y avait trop de distance entre les juments et les reproducteurs des races pures pour qu'on pût attendre des résultats avantageux de leurs croisements.

Cette différence profonde, qui existe entre ce que l'on appelle les races distinguées et les grosses races, correspond, en général, à la diversité des rôles que chacune d'elles joue dans l'exploitation du sol. Les unes naissent, grandissent et se perpétuent sur les herbages; les autres s'élèvent pour ainsi dire à la charrue. Dans le premier cas, les poulinières ne font rien, ou ne sont employées que rarement et à des travaux qui ne payent point le cultivateur de leur nourriture; les poulains ne travaillent point avant l'âge de quatre ans; les unes et les autres consomment sans produire.

Dans le second, la mère, attelée à la charrue, a sa place obligée dans la culture de la terre, son produit lui-même travaillera de bonne heure et cessera d'être une charge pour le producteur.

C'est principalement parce que la production des chevaux d'arme et des chevaux de luxe se fait en général chez nous, dans les premières conditions que nous venons d'exposer, que cette production est chère, et que nous ne pouvons soutenir la concurrence de l'étranger.

Élevage dans les pays d'herbage.

Ce point est fort important et demande quelques détails : Prenons le cas extrême qui se présente dans plusieurs de nos pays d'herbage, où, les juments et leurs poulains ne faisant aucun travail, le produit de la vente de ceux-ci est le seul bénéfice de l'éleveur.

La valeur du poulain au moment où il naît représente, outre le prix de la saillie, celui de la nourriture de sa mère pendant toute une année; de plus, sur cinq juments saillies, trois en moyenne seulement étant fécondées, il faudra ajouter encore à la valeur du jeune animal les deux tiers du prix d'entretien de la mère.

Après le sevrage, c'est-à-dire de l'âge d'un an à celui de quatre ans, le poulain sera nourri à l'herbage, et l'on devra tenir intégralement compte de la valeur de son alimentation.

Si l'on a égard à toutes les chances d'accident, si l'on considère que l'emploi de ces races est tellement limité, que le produit n'a d'autre débouché que la remonte et le luxe, que les animaux choisis pour ces deux services sont examinés par l'acheteur avec beaucoup plus de sévérité que ceux destinés aux autres besoins de la consommation, on se rendra compte des difficultés que présente chez nous l'élevage de cette classe de chevaux.

Nous venons de prendre, il est vrai, le cas extrême, celui où les juments ne font absolument aucun service. Les choses se passent ainsi dans plusieurs contrées de la Normandie, dans les marais desséchés de la Vendée et de la Saintonge, et dans plusieurs autres localités. Enfin l'animal, exclusivement nourri au pâturage, ne pouvant acquérir la force et le développement que l'on exige pour la remonte et pour le luxe, que si les herbages sont de très-bonne qualité, on conçoit que, dans ce cas, l'espèce bovine vienne, comme nous l'avons dit, faire concurrence à son élevage.

Entre les pays dont nous venons de parler et ceux où les races sont employées au labour, se trouvent des contrées où les juments servent à la selle, comme dans les montagnes de la Bretagne, dans le Limousin, l'Auvergne, dans quelques-uns de nos départements du Midi, et particulièrement dans ceux qui avoisinent les Pyrénées. Ce sont les pays où les communications sont encore difficiles. Là, la jument peut travailler pendant une partie de la gestation, et de plus, la consommation locale nécessitant l'emploi du cheval de selle, la production se maintient. Toutefois, comme on n'exige pas de lui beaucoup de force ni de taille, on le nourrit peu, et son développement ne suffit pas au besoin du luxe.

Dans ces pays, les travaux de la terre se font habituellement avec des bœufs; mais, le progrès de nos routes tendant à généraliser l'emploi des chevaux pour les charrois, l'élevage de la grosse race nuit à celui de la race légère. La production du mulet lui fait une concurrence plus rude encore, parce que la vente de cet animal est certaine, attendu qu'il peut être employé, soit à porter le bât, soit au labour, soit aux charroïs sur les routes.

Dans plusieurs de ces contrées les mœurs, et, on peut le dire, l'affection que l'on a pour le cheval, maintiennent son élevage quoiqu'il donne souvent peu de profit.

Enfin, parmi les espèces qui vivent et grandissent sur l'herbage, viennent celles des pays où la terre n'a pour ainsi dire aucune valeur, où l'on élève des chevaux, parce que sans cela on ne tirerait pas un meilleur parti du parcours, et que, à si bas prix qu'on les vende, leur production donne toujours un bénéfice : de ce nombre sont les marais des Landes, la Camargue, la Brenne, quelques portions des landes de la Bretagne, etc. Ces contrées sont peu étendues, et leur population chevaline n'est pas importante; l'espèce y est chétive et ne peut être employée qu'à un petit nombre de services. Ces races sont sobres, dures à la fatigue et demandent peu de soins pour leur entretien. On avait cru, à tort, conserver ces qualités en développant la taille et le volume par des croisements; ces efforts n'ont pas produit de bons résultats et ils n'en produiront pas aussi longtemps que les conditions d'élevage et d'alimentation resteront les mêmes. L'on ne doit fonder sur ces essais aucune espérance sérieuse pour produire le cheval de cavalerie à bon marché.

Nous terminerons ces observations sur les races des pays d'herbage, en rappelant que, dans ces contrées, le grain n'entre généralement pour rien, non-seulement dans la nourriture des poulains, mais dans celle de leurs mères. L'espèce prend alors plus ou moins de développement suivant la fécondité du sol, les soins qu'on donne aux prairies et l'extension donnée à la culture des fourrages artificiels. Lorsque le cheval ainsi élevé arrive à l'âge de quatre ans, et qu'on veut le faire entrer en service, il faut, pour le préparer à supporter les fatigues que l'on va exiger de lui, l'habituer à une nouvelle alimentation.

Cette modification radicale dans le régime que l'animal subit à l'âge de 4 ou 5 ans, est souvent pour lui la source de maladies graves. De là vient que les races des pays d'herbage exigent généralement une préparation particulière avant qu'on puisse leur demander un service régulier, et qu'elles sont parfois, pour la santé et la résistance au travail, inférieures à celles des pays où l'espèce est employée au labour.

Élevage dans les pays de labour.

Dans ces contrées, en effet, surtout dans celles où se produisent nos grandes et belles races de trait, les conditions de la production et de l'élevage sont meilleures.

Nous avons déjà dit qu'il n'y a pas à tenir compte, dans la valeur du poulain, du prix de la nourriture de la mère, puisque celle-ci, ayant sa place et sa fonction dans l'exploitation, paye journellement ce qu'elle consomme. A peine pourrait-on avoir égard à la nourriture d'un mois, pendant lequel la jument reste indisponible : quinze jours avant et quinze jours après le moment du part. Le travail que fait la jument permet de faire entrer le grain pour une large part dans son alimentation. La nature et l'abondance du lait qu'elle donne à son poulain s'en ressentent, et, jusqu'à l'époque du sevrage, le jeune animal n'a rien coûté au fermier; sa valeur est pour lui un bénéfice net. A ce moment, dans certaines contrées, il est vendu, surtout si c'est un mâle; d'autres fois, on le conserve pour pousser plus loin son élevage : cela arrive surtout quand c'est une jument. Dans tous les cas, le laboureur qui le conserve, ou qui l'a acheté, ne lui ménage pas les aliments; car il sait qu'en le nourrissant bien il pourra de bonne heure lui donner une part dans ses travaux.

A 2 ans ou à 2 ans et demi, le jeune cheval a sa fonction : ici, c'est une herse légère qu'il traîne ; là, on l'attelle devant les autres, et, en même temps qu'il apprend le métier qu'il doit faire, les services qu'il rend permettent de lui donner du grain. Il commence donc à recevoir, dès cet âge, une alimentation de même nature que celle qu'il doit avoir lorsqu'il aura acquis tout son développement.

L'animal ainsi élevé reste dans les pays de production jusqu'à l'âge de 5 ans; il est alors vendu et trouve son emploi, soit pour les travaux les plus pénibles de l'agriculture, dans les nombreuses contrées qui ne produisent pas les chevaux qu'elles y emploient; soit pour le service du roulage ou des diligences. Si un accident lui arrive et le rend impropre au service au trot, il sera toujours bon à la charrue; l'éleveur ne perdra qu'une partie des profits sur lesquels il a compté. Enfin, habitué dès le jeune âge aux soins de l'homme et au travail, le cheval a un bon caractère, qu'il tient, on peut le dire, comme ses formes et ses qualités, du sang même de sa race.

Ainsi nous trouvons là, économie dans la production, bonne condition de tempérament et de santé, dressage tout fait, et certitude du débouché par suite des nombreux services auxquels sont propres les animaux des grosses races. Doit-on donc s'étonner que leur élevage fasse une si rude concnrrence à celui des races qui fournissent aux besoins de la remonte et du luxe?

Nos grandes races de trait tendent à dégénérer depuis 15 ans.

Avant 1833, l'Administration entretenait un certain nombre d'étalons appartenant à nos grandes races de trait; depuis lors, ils ont, pour ainsi dire, disparu des dépôts. Ces races, restées pendant près de quinze ans à peu près déshéritées de tout encouragement de l'État, commencent à présenter des symptômes d'abâtardissement et semblent tomber au-dessous du niveau que leur assignent les conditions d'élevage où elles sont placées. L'industrie privée et les efforts locaux, auxquels on s'en était remis du soin de les entretenir, sont restées au-dessous de la tâche qui leur était dévolue.

Cependant, dans les départements où ces races sont l'objet d'un commerce important, les conseils généraux et les sociétés locales ont essayé de fournir des étalons de choix aux éleveurs qui refusaient ceux que leur offraient les établissements de l'État. Ces efforts qui, sur certains points, produisirent de bons résultats, furent presque partout insuffisants; quelquefois leur direction ne fut pas suffisamment éclairée.

Les années qui s'écoulèrent depuis 1835 jusqu'en 1847 furent le temps où le grand mouvement des travaux publics et le roulage considérable, dus au développement de la prospérité nationale, faisaient partout rechercher les races de trait. On voulut en créer dans diverses contrées sans trop s'inquiéter de savoir si les conditions générales qui seraient faites à l'espèce permettraient d'atteindre le résultat qu'on se proposait : plusieurs mécomptes s'ensuivirent, comme nous l'avons déjà dit. Ce fut à la race percheronne que l'on demanda surtout des étalons, et alors il se produisit un fait singulier : le Perche, où chacun venait prendre l'élite des reproducteurs et même des juments, où le commerce enlevait rapidement tous les produits, eut un moment de prospérité qui contrastait singulièrement avec l'état de l'élevage dans nos autres provinces. Mais, comme cette contrée ne fit pas assez de sacrifices pour conserver chez elle les animaux qui auraient dû contribuer à la reproduction de sa race, elle la vit s'affaisser pour ainsi dire sous sa prospérité et dégénérer. C'est là tout ce qu'il est possible d'accorder à ceux qui prétendent que cette race n'existe plus.

Les races des pays d'herbage se transforment.

Cette situation de nos grosses races appelle un remède, et nous y reviendrons bientôt; mais, auparavant, nous devons examiner ce qu'a produit l'intervention de l'État dans les races qu'on appelle distinguées ou légères, dans celles des pays d'herbage, qui ont généralement accepté les étalons de l'Administration.

Considérée dans chaque contrée relativement à ces races, la proportion de l'intervention des étalons de l'État a toujours été très-considérable, et elle n'y est point notablement contre-balancée par celle des étalons libres. L'emploi à peu près exclusif des étalons de pur sang et de leurs dérivés devait avoir alors pour conséquence nécessaire la transformation de ces races par le métissage, puisqu'on ne faisait pas d'efforts sérieux et importants pour les entretenir par elles-mêmes. Eût-il mieux valu, dans l'origine, améliorer chacune d'elles par elles-mêmes et n'employer le méthode des croisements que comme fait partiel? Cela dépendait de l'état de ces races, et il est certain qu'en 1833 elles ne présentaient qu'un très-petit nombre d'étalons dignes d'être entretenus par l'État, et qu'on eût dû, en tout cas, aller chercher au dehors les étalons destinés à les améliorer. Quoi qu'il en soit, la nécessité d'obtenir promptement les chevaux d'arme, dont on avait besoin, trancha la question.

Cette transformation, par le métissage, des races distinguées, s'opère successivement. Elle a donné lieu et occasionne encore quelques réclamations qu'il importe d'examiner.

Dans les premiers temps surtout, l'emploi répété de l'étalon de pur sang, lorsqu'on ne soumettait point les produits à un régime convenable amena les inconvénients qui s'expliquent naturellement par ce que nous avons dit à cet égard au chapitre VI.

Aux plaintes des éleveurs de Normandie qui ont souvent répété que, si on continuait cette marche, il n'y aurait bientôt plus dans leur pays de juments assez étoffées pour recevoir l'étalon de pur sang et donner avec lui ces métis de premier croisement que recherche le commerce, on doit répondre : qu'à la jument issue d'un premier croisement, quand on ne change pas les conditions d'élevage, il faut donner, non l'étalon de pur sang, mais ces étalons de la race intermédiaire qui se substitue à la race du pays, et dont on trouvé l'élite dans les dépôts du Gouvernement.

Il est vrai que, dans les premières années surtout, ceux de ces étalons achetés dans le pays, qui étaient d'origine récente, n'ont pas toujours donné de bons résultats. Mais aujourd'hui que ceux qu'on emploie sont généralement mieux confirmés dans leur race, leur emploi ne présente plus le même inconvénient.

La note que nous avons placée à la fin du chapitre précédent explique suffisamment les observations critiques auxquelles a parfois donné lieu l'emploi de l'étalon anglais dans la région des Pyrénées.

Des plaintes de même nature se sont produites en Auvergne; elles ont toutes pour cause l'emploi d'étalons trop grands pour les juments du pays, et qui, en outre, étaient quelquefois mal choisis.

Marche suivie en Angleterre pour l'amélioration de l'espèce.

Il n'est pas exact de dire que, depuis 1833, nous ayons suivi en France l'exemple de l'Angleterre.

Dans ce pays, le Gouvernement n'exerce pas une action directe sur la production chevaline. L'industrie privée a créé la race de pur sang, et, en la croisant à divers degrés avec ses races communes, elle produit ces chevaux de service qui font l'admiration de l'Europe. Mais, en même temps que se créait la race de pur sang anglais et qu'elle arrivait à ce degré de permanence et de fixité qui dispense aujourd'hui d'aller chercher des reproducteurs en Arabie, des efforts particuliers amélioraient les races communes, non-seulement celles employées aux travaux de l'agriculture, qui en Angleterre, comme chez nous, constituent la grande majorité de l'espèce chevaline, mais aussi les races distinguées ou carrossières, comme la race de Cleveland qui correspond à celles que nous trouvions en Normandie.

Ceux qui ont soigneusement visité l'Angleterre partagent l'opinion que nous venons d'énoncer; nous pouvons, en outre, citer, pour l'appuyer, les types des principales races communes de ce pays qui existent à l'institut agricole de Versailles. Ces races ont été soigneusement perfectionnées par elles-mêmes ou par des croisements avec des étalons pris très-près d'elles. Celles de trait, en particulier, sont d'une homogénéité remarquable, d'une reproduction sûre et facile, et d'une force qui ne le cède en rien aux nôtres, en même temps qu'elles ont plus de vitesse au pas. Enfin, tout en conservant des formes appropriées aux services auxquels elles sont destinées, elles sont telles que les juments peuvent être accouplées utilement avec l'étalon de pur sang pour donner des chevaux de luxe [1].

Les soins que les Anglais prennent de ces races sont constatés d'ailleurs par deux ouvrages qui font autorité dans la matière, celui de M. de Montendre et l'ouvrage anglais intitulé *the Horse;* ce dernier dit positivement :

« On s'est beaucoup occupé depuis quelque temps en Angleterre « de croiser les chevaux de gros trait avec ceux de la Flandre, et le « succès a réalisé les espérances que ce mélange avait fait naître. L'a- « vant-main des produits s'est élevé, et la vitesse s'est accrue sans dimi- « nuer l'ampleur du corps et des membres. »

M. de Montendre dit (3e vol. page 51) « que, depuis 1831, époque « à laquelle *the Horse* a paru, plusieurs fois des achats d'étalons bou- « lonnais et percherons ont été faits pour l'Angleterre. Était-ce dans « le seul but du travail ou dans celui de la reproduction? Dans tous « les deux probablement? »

---

[1] Malgré la différence générale qui doit exister entre la conformation des races de trait et celle que l'on réclame chez les chevaux de luxe, les Anglais, qui savent modeler la nature suivant leurs besoins, ont résolu ce problème, et nous avons vu à l'institut agricole de Versailles, labourant dans le même champ, avec des charrues tout à fait semblables, et dans des circonstances parfaitement identiques, quatre attelages ainsi composés :

N° 1. Deux juments de Clydesdale.
N° 2. Trois juments de Suffolk.
N° 3. Trois juments percheronnes.
N° 4. Trois juments boulonnaises.

Les deux juments de Clydesdale faisaient le même ouvrage que trois bêtes des autres espèces, et le faisaient notablement plus vite. Les attelages, pour la vitesse du travail, arrivaient dans l'ordre où nous les avons classés, la différence entre l'attelage de Suffolk et celui composé de percheronnes était fort sensible; elle était presque nulle entre les percheronnes et les boulonnaises.

Les juments de Suffolk, du Perche et du Boulonnais reçoivent la même ration et sont soumises au même régime. Les juments de Clydesdale reçoivent une alimentation plus abondante; mais il s'en faut de beaucoup néanmoins que les deux juments composant l'attelage n° 1 consomment autant que les trois juments qui composent chacun des autres attelages.

Enfin *the Horse,* en parlant du cheval de route dit ce qui suit : « Le cheval de route, qu'il est plus difficile de rencontrer doué des « qualités qui lui sont nécessaires, que le cheval de chasse ou de « course, ne s'obtient, en quelque sorte, que du hasard, à cause de « la modicité du prix accordé à cette espèce de chevaux. Le cheval de « route doit, comme le cheval de chasse, posséder un certain degré « de sang, suivant la nature du pays et l'emploi auquel on le destine. « Si les croisements, dont il est le produit, s'approchent trop près du « cheval de pur sang, il brillera sans doute à l'extérieur, mais ne « possédera pas toutes les qualités désirables pour le service qu'il « doit faire : ses jambes sont trop fines, ses pieds trop petits, son al- « lure trop allongée. Il ne sera guère propre au trot. Moins que « moitié de sang, pour les animaux de cette espèce, suffit aux con- « ditions de leur état. »

M. de Montendre, qui cite ce passage, ajoute :

« Je crois devoir en recommander la lecture à nos anglomanes « fanatiques; il est de nature à refroidir leur passion exclusive pour « l'étalon de pur sang, considéré comme type de toutes les espèces « usuelles. »

Ainsi, voilà une classe de chevaux, des plus utiles et des plus propres à faire des chevaux d'armes, qui ne doit pas avoir plus de moitié de sang, et cela, d'après l'opinion d'un ouvrage qui fait autorité en Angleterre. Or il est évident que, si l'on opère toujours sur les métis avec des étalons de pur sang, il arriverait un moment où les animaux seraient trop rapprochés de la race pure pour les services auxquels on les destine. Il faut donc revenir aux étalons des races communes ou, à leur défaut, à ceux des races intermédiaires (issues du métissage) qui les ont remplacées.

Il ne faut pas perdre de vue cette observation si juste de l'auteur anglais, savoir : que chaque degré de sang que l'on donne au cheval ne le rend pas de plus en plus propre à tel ou tel service, et qu'il augmente en même temps la difficulté de son élevage, c'est-à-dire le prix de production.

En Angleterre, tous ces perfectionnements sont suivis avec intelligence et persévérance, et leur ensemble est nécessaire pour que l'espèce se reproduise dans de bonnes conditions.

En France nous n'avons point agi ainsi. L'intervention de l'État est reconnue indispensable, et il importe qu'elle soit considérable ; mais, pour qu'elle amène tous les résultats qu'on doit en attendre, il ne faut pas qu'elle limite ses efforts à une seule direction. Si nous imitons l'Angleterre, suivons fidèlement ses traces, et ne nous bornons pas à faire la moitié de ce qu'elle fait; autrement nous n'atteindrions pas le but auquel elle est arrivée.

L'Administration des haras a compté sur le pays pour le perfectionnement des races indigènes; mais les efforts individuels lui ont fait défaut. Nos races distinguées ont presque disparu, et ce n'est que dans nos contrées les plus favorisées que les métis issus des croisements avec les étalons de pur sang commencent à former des races.

D'un autre côté, nous l'avons dit, nos races de trait, livrées à elles-mêmes, tendent à s'abâtardir, ce à quoi il faut remédier, non-seulement en vue des services si importants auxquels ces races sont employées, mais aussi parce que les excellentes conditions de leur élevage favoriseraient singulièrement la production du cheval de luxe et de guerre, si elles étaient assez améliorées par elles-mêmes pour recevoir l'étalon de pur sang.

Vœu du conseil pour que l'on poursuive l'amélioration de nos races de trait.

Ces considérations ont conduit le Conseil à désirer que l'Administration redoublât d'efforts pour déterminer la formation de races bien établies dans nos pays d'herbage, et lui ont fait émettre un vœu spécial pour qu'elle portât une attention particulière à nos races de trait. Car c'est en améliorant ces races par elles-mêmes ou par des étalons pris très-près d'elles, qu'on pourra arriver à un résultat vers lequel il faut tendre, celui d'*élever, pour ainsi dire, à la charrue le cheval de guerre et le cheval de luxe.*

Il faut combattre l'usage d'employer des chevaux entiers au roulage et aux diligences.

Toutefois, le Conseil ne s'est point dissimulé que ce progrès ne pourrait être réalisé d'une manière complète, si l'on ne parvenait point à modifier l'habitude, répandue chez nous, d'employer des chevaux entiers pour le service du roulage et des diligences.

C'est par suite de cet usage que nos éleveurs de grosses races, suivant la voie dans laquelle sont engagés les services qui forment leurs débouchés principaux, ne castrent pas leurs poulains. Cette pratique vicieuse de l'emploi des chevaux entiers, établit une ligne de démarcation tranchée entre les races qui fournissent aux divers besoins de la société. Restreignant le débouché de chacune d'elles, elle nuit à la production de toutes, et a, en outre, l'inconvénient de laisser contribuer à la reproduction de l'espèce un grand nombre d'animaux qui sont loin d'en être dignes.

On motive cet usage sur ce que les chevaux entiers ont plus de force et de durée que les chevaux hongres. Si ce fait est vrai d'une manière absolue, la différence est peu importante en réalité. On cite bien l'exemple de chevaux arrivés à l'âge de cinq et six ans, que l'on avait dû hongrer à cause de leur caractère difficile, et qui, par suite de cette opération, avaient perdu une partie de leur vigueur. Ce qu'on a conclu de ce fait, qui n'a rien que de naturel, a été fort exagéré, car, si la castration eût été pratiquée dans le jeune âge, les conséquences eussent été tout autres.

L'emploi du cheval hongre, en même temps qu'il est plus sûr pour l'homme, évite à l'animal lui-même de nombreux accidents, qui compensent, et au delà, le minime avantage que l'on peut espérer de la supériorité de force et de durée attribuée aux chevaux entiers.

L'expérience de tous les peuples avancés sous le rapport de la production chevaline peut être invoquée à cet égard; elle leur a appris que l'emploi du cheval hongre était une condition nécessaire du perfectionnement de l'espèce. L'Angleterre et l'Allemagne sont depuis longtemps entrées dans cette voie.

En Allemagne, les mêmes races de chevaux servent aux travaux de la terre, à traîner les voitures publiques et à remonter la grosse cavalerie et la cavalerie de ligne. Les chevaux de luxe, qui ont le moins de valeur, leur appartiennent aussi; quand on veut en avoir de meilleurs et de plus distingués, on emploie le croisement des étalons de pur sang avec les juments de ces races, dont la conformation permet ce croisement.

En Angleterre, la spécialité des races de labour a été conservée; les animaux produits par leur croisement, à divers degrés, avec l'étalon de pur sang, sont employés au service des voitures publiques, qui est un débouché tout naturel pour ceux qui ne sont point assez distingués et que ne prend pas la consommation de luxe.

En France, au contraire, le cheval de carrosse et le cheval d'arme sont produits spécialement en vue de ces deux services; ils n'ont pas d'autre débouché, et, si le poulain n'est pas assez parfait pour satisfaire à leurs exigences, ou s'il éprouve un accident, l'éleveur trouve difficilement à s'en défaire.

Le Conseil a pensé que des encouragements répartis avec intelligence, quelques mesures administratives peut-être, pourraient faire abandonner cet usage suranné d'employer le cheval entier, usage auquel il faut attribuer certainement une partie des difficultés que rencontre dans notre pays la production de l'espèce chevaline.

Le développement des chemins de fer nous oblige à nous occuper d'améliorer nos races de trait.

L'influence que ne peut manquer d'avoir, sur l'emploi du cheval, le développement des chemins de fer, a paru au Conseil devoir rendre plus nécessaire encore l'intervention active de l'État dans l'amélioration de nos races de trait.

L'établissement des voies ferrées sur les grandes lignes y remplace le roulage au pas et le service des diligences; mais, d'un autre côté, la quantité des marchandises et le nombre des voyageurs transportés augmentent; ainsi l'un et l'autre service trouvent une compensation dans le mouvement opéré sur les lignes qui aboutissent à ces communications, de telle sorte que le nombre des chevaux employés par le roulage et les diligences n'éprouve pas de diminution notable. Ces conséquences ont été observées en Angleterre et en Belgique.

Toutefois, dans ce dernier pays, où comme chez nous, la grosse race desservait les voitures publiques, l'habitude des mouvements rapides pour les hommes et pour les denrées a conduit à demander aux chevaux de trait des allures plus allongées. La production s'est modifiée dans ce sens, et la transformation a été due à l'intervention, si bien entendue dans ce pays, des administrations provinciales.

De l'intervention de l'État par les étalons approuvés.

Dans la pensée du Conseil, c'est surtout au moyen des étalons approuvés que l'Administration doit travailler à l'amélioration par elles-mêmes des principales races du pays. L'examen du mode suivi pour la répartition des primes qui leur sont accordées, a donné lieu à diverses observations.

L'article 83 du règlement du 15 décembre 1833 porte, en effet, ce qui suit : « Aucun cheval entier ne sera admis au nombre des éta-« lons approuvés, s'il n'est exempt de tares et de maladies transmis-« sibles; s'il ne réunit les qualités propres à améliorer la race du « pays où il doit faire la monte, et s'il n'est spécialement, et non acci-« dentellement, consacré à la reproduction. »

Les conditions d'exclusion posées par la première partie de cet article sont très-sévères : il est tout naturel de ne point approuver les étalons qui ont des maladies transmissibles; mais exclure tous ceux qui auraient des tares héréditaires serait, peut-être, bien difficile. La pratique intelligente et éclairée des agents de l'Administration remédie, du reste, à cette prescription absolue du texte.

Quelques personnes avaient compris que, par la seconde partie de l'article, l'Administration exigeait que les étalons subventionnés fussent exclusivement réservés pour la monte, et ne fussent jamais employés à aucun autre usage. Cette prescription a été appliquée jadis; mais tel n'est point le sens que l'Administration attache à ces mots : *spécialement consacrés;* elle pense au contraire que l'animal qui accomplit une tâche raisonnable et proportionnée à l'alimentation qu'il reçoit, sera dans les meilleures conditions pour donner de bons produits. Elle impose, autant qu'elle le peut, un travail régulier aux étalons de ses dépôts; c'est à ses yeux le seul moyen de les empêcher de prendre des vices de caractère, qui souvent se transmettent, et de les préserver de ces maladies des pieds, parfois héréditaires, que fait naître le séjour trop prolongé dans les écuries.

Le taux fixé pour les primes que l'on accorder aux étalons de trait a également attiré l'attention du Conseil par son insuffisance.

On ne peut, en effet, méconnaître que, si ces chevaux satisfont aux conditions qu'on peut raisonnablement en exiger, ils vaudront de 1,500 à 2,000 francs. Or, si le but réel des primes est d'encourager le détenteur de l'étalon à le conserver dans le pays de production, et à le consacrer à la monte, comment peut-on espérer que d'aussi faibles sommes que celles qui peuvent lui être allouées suffisent pour le détourner de se défaire de son cheval? Est-il raisonnable, d'ailleurs, de s'en tenir encore aujourd'hui à un tarif qui n'a pas varié depuis 1806? Le Conseil, appelé à exprimer une opinion sur ce point, a émis, à l'unanimité, le vœu que le tarif ci-dessus fût modifié quant au minimum et au maximum des primes à accorder aux étalons de nos races de trait, en fixant le minimum à 200 francs et le maximum à 400 francs.

Le Conseil ne s'est point dissimulé que le développement qu'il croit nécessaire de donner à l'institution des étalons approuvés devra se résumer par un accroissement du crédit budgétaire accordé à l'Administration des haras, car les divers services qui en dépendent sont déjà si faiblement dotés qu'il est impossible de les réduire. Mais, après avoir constaté les résultats obtenus et signalé ceux qu'il faut s'efforcer d'atteindre, il a la confiance que le Gouvernement ne reculera pas devant de minimes sacrifices qui, comme ceux déjà faits, seront compensés par d'importants avantages.

Étalons autorisés.

L'institution nouvelle et si importante des étalons autorisés n'a pas été bien comprise dans toutes les circonscriptions. Les commissions qui les reçoivent ne doivent voir en eux que des sujets moins imparfaits que les autres qu'elles désignent aux éleveurs qui se trouvent dans l'impossibilité de s'en procurer de meilleurs; enfin, c'est une catégorie dans laquelle viennent se ranger les reproducteurs qui concourent pour obtenir les subventions accordées aux étalons approuvés.

Cette institution a, en outre, l'avantage de permettre d'étendre la surveillance de l'État sur les conditions générales dans lesquelles se fait la reproduction de l'espèce, et principalement sur l'industrie étalonnière qui s'exerce chez nous sans contrôle.

De la police de la reproduction.

Cette police de la reproduction n'existe point en France. La surveillance exagérée et vexatoire imposée avant 1789 à l'élevage du cheval fut abolie en 1790; elle avait laissé de tels souvenirs dans le pays, que depuis lors on n'a pas même rétabli, à l'égard de cette industrie, le contrôle qui s'exerce sur beaucoup d'autres.

Voici les opinions émises par le Conseil sur cette importante question : lorsqu'un éleveur entretient chez lui un étalon destiné à la saillie des juments qu'il possède, l'État ne peut lui imposer des conditions, et l'étalon ne peut être soumis à des visites ; mais, quand cet éleveur entretient un ou plusieurs étalons pour les employer à la monte des juments d'autrui, moyennant une rétribution, il exerce une industrie à laquelle se lient des intérêts généraux de l'ordre le plus élevé. Dès lors, l'État a le droit et le devoir de la surveiller dans ses moyens et ses pratiques, pour l'empêcher de devenir nuisible à ceux qui sont obligés d'y recourir.

Or, les propriétaires qui entretiennent chez eux des étalons pour la saillie de leurs propres juments sont très-peu nombreux. La reproduction qui se fait, comme nous l'avons dit pour les 5/6 en dehors de l'État, s'accomplit presque partout au moyen de reproducteurs entretenus à cet effet par des étalonniers qui ont un établissement fixe où les fermiers vont conduire leurs juments. Parmi leurs étalons, il y en a un d'ordinaire qui, par son apparence au moins, attire les chalands; les autres sont des animaux de rebut, achetés au moindre prix possible, et qui souvent ne valent pas ce qu'ils gagnent en une ou deux saisons de monte. D'autres fois, les étalonniers, se conformant aux usages des pays, conduisent les reproducteurs de ferme en ferme afin d'éviter aux éleveurs la peine de les venir trouver. Les étalons s'appellent alors *étalons rouleurs*.

Le Conseil a pensé que l'exercice de l'industrie étalonnière devait être surveillée; que des conditions devaient être imposées aux animaux ainsi offerts pour servir à la reproduction, et que des commissions locales, déléguées pour accepter ceux qui seraient proposés, devraient les examiner, surtout sous le rapport de l'âge et des maladies incurables dont ils sont trop souvent atteints.

Nous avons établi que le cheval ne devait être employé à la reproduction que quand il avait atteint toute sa force et tout son développement. A l'encontre de cette vérité, dans un grand nombre de nos pays d'élevage, on a l'habitude d'utiliser les jeunes chevaux comme étalons dès l'âge de deux ans. Cette pratique, qu'il faut combattre, repose sur l'espérance qu'en faisant servir, pour la saillie, des étalons très-jeunes, il y a un peu plus de chances pour que les juments soient fécondées, et principalement sur ce fait qu'en employant ainsi les jeunes chevaux on obtient un bénéfice net qui vient en déduction du prix de production. Plus tard, le cheval perdant chaque année de son prix, le cultivateur a intérêt à s'en défaire.

Le Conseil a pensé que les prescriptions à intervenir devaient interdire aux étalonniers l'emploi d'animaux âgés de moins de trois ans.

La Belgique, nous l'avons dit, nous a devancés dans cette voie. Les règlements, adoptés par les conseils des diverses provinces pour la surveillance de l'industrie des étalonniers, sont en général très-bien faits et d'une grande sévérité. Ils nuisent singulièrement à la reproduction de l'espèce chevaline dans nos départements limitrophes de ce pays; car les étalonniers belges envoient en France, comme étalons rouleurs, les animaux que les règlements ne leur permettent pas d'employer chez eux, et, dans l'état de notre législation, l'Administration est impuissante pour arrêter un abus aussi désastreux.

La commission nommée par le Conseil pour examiner ce qui a trait à la police de la reproduction a rédigé et remis, à M. le Ministre de l'agriculture et du commerce, un projet de loi destiné à réglementer cette matière importante.

Enfin, il importerait d'empêcher la promiscuité dans laquelle vivent sur les herbages, dans plusieurs de nos provinces, les juments et les poulains adultes. Nous avons signalé les inconvénients graves qui résultent de cette pratique, à laquelle il faut attribuer le rapide abâtardissement trop souvent observé dans les races des contrées où ces coutumes existent. Cette question semble devoir être l'objet de règlements faits par les Conseils généraux.

Des étalons des dépôts sous le rapport de leur race.

L'Administration place dans ses dépôts des étalons de pur sang arabes et anglais; nous avons dit en général dans quelles circonstances on devait donner la préférence aux uns ou aux autres. On y rencontre aussi quelques étalons de race barbe que l'on se procure plus facilement que les arabes; moins parfaits que ceux-ci, ils peuvent cependant être employés avantageusement dans les mêmes contrées qu'eux.

L'état de décadence des peuples de la côte de Barbarie a sans doute été la cause de la dégénérescence que l'on remarque presque partout dans leurs races de chevaux. Ce n'est guère qu'à Tunis, et sur quelques points reculés de l'empire du Maroc, que l'on trouve aujourd'hui des familles dont la reproduction ait été assez soignée pour qu'on puisse réellement les considérer comme de pur sang. Cette décadence est surtout remarquable en Algérie; là, deux causes ont, en outre, contribué à l'aggraver : d'une part, la guerre et les migrations incessantes qui en étaient la suite, amenaient dans l'espèce une effrayante destruction; de l'autre, l'autorité française négligeait les pratiques suivies par les Turcs, pour encourager la reproduction, alors que la plupart des chefs de tribus ne pouvaient plus s'en occuper.

En Barbarie, les conditions dans lesquelles vit le cheval sont loin d'être aussi uniformes et aussi favorables que celles qui lui sont faites dans les contrées de l'Orient dont nous avons parlé. La zone qui s'étend le long de la mer, sur une largeur de 30 à 50 lieues, est une terre fertile qui produit des céréales en abondance; là, le cheval, qui souvent sert au labour, est un animal qui n'a plus dès lors le haut prix de ceux du désert. L'usage de ne point castrer les chevaux est universellement répandu; il entraîne tous les inconvénients de la promiscuité. Aussi, sauf quelques familles entretenues avec soin par les principaux chefs du pays, l'espèce ne répond pas généralement à l'idée qu'en donne sa réputation. Elle a peu de vitesse, et ses formes ne sont pas irréprochables; mais elle ne laisse rien à désirer quant au fond et à la sobriété, et le bon marché de sa production nous permet d'y trouver avec avantage des ressources qui suffisent aujourd'hui à la remonte des troupes à cheval que nous entretenons en Algérie (7 à 8,000 chevaux).

Dans le petit désert, la reproduction de l'espèce est plus soignée. Les tribus ne gardent que les juments, qui leur présentent plusieurs avantages au milieu de la vie nomade qu'elles mènent. Les poulains mâles, ainsi que les pouliches en excédant sur la consommation, sont vendus aux populations voisines de la côte. En général les chefs seuls possèdent des étalons. Les animaux qui viennent de cette contrée sont les plus estimés, et c'est ce qui fait dire, non sans quelques raisons, que c'est au désert que la race se conserve (1).

Nous avions jadis au haras de Rosières la race dite Ducale, provenant du croisement de la jument anglaise et de l'étalon arabe. Elle avait plus de taille que celui-ci sans atteindre cependant les dimensions du cheval anglais. Elle convenait spécialement aux croisements avec celles de nos races qui fournissent des chevaux de cavalerie légère et même des chevaux de dragons. Depuis la destruction du haras de Rosières, cette race a presque disparu. La race Ducale nous fait défaut.

(1) Nous ne donnons pas ici de longs détails sur la race barbe; ceux qui seraient désireux de les connaître les trouveront dans un curieux et important ouvrage que M. le général Daumas a bien voulu nous communiquer, et qui, nous l'espérons, sera très-prochainement publié par les soins du ministère de la guerre.

Tentatives pour créer la race anglo-arabe.

Pour la remplacer, c'est-à-dire, pour avoir une race pure intermédiaire entre l'*arabe* et l'*anglais*, l'Administration a pratiqué, au haras de Pompadour, des croisements entre des animaux de ces deux races, et obtient par l'accouplement des métis entre eux des familles qui commencent à former une race dite *anglo-arabe*, dont les formes et les qualités sont satisfaisantes. Cette race prendra d'autant plus vite le degré de permanence nécessaire à une bonne reproduction, que les types dont elle dérive sont moins éloignés l'un de l'autre. Les reproducteurs ainsi obtenus éviteront la pratique souvent incertaine des croisements alternatifs.

Des étalons de sang croisé.

La rareté des étalons de race pure et leur prix élevé, se sont toujours opposés à ce qu'on les employât exclusivement dans les dépôts de l'État, pour obtenir par le métissage les chevaux que nos races ne pouvaient fournir. On dut avoir recours dès l'origine à des étalons de sang croisé.

L'Angleterre ayant amélioré ses races communes, elles les entretient par des étalons qui leur appartiennent et emploie peu d'étalons de sang croisé. Elle ne pouvait nous en fournir un grand nombre; on fut réduit à employer ceux qui s'étaient produits en France, et particulièrement en Normandie, où l'on avait, depuis quelques années, entretenu des étalons de pur sang anglais.

Ces animaux séduisaient par leurs formes et par leurs qualités, mais ils n'appartenaient point encore à une race bien établie et ils donnèrent les mauvais résultats que nous avons signalés.

Race anglo-normande.

La Normandie était incontestablement la province où l'espèce indigène donnait les meilleurs résultats par son croisement avec l'étalon anglais. Les métis ainsi obtenus parurent devoir former promptement, en les accouplant entre eux, une race intermédiaire qui prendrait bientôt le cachet de la permanence et de la fixité. On stimula la production de cette race, on chercha à propager des méthodes d'éducation propres à la développer, et on encouragea l'élevage des reproducteurs destinés à l'entretenir.

Les faits à cet égard ont justifié les espérances et les pratiques de l'Administration. Quinze ans se sont à peine écoulés, et déjà la Normandie fournit des étalons qui, sans être irréprochables dans leurs formes, et bien que leur race ne soit pas fort ancienne, remplacent avec avantage une partie de ceux que l'on avait mis dans nos dépôts faute d'en trouver de meilleurs.

L'élevage de cette nouvelle race de chevaux est, dit-on, une industrie factice. Cela est vrai, car elle ne se fait point encore sur une assez grande échelle pour que le commerce de luxe, qui seul la couvrirait de ses frais, puisse lui fournir un débouché. Elle a eu besoin d'encouragements, mais les résultats justifient déjà ceux qui lui ont été accordés. Les reproducteurs qu'elle donne font bien, non-seulement dans la Normandie qui élève à elle seule presque un tiers de nos chevaux de remonte, mais encore dans le Poitou, la Saintonge, les Ardennes, l'Aisne, etc.; et même dans les contrées du Midi, sur les points les plus riches en herbage.

Cependant, malgré le désir bien naturel que peut avoir l'Administration d'encourager les éleveurs qui se livrent à la production de cette race, il serait à désirer, dans l'intérêt général du pays, qu'elle continuât à tirer de l'étranger une partie des étalons de sang croisé dont elle a besoin, plutôt que d'acheter en France des animaux qui ne satisferaient pas complétement aux conditions que l'on doit exiger des reproducteurs entretenus par l'État.

Il résulte des principes que nous avons posés, que l'emploi des étalons anglo-normands doit être restreint à celles de nos contrées qui se rapprochent de la Normandie par la richesse de leur sol, les conditions d'élevage, les formes et le développement de leurs races. L'expérience confirme que ces étalons ne produisent pas de bons résultats dans les pays où le cheval trouve sur les pâturages une nourriture moins abondante, qui, sans lui donner quelquefois moins de qualités, ne lui permet pas de prendre autant de taille. Il en est ainsi dans le Limousin et dans la partie centrale de la Bretagne, régions schisteuses et granitiques; en Auvergne pays si variable par la nature de son sol, mais où, dans les parties les plus fertiles, le cheval est généralement mal nourri; enfin, à peu d'exceptions près, dans toute la région des Pyrénées. Là les étalons arabes et anglo-arabes ou barbes conviennent mieux.

Dans la répartition des étalons de ces dernières races, le Limousin et les régions des Pyrénées sont seules bien partagées; l'Auvergne et la Bretagne se plaignent: ce dernier pays, surtout, est resté jusqu'ici dans un abandon qui contraste singulièrement avec l'importance et les bonnes conditions de sa production. Le Conseil a appris avec une grande satisfaction que l'Administration prenait des mesures pour faire cesser prochainement cette situation regrettable (1).

De l'élevage des races pures en France.

Il nous reste à examiner maintenant s'il vaut mieux produire chez nous les étalons de pur sang dont l'Administration a besoin ou continuer à les acheter à l'étranger. Il y a plusieurs avantages à les élever en France : en premier lieu, le pays profite des dépenses que l'État fait pour leur achat; d'un autre côté, l'expérience prouve que ces étalons donnent de meilleurs résultats, surtout pour le métissage, lorsqu'ils ont été élevés dans la contrée où on veut les employer; cela tient, sans doute, à ce que l'influence du sol et du climat, à la-

(1) Les états de Bretagne dépensaient, avant 1789, pour l'entretien et l'amélioration de la population chevaline de leur province, des sommes beaucoup plus fortes que celles qui lui sont départies aujourd'hui par l'Administration des haras.

Ce fait, depuis longtemps reconnu, est établi d'une manière incontestable par les documents officiels que cite M. Houël, directeur du haras du Pin, dans son remarquable ouvrage sur l'élevage du cheval en Bretagne.

Il existe dans cette contrée plusieurs races qui présentent de grandes différences de structure, de développement et de qualités, mais qui ont néanmoins certaines ressemblances, dans la forme de la tête en particulier, qui semblent indiquer une origine commune.

Pour les petites races, celles des montagnes, la race de Briec, etc., dont la taille atteint à peine celle de la cavalerie légère, l'étalon arabe, barbe ou anglo-arabe, peut seul convenir : l'accroissement de la taille viendra, quand les éleveurs nourriront mieux. Mais le point le plus important est d'améliorer la grosse race de trait dont le type est bien établi, qui donne lieu à un commerce très-

quelle ils restent toujours soumis, les rapproche, dans ce cas, des races avec lesquelles ils doivent être accouplés.

L'utilité une fois reconnue de produire autant que possible dans notre pays les étalons d'élite dont nous avons besoin, les questions suivantes ont été posées : l'État doit-il se charger lui-même de leur production, ou laissera-t-il ce soin à l'industrie privée, qu'il encouragera par divers moyens, et à laquelle la remonte de ses dépôts offrira un débouché pour les animaux qui présenteront des conditions satisfaisantes? C'est avec raison que l'on a employé concurremment les deux moyens.

Production par l'État, encouragements à l'industrie privée.

On s'engagea d'abord largement dans la voie de la production par l'État tout en encourageant l'industrie privée par des achats, souvent même trop nombreux, puis par des courses et par des primes.

Les haras du Pin, de Rosières et de Pompadour prirent un développement considérable ; mais on reconnut bientôt que les ressources très-restreintes du budget des haras ne permettaient pas de faire tant de dépenses pour la reproduction de l'étalon de pur sang, sans réduire dans une proportion fâcheuse la partie de ce budget consa-

---

important, surtout dans le Finistère et les Côtes-du-Nord. Elle a été si négligée qu'à peine y trouve-t-on quelques reproducteurs dignes d'être achetés ou subventionnés par l'État.

Les étalons anglo-normands sont de race trop ancienne et sont trop loin de la grosse race bretonne, par le sang et par les formes, pour qu'on puisse attendre de leur emploi une amélioration qui prenne le cachet de la permanence. L'expérience a prouvé qu'ils ne donnaient pas en général de bons résultats. Des chevaux des grosses races de l'Irlande ou de l'Angleterre, des trotteurs, comme ceux ramenés en 1850, par M. Perrot de Thannberg, paraissent devoir bien réussir.

Enfin, si on croisait les belles juments de la race du pays avec des étalons de pur sang arabe ou anglais, bien membrés et fortement établis, les mâles issus de ces accouplements, s'ils étaient bien réussis, donneraient de meilleurs résultats avec les juments de la race de leurs mères, que les étalons anglo-normands. Ce qu'il y a de commun dans l'origine compenserait sans doute les inconvénients de l'emploi comme reproducteurs de métis de premier croisement.

En accouplant entre eux les métis anglo-bretons, on aurait sans doute, après quelques générations, les meilleurs reproducteurs pour améliorer la grosse race. Des essais de cette nature ont été faits en Bretagne, d'autres du même genre ont eu lieu sur les grosses races du Perche, du Boulonnais et de la Normandie; ils fourniront, sans doute, quelques étalons aux dépôts de l'Administration. (*Note du rapporteur.*)

crée à l'entretien même des étalons reproducteurs. On objectait que, l'État produisant en général plus chèrement que les particuliers, les étalons qui sortaient de ses haras devaient lui revenir, en définitive, à des prix plus élevés que ceux auxquels il pouvait se les procurer en les achetant. Raisonnant alors comme si l'industrie privée pouvait fournir chez nous, même avec les encouragements de l'État, les étalons dont on avait besoin, et sans examiner si cette industrie, qui commençait à peine, n'aurait point, comme les autres, ses crises et ses vicissitudes, on décida en 1841 la suppression du haras de Rosières, et la réduction au nombre de douze des juments du haras du Pin.

Le haras de Pompadour fut seul conservé. Les juments d'élite réunies dans les deux premiers de ces établissements furent vendues à vil prix; l'industrie de l'élevage du pur sang en profita, en même temps qu'elle allait recueillir une plus grande part du bénéfice de la fourniture des étalons pour la remonte des dépôts de l'État.

Insuffisance de l'industrie privée.

Malgré la position avantageuse qui lui était faite, cette industrie naissante, trouvant difficilement des hommes qui connussent des pratiques nécessaires à l'élevage des animaux de pur sang, ne put répondre à ce qu'on avait attendu d'elle; et, quoique ses produits, de qualité parfois contestable, aient été payés à des prix fort élevés, elle resta toujours bien loin de fournir au Gouvernement des ressources suffisantes soit pour le nombre soit pour la qualité.

En France, on voit peu d'établissements où l'élevage du cheval de pur sang soit fait en grand. Les haras entretenus par des membres de la famille royale, ainsi qu'une partie de ceux qu'avaient formés quelques riches propriétaires, ont disparu depuis 1848 : on a pu juger alors combien était fragile cette industrie, sur les efforts de laquelle on avait trop compté.

Vœu du Conseil pour la jumenterie du Pin.

Ces considérations ont conduit le Conseil à émettre le vœu de voir augmenter, autant que les ressources du budget le permettront, la jumenterie du haras du Pin, où l'on élève des chevaux de pur sang anglais, et qui, dans l'état actuel, peut à peine fournir chaque année un ou deux reproducteurs à nos établissements.

Quant au haras de Pompadour, plus spécialement destiné à la production des étalons qui conviennent aux régions du Midi, et dont les 50 poulinières d'élite forment la plus belle réunion de juments qu'il y ait peut-être en Europe, le Conseil exprime le regret qu'il ne s'y trouve pas un seul étalon arabe, de premier choix, qui réponde à la distinction et aux qualités des juments destinées à l'entretien de la race (1).

La suppression du haras de Rosières a produit un mal qui ne sera de longtemps réparé : cette mesure fâcheuse est une nouvelle preuve du peu de suite et de la légèreté qui ont présidé si souvent à la solution des questions relatives à la matière qui nous occupe ; elles sont cependant au nombre de celles qui demanderaient le plus d'étude et de persévérance.

Tout en déplorant cette décision, le Conseil, vu les limites imposées aux ressources de l'Administration, n'a pas osé demander le rétablissement de ce haras. Les objections faites au système de la production en grand des chevaux de pur sang par l'État reposent, en effet, sur ce principe généralement vrai, que le Gouvernement ne doit entreprendre que ce qu'il ne peut pas faire faire, et qu'il est presque toujours de son intérêt d'amener l'industrie privée à produire ce dont il a besoin. L'industrie de l'élevage est, il est vrai, bien loin encore de répondre aux besoins de la remonte des dépôts en chevaux de pur sang; mais le Conseil pense, avec l'Administration, qu'il ne faut pas désespérer de ses efforts, et qu'il importe de

(1) M. Dupont, inspecteur général des haras, a été envoyé en 1850 en Syrie d'où il a ramené plusieurs chevaux qu'on dit très-remarquables. M. Pétiniaud, inspecteur d'arrondissement, doit partir au printemps de 1851 pour l'Orient chargé d'une mission de même nature. En outre, dans le courant de 1850, M. Perrot de Thannberg, inspecteur général des haras, a parcouru les diverses provinces de l'Algérie et en a ramené des chevaux barbes dont on a lieu d'espérer de bons résultats en Auvergne, dans la partie montagneuse de la Bretagne et dans diverses autres contrées.

continuer de lui venir en aide par les divers modes d'encouragements dont le budget permet de disposer.

Les encouragements donnés à l'industrie privée sont, comme nous l'avons dit au chapitre V, de deux sortes : les courses et les primes. Nous avons examiné ces deux institutions au point de vue administratif; envisageons-les maintenant sous le rapport de l'influence qu'elles exercent sur l'élevage de l'étalon de pur sang.

Influence des courses sur la production des chevaux de pur sang.

De tous les moyens que l'État peut employer pour encourager l'élevage des races de pur sang, les courses sont à la fois le plus efficace et le plus nécessaire. Ce genre d'épreuves a été pratiqué et mis en honneur chez tous les peuples qui se sont occupés de l'élève du cheval; il répond à cet instinct naturel chez l'homme qui se sert du cheval, de quelque manière que ce soit, de lutter avec ceux qu'il rencontre se livrant au même exercice que lui.

Les réunions auxquelles elles donnent lieu ont l'avantage de mettre en rapport, quelle que soit d'ailleurs leur position sociale, tous ceux qui s'occupent, dans une même contrée, de la production du cheval, et par là de répandre et de vulgariser les bonnes pratiques d'élevage, à l'appui desquelles viennent se placer les résultats. Enfin, l'espèce de notoriété qu'elles donnent aux vainqueurs de l'hippodrome est une satisfaction d'amour-propre qui soutient le zèle en même temps qu'elle conduit à faire des dépenses et des sacrifices que le seul espoir du gain n'aurait pas suffi pour obtenir.

Personne ne conteste la nécessité d'imposer des épreuves aux animaux, de quelque race qu'ils soient, lorsqu'ils doivent être employés à la reproduction. Mais les courses sont-elles réglementées en France de manière à constater réellement la supériorité de ceux qui remportent les prix? Voilà la question.

C'est en Angleterre que l'usage des courses a pris ce développement qui en a fait une institution utile non moins que populaire, c'est là que nous sommes allés chercher les pratiques et les conditions dans lesquelles elles se font.

Dans l'origine, quel était leur but? On introduisait en Angleterre des étalons et des juments des plus nobles familles de l'Orient; on voulait y conserver leur race, l'améliorer, si cela était possible; il fallait s'assurer qu'elle ne dégénérait pas. On essaya sur l'hippodrome les animaux importés d'Orient, on les fit lutter avec ceux qu'on avait élevés dans le pays, et on continua, suivant l'expression reçue, de mesurer ceux-ci les uns avec les autres.

Ces épreuves avaient une grande importance, car elles constataient qu'en augmentant la taille, en modifiant les formes de la race primitive, on ne lui avait rien fait perdre de ses principales qualités, la force et l'énergie, dont la vitesse, dans des conditions déterminées, était la mesure.

Quand nous avons pratiqué les courses à l'imitation des Anglais, que voulions-nous faire? transporter en France la race anglaise, nous assurer que, sous notre climat, et dans les conditions de soins et d'élevage où nous la placions, elle ne dégénérait pas. Nous voulions savoir, en un mot, si nous avions bien le secret des Anglais pour la conservation de leur race. N'était-il pas naturel de soumettre nos produits à des épreuves semblables à celles pratiquées en Angleterre et de comparer les résultats obtenus de part et d'autre? C'est précisément ce que nous avons fait, et l'on peut s'étonner qu'une chose aussi simple ait donné lieu à d'aussi longs débats.

Des objections faites aux conditions fixées pour les courses.

Il importe cependant de rapporter ici les appréciations du Conseil, sur les principales attaques dirigées contre l'Administration à propos des conditions qu'elle a fixées pour les courses subventionnées par l'État.

Les chiffres et les documents que nous avons cités au chapitre V établissent que les résultats obtenus en France depuis une douzaine d'années sur les hippodromes diffèrent peu de ceux que l'on observe en Angleterre. On peut donc en conclure que nous sommes arrivés à maintenir chez nous, exempte de toute dégénérescence, la descendance des familles de race anglaise que nous avions importées : c'était là le premier but qu'il importait d'atteindre.

Mais ceux qui combattent les pratiques que nous avons adoptées dans les courses, à l'imitation des Anglais, font remarquer que ces pratiques sont assez récentes en Angleterre. Ils disent que, dans ce pays, vers le milieu du siècle dernier, on n'amenait les chevaux sur l'hippodrome qu'à 4 ou 5 ans, ce qui permettait de ne les entraîner que dans leur quatrième ou leur cinquième année; que les distances à parcourir étaient alors de 6,000 et de 8,000 mètres, si bien que, quand les courses étaient en partie liée, la seconde épreuve n'avait lieu que le lendemain; enfin, qu'à la même époque les poids imposés aux chevaux étaient d'environ 76 kilogrammes, c'est-à-dire 12 kilogrammes en sus de ceux maintenant adoptés; tandis que, de nos jours, on a diminué les poids, comme nous venons de le dire, réduit les distances à 1,200 et 1,500 mètres; enfin, qu'on fait courir les chevaux dès l'âge de 2 ans, ce qui oblige à les entraîner à 15 et 18 mois. Puis, ils ajoutent que c'était jadis, en exigeant des reproducteurs ces rudes épreuves que nous venons de faire connaître, qu'on avait amené la race anglaise à son apogée, et que, depuis le moment où les conditions des courses ont été réduites, la race a commencé à décliner.

Ils citent, à l'appui de cette opinion, des relevés faits sur des registres soigneusement conservés sur divers points de l'Angleterre, et desquels il résulterait que les vitesses observées il y a environ 80 ans, dépassaient de près d'un dixième celles que l'on obtient aujourd'hui. M. de Montendre rapporte qu'il a vu ces registres et qu'il en a tiré cette conclusion; mais il ne donne pas les éléments sur lesquels il a basé son appréciation.

Les modifications introduites dans les conditions des courses sont un fait reconnu par tout le monde. Quant à l'amoindrissement qui en serait résulté dans la vitesse et les qualités de la race, il est fort contesté. Ceux qui ne l'admettent point disent à l'appui de leur opinion que la seule publication relative aux courses qui fasse autorité en Angleterre est le *Calendrier des courses*, et que dans ce recueil, dont la collection remonte à cent ans, on ne trouve aucune indication relative aux vitesses. Ce fait est vrai. Il est fort naturel, car ce calendrier est établi pour les personnes qui s'occupent de courses et veulent engager leurs chevaux ou leur argent; il leur faut donc des éléments de comparaison précis entre les qualités des chevaux qui doivent lutter ensemble. Or, les vitesses observées en tel ou tel lieu ne sont pas des résultats utilement comparables, puisqu'elles peuvent être singulièrement modifiées par les conditions du sol de l'hippodrome, que viennent encore faire varier les circonstances atmosphériques. Les défenseurs des pratiques actuelles ne nient pas que, si des relevés authentiques prouvaient qu'à un siècle en arrière, pendant une période de 20 ans, par exemple, assez longue pour que toutes les influences dont nous venons de parler pussent se compenser, on avait reconnu que les vitesses étaient moyennement plus grandes que celles que l'on observe de nos jours, ce ne fût un fait concluant. Ce qu'ils contestent, c'est l'authenticité des registres sur lesquels les relevés ont été faits; ils traitent ces registres de documents apocryphes, et ils infirment leur valeur par cette observation, que l'usage de tenir compte des vitesses ne s'est introduit en Angleterre que depuis 25 ans à peine. Enfin, ils disent, et cette raison n'est pas sans valeur, que, si l'on considère les sommes énormes qu'un cheval peut gagner en Angleterre par sa vitesse, on peut être assuré que, s'il y avait des procédés d'éducation et d'élevage qui accrussent la vitesse des chevaux, on emploierait ces procédés.

Ceux qui font ces réponses n'admettent point que l'entraînement, convenablement pratiqué dès 18 mois, diminue pour les animaux qui y résistent la vitesse qu'ils peuvent acquérir à l'âge de 3 ans; et s'ils conviennent que la pratique de faire courir à 2 ans peut être fâcheuse, c'est seulement à cause des accidents nombreux qu'elle occasionne et de l'énorme consommation de chevaux qu'elle entraîne.

Après avoir ainsi résumé les faits et les raisonnements qui militent en faveur de ces opinions contradictoires, le Conseil s'est borné à cette observation, que, quelle que soit la valeur des regrets que l'on exprime sur les qualités de la race anglaise du siècle dernier, il n'en est pas moins vrai que cette race, telle qu'elle est aujourd'hui, a sur les autres tous les genres de supériorité que nous avons établis, et que, par conséquent, ce que nous avions de mieux à faire était de l'importer chez nous. De plus, avant d'essayer de faire mieux que les Anglais, nous devions nous assurer d'abord que nous faisions aussi bien, et pour cela soumettre la race à des épreuves généralement semblables à celles qu'ils lui font subir : c'est la marche qui a été suivie.

Examen des dispositions du règlement du 24 janvier 1850.

Passant à l'examen des dispositions que renferme le règlement du 24 janvier 1850, le Conseil a reconnu que c'était avec raison que l'on avait proscrit l'usage de faire courir à deux ans. L'Administration, d'ailleurs, n'a jamais donné de prix aux chevaux de cet âge, et elle a obtenu des diverses sociétés particulières de renoncer à encourager ces courses.

Quant aux courses à trois ans, on remarquera que les épreuves imposées aux chevaux de cet âge sont proportionnées à leur force et à leur développement; et bien que le Conseil ait pensé qu'il serait peut-être désirable que les chevaux ne fussent entraînés qu'à l'âge de quatre ans, il ne croit pas que, dans l'état actuel de l'industrie de l'élevage de pur sang, il soit possible de lui imposer une condition aussi sévère sans courir le risque de lui porter un coup funeste.

Les juments de race pure destinées à la reproduction sont d'un entretien fort cher et ne rendent aucun autre service. Les poulains demandent beaucoup de soins, et ceux qui ne réussissent pas sur l'hippodrome, ou qui n'ont pas des formes assez parfaites pour être employés à la reproduction, se vendent à des prix fort inférieurs aux dépenses que l'on a faites pour eux : dans tous les cas, ce n'est que quand l'animal est admis à subir les épreuves que l'éleveur peut espérer de rentrer dans ses avances. Si l'on retarde d'un an l'âge auquel l'animal est admis à courir, on augmentera d'un quart les dépenses en diminuant encore les chances de bénéfices; et comme la plupart des éleveurs ne sont pas en état de supporter cet accroissement de frais, ils réduiront le nombre de leurs poulinières, et nous verrons diminuer encore notre production, déjà insuffisante.

Il est une autre considération qui a conduit le Conseil à ne pas demander de proscrire les courses à trois ans. La nourriture qu'on donne aux poulains de pur sang étant abondante et le grain ne leur étant pas épargné, ils prennent un développement rapide, et leur tempérament se forme beaucoup plus tôt que dans les races des pays d'herbage. Leur alimentation et les conditions dans lesquelles ils se trouvent sont analogues et même supérieures à celles de nos grandes races de trait. Or ces races, qui, il est vrai, ne subissent pas le régime de l'entraînement, commencent à travailler dès l'âge de deux ans ou deux ans et demi, et cette pratique n'altère en rien leurs qualités, pour peu qu'on proportionne le travail à l'âge et à la force de l'animal. Comme dans les courses des chevaux de trois ans cette condition est remplie, on est conduit à penser qu'on doit les maintenir comme encouragement à la production, et qu'elles ne nuisent pas aux qualités de l'espèce, en tant qu'elles demeureront réglées comme elles le sont aujourd'hui.

Quant aux poids à porter et aux distances à parcourir, l'Administration, avons-nous dit, se maintient, dans les épreuves qu'elle impose, au-dessus des conditions établies en Angleterre. Néanmoins, on objecte que les sujets qui gagnent le prix de vitesse en parcourant une petite distance sous un petit poids ne sont peut-être pas les mêmes que ceux qui seraient déclarés vainqueurs si les poids et les distances avaient été plus considérables; et l'on dit qu'alors c'est à la vitesse, dans des conditions factices, que l'on donne le prix, en excluant les qualités essentielles : la force et le fond.

Or, si l'on fait courir entre eux un certain nombre de chevaux en augmentant à chaque épreuve le poids et la distance à parcourir, on arrive, pour ces deux conditions, à une limite au delà de laquelle le vainqueur reste toujours le même. Les Anglais prétendent que le dépouillement du calendrier des courses depuis cent cinquante ans constate ce principe, et leur a servi à déterminer ces limites de poids et de distance, à partir desquelles la supériorité du vainqueur s'est manifestée; c'est, disent-ils, d'après les résultats de ces expériences qu'ont été établies les conditions de poids et de distance en usage dans leurs courses; dès lors toute surcharge supportée et toute distance parcourue en sus des limites imposeraient une fatigue inutile aux animaux qui se présentent sur l'hippodrome.

Le principe sur lequel ils se fondent est incontestable; mais les chiffres qu'ils ont pris pour son application présentent-ils la même certitude? Le doute est permis quand on approche des limites, et c'est pour cela que l'Administration a fait sagement en se tenant un peu au-dessus des poids et des distances imposés aujourd'hui dans les courses de l'Angleterre. Un fait qu'il importe de signaler viendrait encore à l'appui des mesures prises à cet égard par l'Administration. Les personnes qui s'occupent de courses reconnaissent, en effet, que quand les distances restent au-dessous de 7 et 800 mètres il n'est pas rare de voir des chevaux de demi-sang avoir l'avantage sur des chevaux de race pure. Il faut que la course se prolonge pour que le fond que possède à un plus haut degré l'animal de pur sang lui donne le temps de reprendre l'avantage et de constater sa supériorité.

L'expérience ayant prouvé que la race anglaise de pur sang a une vitesse supérieure à celle des chevaux de race arabe, et l'Administration voulant faire profiter ceux qui s'occupent de l'élevage de cette dernière race des encouragements donnés aux courses, il a été admis qu'une décharge de poids, déterminée suivant les circonstances, serait accordée à tous les chevaux de race arabe qui se présenteraient sur les hippodromes pour disputer les prix du Gouvernement.

Après cette discussion, le Conseil a approuvé dans leur ensemble les dispositions du règlement sur les courses du 24 janvier 1850. Il pense qu'il est utile de laisser quelque fixité à ces dispositions, et de ne les modifier que lorsque l'expérience en aura réellement démontré la nécessité.

Valeur des indications qui ressortent des courses pour le choix des étalons.

Les indications qu'il faut tirer de ces épreuves sont-elles absolues? Le cheval qui sort vainqueur est-il incontestablement le meilleur à employer pour la reproduction? Ici quelques observations sont encore nécessaires. Certes il arrive assez souvent qu'un cheval gagne une ou plusieurs courses, sans avoir dans ses formes, dans la pureté de ses membres, toutes les conditions qu'on exige généralement d'un reproducteur. Mais quand il a résisté aux épreuves successives d'une ou deux années, quand il a vaincu, dans ces luttes dont les difficultés augmentent graduellement, tous les concurrents qui se sont présentés, on peut affirmer que sa supériorité est incontestable. Mais on fait remarquer qu'en Angleterre les chevaux qui ont vaincu tous leurs concurrents, et qui se sont fait par là une grande réputation, ne sont point employés à faire des croisements; et on semble insinuer qu'il y a des familles de chevaux spécialement destinées aux courses et d'autres affectées en particulier au métissage, qui est le but que l'État se propose chez nous.

D'abord, quand un cheval est arrivé à valoir 60 et 80,000 francs, lorsqu'on demande 800, 1,200 francs et plus pour chaque saillie, il est facile de comprendre qu'on ne l'emploie pas à produire des chevaux qui, à l'âge de quatre ans, se vendront 3 ou 4,000 francs s'ils sont bien réussis. Cet animal est donc employé exclusivement à entretenir la race pure elle-même. Ce sont les chevaux de second ordre qui sont affectés aux croisements. Ces chevaux se sont présentés aux courses pour y disputer les prix, et, quoiqu'ils ne soient pas sortis vainqueurs, on a pu cependant apprécier leurs hautes qualités. Toutefois, comme il n'y a pas supériorité incontestable et bien établie, c'est une raison pour se livrer à un examen plus rigoureux des formes pour ceux qu'on veut employer comme étalons.

Courses d'essai pour les étalons qu'achète l'Administration.

Mais il est chez nous des éleveurs qui répugnent à faire les dépenses nécessaires pour présenter leurs chevaux aux courses publiques, et qui ne veulent pas les exposer aux accidents qui arrivent souvent dans ces exercices.

Comme on n'a voulu négliger aucun moyen d'encourager l'élevage et de constater la bonne qualité des produits, l'Administration a institué, nous l'avons dit, des courses d'épreuves pour se mettre à même de juger la valeur des étalons qu'elle doit acquérir; ces courses se font sans apparat, et les chevaux qui n'ont généralement subi qu'une portion du régime de l'entraînement doivent constater leur fond et leur force en parcourant des distances déterminées, dans un temps fixé et avec des poids calculés suivant l'âge auquel ils subissent l'épreuve.

Courses fondées pour les animaux issus des croisements et pour ceux des races communes

Les courses dont nous venons de parler, dites courses de vitesse ou courses plates, ne favorisent directement que l'élevage des animaux de pur sang. Pour développer la production des races intermédiaires, on a institué sur plusieurs points des courses au clocher, qui, se faisant dans des conditions analogues, mais supérieures à celles qui se rencontrent d'ordinaire à la chasse ou à la guerre, sont éminemment propres à faire apprécier les qualités des animaux produits pour ces divers services.

C'est dans le même but que les courses au trot, à la selle ou à la voiture ont été établies pour constater le mérite des sujets produits soit pour la remonte des dépôts de l'État, soit pour les diverses branches de la consommation de luxe.

Enfin, pour encourager les éleveurs de nos grandes races de trait dans la voie de perfectionnement où il est si nécessaire de les voir entrer, l'Administration a créé dans les principaux pays d'élevage des courses au trot pour les animaux appartenant à ces races. Il s'est alors présenté une difficulté que nous devons mentionner.

L'état civil des races communes n'est pas tenu comme celui des races pures; il faut s'en rapporter, pour ainsi dire, à la notoriété publique pour connaître l'origine d'animaux dont le cachet et le type général, quoique bien connus, donnent souvent lieu à des discussions fort difficiles à vider. Cet inconvénient nous paraît d'autant plus grave que nous avons constaté que ces races doivent être améliorées non-seulement par elles-mêmes, mais aussi par des étalons pris très-près d'elles.

Pour éviter ces discussions, il conviendrait que le cheval qui se présente pour concourir à ce genre d'épreuves puisse être réclamé, s'il est vainqueur, pour un prix très-peu supérieur à celui auquel se vendent les meilleurs produits de la race du pays.

Cette disposition, déjà mise en usage dans certaines circonstances, paraît devoir mettre fin aux difficultés qui se sont plusieurs fois présentées. Elle empêche les animaux d'une grande valeur, appartenant à des races supérieures, de venir enlever les prix destinés à encourager l'amélioration des races communes.

L'établissement des courses pour les animaux de sang croisé et pour ceux des races communes a été le motif de l'augmentation de crédit demandée pour les courses par M. le ministre de l'agriculture et du commerce. Le Conseil émet le vœu que cette augmentation de crédit soit accordée.

Des primes aux juments.

Le but des primes aux poulinières est d'encourager l'emploi des juments d'élite à la reproduction. On doit à cet égard distinguer avec soin les primes destinées aux juments de race pure, et celles que l'on donne aux juments des autres races ou à celles de sang croisé.

Primes aux juments de pur sang.

Les races de pur sang, qui reçoivent dans chaque pays un élevage particulier, peuvent se reproduire à peu près partout; par conséquent, dès que l'État trouve un éleveur qui consacre à la reproduction une jument de l'une de ces races convenablement choisie, il est de son intérêt d'en encourager l'accouplement avec un étalon de race pure, car il a l'espoir que le produit pourra être un jour utilement employé à la reproduction. La prime donnée par l'État, dans ce cas, est un encouragement accordé à l'élevage des animaux de race pure destinés à servir d'étalons.

Primes aux juments

La question se complique singulièrement quand il s'agit de distribuer des primes aux juments de sang croisé ou à celles des races inde sang croisé ou des races indigènes.

digènes. Si nous avions dans chacune de nos contrées des races de chevaux bien établies, s'il ne s'agissait que de les entretenir pour les croiser au besoin avec des étalons de sang pur quand on voudrait des chevaux de luxe, il suffirait évidemment de primer, dans chaque région, les plus belles poulinières qui s'y seraient produites, afin de les attacher au sol et d'encourager leurs propriétaires à les employer à l'entretien et à l'amélioration de la race à laquelle elles appartiennent; mais, nous l'avons dit, telle n'est pas notre situation. Les poulinières qui se présentent pour recevoir des primes proviennent souvent d'un ou plusieurs croisements avec le pur sang; leur élevage a fréquemment été différent de celui pratiqué pour la race commune dans le pays qui les a vues naître; dès lors peuvent-elles y former race, et pour cela avec quel étalon devra-t-on les accoupler? Puis viennent les juments amenées d'une région dans une autre, et qu'on veut consacrer à la reproduction sur un sol, sous un climat et dans des conditions d'élevage qui diffèrent complétement de celles au milieu desquelles elles sont produites. L'impossibilité de classer nettement les juments qui pouvaient avoir droit aux primes a déterminé l'Administration à répartir en bloc, pour chacun de nos pays d'élevage, les fonds qui ne sont pas destinés aux juments de pur sang, et à laisser aux commissions locales le soin de distribuer ces fonds, en même temps que ceux alloués par les départements et les sociétés d'encouragement pour le même objet.

Le Conseil pense, ainsi que l'Administration, qu'il convient à cet égard de se conformer à ce principe, qu'en dehors des races de pur sang les primes aux juments doivent être réservées à celles qui peuvent fournir des reproducteurs capables d'entretenir ou d'améliorer les races locales, et qu'il faut laisser au commerce de consommation à stimuler la production des chevaux de service.

CHAPITRE VIII.

OBSERVATIONS SUR LES RAPPORTS DES COMMISSIONS DE CIRCONSCRIPTION.

Travail de la commission nommée pour examiner les rapports des circonscriptions. — Des territoires compris dans ces circonscriptions. — Des régions où s'étend l'action de l'Administration des haras, comparées à celles qu'explore le service des remontes. — Des points qu'auraient dû éclairer les rapports des commissions de circonscription. — Analyse des réponses faites aux questions posées par l'Administration. — Opinion du Conseil sur les demandes d'étalons mulassiers pour les dépôts de Saint-Maixent et de Napoléon-Vendée.

Nous avons dit au chapitre Ier que le Conseil avait chargé cinq de ses membres de lui présenter le résumé des travaux des commissions de circonscription. En réimprimant, à la suite du présent rapport, le travail de cette commission, nous avons substitué à l'ordre alphabétique, dans lequel se succédaient les circonscriptions, la classification suivante :

1 Abbeville.
2 Braisne.
3 Montiérender.
4 Rosières.
5 Strasbourg.
6 Jussey.
7 Cluny.
8 Blois.
9 Paris.
10 Le Pin.
11 Saint-Lô.
12 Lamballe.
13 Langonnet.
14 Angers.
15 Napoléon-Vendée.
16 Saint-Maixent.
17 Saintes.
18 Pompadour.
19 Aurillac.
20 Libourne.
21 Villeneuve-d'Agen.
22 Pau.
23 Tarbes.
24 Rodez.
25 Arles.

Elle nous a paru plus naturelle, attendu qu'elle place, autant que possible, à côté les unes des autres les circonscriptions qui ont le plus d'analogie entre elles, relativement aux races qu'elles produisent; enfin, nous avons mis en tête du texte relatif à chaque circonscription un tableau indiquant l'importance de la population chevaline de la circonscription, et la proportion dans laquelle se produit chez elle l'intervention de l'État.

Importance des commissions de circonscription.

Nous nous bornerons ici à présenter quelques réflexions générales auxquelles a donné lieu dans le Conseil le travail qui lui a été soumis.

Ces commissions, nommées par les conseils généraux des départements, sont composées des hommes les plus éclairés et les plus distingués de chaque contrée. Leurs opinions sur les questions qui nous occupent peuvent être considérées comme l'expression de celles du pays. Leurs travaux sont, pour ainsi dire, le contrôle du compte rendu annuel de l'Administration des haras : ce sont eux qui doivent faire connaître au Conseil les résultats sur lesquels il peut baser ses appréciations.

Des limites assignées aux circonscriptions.

L'importance de cette institution se dénote d'elle-même ; mais, pour qu'elle ait toute l'efficacité qu'on est en droit d'en attendre, il importerait que les contrées qui se trouvent réunies dans une même circonscription, et qui sont appelées à débattre un même intérêt, fussent toujours logiquement groupées les unes avec les autres. On a donc agi judicieusement en fractionnant certains départements pour réunir leurs diverses parties aux régions voisines, quand il y avait similitude dans la population des contrées que l'on groupait ainsi. Mais d'autres fois les départements qui composent une même circonscription semblent avoir été réunis sans qu'on aît tenu compte de ces considérations. Il suffit, pour s'en convaincre, de jeter les yeux sur la carte n° 3 : la figure bizarre de la circonscription de Cluny frappe tout d'abord les yeux. Comment serait-il possible que le directeur de cet établissement pût exercer une surveillance sérieuse sur un territoire aussi étendu et ainsi constitué? L'annexion du département des Pyrénées-Orientales à la circonscription d'Arles n'est pas moins extraordinaire. Nous pourrions citer encore d'autres exemples qui, comme ceux que nous venons d'indiquer, motiveront sans doute quelques modifications dans la division territoriale adoptée par l'Administration.

Des contrées soumises à l'action de l'Administration des haras et de celles explorées par le service des remontes.

L'ensemble des circonscriptions sur lesquelles s'étend l'action de l'Administration des haras donne lieu à une autre observation importante : l'État intervient, comme on l'a vu, dans la production chevaline de 83 départements, tandis qu'il résulte des tableaux et des cartes qui concernent le service des remontes que les investigations de ce service ne s'étendent qu'à 66 départements. Ainsi, 3 départements restent en dehors de l'action de l'une et l'autre Administration; 66 sont soumis à l'action des haras et sont parcourus par les officiers acheteurs. Enfin, l'Administration des haras exerce son influence sur 19 départements qui ne fournissent aucune ressource à la remonte de nos troupes à cheval. Ces derniers sont ainsi répartis :

3 forment la circonscription de Jussey;
4 celle de Montiérender;
6 celle d'Arles, dans laquelle le seul département des Pyrénées-Orientales est exploré par la succursale de Castres;
4 départements qui font partie de la circonscription de Cluny;
1 de la circonscription de Blois;
1 le département de la Seine.

TOTAL 19 départements.

L'extension donnée à l'action de l'Administration des haras, qui s'applique, comme on vient de le voir, à de nombreux départements dans lesquels les remontes n'achètent pas, parce qu'elles n'y trouvent point de ressources, a donné lieu à plusieurs observations.

Pour la motiver, on fait remarquer que les remontes n'achètent que là où les chevaux sont élevés jusqu'à l'âge de quatre ans, et que les poulains, émigrant fréquemment dans leurs deux premières années, sont souvent nés dans des départements différents de ceux où on les trouve lorsqu'ils sont aptes à entrer en service. Mais, si l'on examine ce qui se passe dans les 19 départements dont nous venons de parler, on voit que le fait de l'exportation des poulains est à peu près nul, à une ou deux exceptions près, et qu'on ne peut sérieusement en tenir compte.

On motive encore cette extension donnée à l'intervention de l'État, dans la reproduction, sur ce fait, que l'Administration des haras, par les pratiques qu'elle introduit, peut développer le goût de l'élevage du cheval, et doter ainsi d'une industrie profitable certaines contrées qui, jusque-là, en étaient privées. On cite à l'appui de cette opinion l'établissement récent de plusieurs succursales de remonte dans des localités soumises depuis de longues années à l'action de l'Administration des haras. On ajoute que son influence a été efficace, puisque les officiers acheteurs commencent à trouver des ressources de quelque importance dans des lieux où on n'en rencontrait pas jadis.

Ce fait est vrai; mais faut-il en conclure qu'il se généralisera en s'appliquant à la totalité du pays?

On répond à cela que l'on peut produire des chevaux partout en France : nous ne le contestons pas; mais peut-on les élever partout avec quelque avantage? Telle est la question; car on doit être assuré que l'industrie chevaline, même à l'aide d'encouragements, ne prendra d'importance sérieuse que lorsqu'elle se trouvera placée dans des conditions qui lui permettront de s'exercer avec profit et sur une échelle un peu étendue.

Nous ne pensons pas que l'élève du cheval propre au service de l'armée puisse se faire partout en France avec bénéfice. Nous croyons, au contraire, qu'il y a des localités où les encouragements de l'État ne pourraient avoir d'autre conséquence que de jeter les agriculteurs dans une voie au bout de laquelle ils trouveraient la ruine, si leur bon sens ne les empêchait de s'y engager.

En lisant les rapports de certaines commissions de circonscription, on verra que les prix très-élevés payés aujourd'hui par la remonte ne leur paraissent pas suffisamment rémunérateurs pour l'agriculture : ce n'est pas tout, on ne se borne pas à demander l'augmentation du prix, on veut de nombreuses primes pour les poulinières, pour les poulains, et enfin, comme partout, la saillie presque gratuite des étalons les plus distingués et les plus précieux.

Là où l'État serait obligé de faire de pareils sacrifices pour développer l'élevage, on peut être assuré qu'il y perdrait sa peine, et il faut renoncer, pour ces localités, à une industrie qui ne pourrait vivre qu'à de telles conditions.

Ainsi que nous l'avons déjà fait remarquer, la statistique chevaline de la France, par races et par régions, n'est point encore faite, même approximativement. Ce travail, l'Administration des haras l'a entrepris, comme nous l'avons dit. C'est seulement lorsqu'elle l'aura publié qu'il sera possible d'apprécier, en connaissance de cause, la convenance de maintenir ou de faire cesser les encouragements de l'État dans certaines contrées où l'élève du cheval n'a pas pris jusqu'ici de développement notable.

Rapports des commissions.

Les rapports des commissions de circonscription, en 1848, se sont quelque peu ressentis de ces inconvénients qui se produisent toujours quand on met en jeu des institutions nouvelles.

Afin de donner une base plus précise aux délibérations de ces commissions, l'Administration avait adressé à chacune d'elle diverses questions auxquelles elles se sont trop souvent borné à répondre. Elles ne doivent pas oublier qu'elles ont pour mission, au terme de l'arrêté qui les institue, d'examiner tout ce qui se rattache à l'industrie chevaline dans l'étendue du territoire qu'elles embrassent.

Ces commissions auraient dû signaler, au moins par leurs noms et par leurs caractères généraux, les races bien établies qui existent dans leur circonscription; donner un aperçu de l'importance relative de chacune d'elles, par rapport à la population chevaline totale de la contrée.

Elles auraient dû faire connaître la place qu'occupent ces races dans l'exploitation du sol, et indiquer les conditions générales de leur élevage; dire si elles renferment encore des étalons capables de les améliorer par elles-mêmes; dans le cas contraire, indiquer quels sont ceux qui devraient être employés pour produire sur elles, des améliorations solides et durables, sans exiger des modifications souvent trop difficiles à introduire dans les conditions de l'élevage. Enfin, les commissions auraient dû dire, pour chacune des races, quels étaient les étalons qui, employés pour les croisements, avaient donné les meilleurs résultats, et apprécier à ce point de vue la composition du dépôt d'étalons placé sous leurs yeux.

Quelques-unes seulement sont entrées dans la voie que nous venons d'indiquer; mais la plupart, avons-nous dit, se sont trop renfermées dans les questions qu'on leur avait adressées.

Analyse des réponses aux principales questions posées par l'Administration.

Ces questions peuvent être classées de la manière suivante :

Les unes sont relatives aux débouchés offerts à la production chevaline; elles peuvent se résumer ainsi :

Quels sont les débouchés ouverts aux éleveurs de la circonscription?

La remonte de la cavalerie offre-t-elle un bénéfice assuré et suffisant pour stimuler la production du cheval d'arme?

Ces questions, ou tout au moins l'une d'elles, ont été adressées à un grand nombre de circonscriptions.

Sur la question générale du débouché, toutes signalent comme acheteurs les départements voisins, le service du roulage, des voitures publiques, etc.; aucune d'elles n'indique le service de luxe, qui emploie les carrossiers, ou chevaux à deux fins. Ainsi se trouve confirmé ce que nous avons dit, que les chevaux de luxe employés en France sont, en grande majorité, achetés à l'étranger.

Relativement aux achats faits par les remontes, plusieurs d'entre elles réclament diverses mesures qui se trouvent résumées dans les vœux émis, à cet égard, par le Conseil.

Viennent ensuite les trois questions que voici :

A quels besoins répond la production chevaline?

Les chevaux produits satisfont-ils aux exigences nouvelles de la locomotion?

Quelle modification de formes serait-il désirable de poursuivre par voie d'alliances raisonnées?

Les réponses à la première sont vagues comme on pouvait s'y attendre. Quant à celles auxquelles ont donné lieu les deux dernières questions, on peut en conclure qu'on sent généralement le besoin de donner des allures plus vives à nos grosses races de trait : c'est le résultat naturel de l'amélioration des communications et du développement des chemins de fer.

L'espèce chevaline s'est-elle améliorée depuis une quinzaine d'années? Cette question a été résolue affirmativement par toutes les circonscriptions auxquelles elle a été adressée.

Vient ensuite cette demande :

Faire la part de l'influence avantageuse ou nuisible des producteurs fournis par l'Administration?

Cette question, avec divers changements de rédaction qui n'en altèrent pas notablement le sens, a été adressée à cinq circonscriptions. Sept autres ont donné leur opinion à cet égard soit dans les vœux qu'elles ont émis, soit dans les discussions auxquelles elles se sont spontanément livrées. On trouvera dans le résumé que nous reproduisons à la suite de ce rapport l'expression de ces opinions, dont le Conseil a tenu compte dans les appréciations qui ont fait l'objet du chapitre VII.

Enfin, quelques circonscriptions ont été consultées sur les mesures à prendre pour réprimer les inconvénients nombreux que produisent les étalons rouleurs, entachés de vices héréditaires, et pour parer au fâcheux effet de la promiscuité dans les contrées où la vaine pâture la favorise. Les opinions émises par les commissions sont conformes à celles qui ont été exprimées par le Conseil sur ces questions.

De la demande d'étalons mulassiers faite par les circonscriptions de Saint-Maixent et de Napoléon-Vendée.

Avant de terminer ce que nous avons à dire sur les rapports des commissions de circonscription, il nous reste à rendre un compte succinct d'une discussion qui s'est élevée dans le Conseil relativement à la demande des commissions de Saint-Maixent et de Napoléon-Vendée qui réclament pour leurs dépôts un certain nombre d'étalons de race mulassière. Cette demande a été appuyée par le Conseil auprès de M. le Ministre de l'agriculture et du commerce. Il est d'autant plus nécessaire de revenir sur ce point, qu'il s'est glissé quelques erreurs dans le procès-verbal de la séance où cette question a été agitée.

On nomme dans le pays espèce mulassière celle dont la jument croisée avec le baudet donne les mules les plus recherchées.

Ce n'est ni dans le Marais ni dans le Bocage que l'on élève les mules; c'est dans cette région intermédiaire que l'on nomme la Plaine. Cette industrie, au développement de laquelle l'État est pour ainsi dire resté étranger, comporte des soins et une perfection de détails que l'élevage du cheval n'a acquis nulle part en France.

L'espèce mulassière n'est autre chose qu'une variété de ce qu'on nomme généralement la grosse race élevée dans la plaine et le marais du Poitou. Les poulains mâles sont achetés très-jeunes par les cultivateurs du Berry et élevés au labour; à l'âge de cinq ans, ils sont revendus pour le service des diligences. Les femelles restent dans le pays pour perpétuer l'espèce, ou sont employées dans la plaine à la production du mulet. Le cheval entier n'étant point dans ce pays en usage pour le labour, les étalonniers sont seuls en possession des animaux qui concourent à la reproduction de la race depuis que l'Admininistration a cessé de s'occuper de l'amélioration de nos races par elles-mêmes.

Nous avons déjà dit que cet abandon avait contribué, sur certains points, à faire déchoir nos races de trait. Nulle part peut-être cet effet fâcheux n'a été plus sensible que dans la contrée qui nous occupe. Tous les étalons distingués étant emmenés au loin par les besoins de la consommation, et les animaux fort inférieurs achetés à vil prix par les étalonniers concourant seuls à reproduire l'espèce, un abâtardissement notable s'est fait bientôt sentir dans les juments destinées à la production des mules. Ce que veulent en somme ces commissions, c'est que le Gouvernement s'occupe d'entretenir et d'améliorer par elle-même la grosse race que leurs circonscriptions possèdent, et qui est connue dans le commerce sous le nom de race poitevine ou berrichonne.

Maintenant, parmi les étalons capables de contribuer à l'amélioration de cette race par elle-même, quels sont ceux qu'il faut choisir pour donner les juments les plus propres à l'accouplement avec le baudet? Telle est la dernière question qu'il importe d'examiner.

On recherche naturellement chez l'étalon les conditions de formes qui seront de nature à corriger autant que possible les imperfections qui se rencontrent chez le baudet et qu'on veut éviter chez la mule. Le baudet a, en général, les rayons articulaires peu développés, les cuisses grêles; ses épaules sont droites, son encolure courte; son garrot est à peine indiqué; ses allures sont peu allongées.

On recherchera donc l'étalon de race commune qui aura les rayons articulaires allongés, les muscles des cuisses bien fournis, les épaules bien couchées, l'encolure développée, le garrot bien sorti et de belles allures; celui, en un mot, qui, en conservant les caractères de la race commune, se rapproche le plus par les formes de la race carrossière.

Le baudet, quand il est bon, ayant généralement le dos voûté, et pouvant corriger chez la jument une conformation contraire, ce ne sera pas, chez l'étalon mulassier, un défaut important que d'avoir le dos un peu ensellé.

Le baudet a ordinairement les talons serrés, le pied très-petit et la corne très-sèche; l'étalon mulassier devra avoir les talons bien ouverts, le pied bien fait, mais quelque peu large, sans être plat : cette dernière condition est essentielle, car le pied plat, que l'on rencontre souvent chez les races élevées dans les pays marécageux, donne lieu à de nombreuses maladies qui empêchent d'employer comme mulassières les juments chez lesquelles se rencontre cette conformation. La qualité de la corne doit être bonne, mais plutôt molle que sèche.

Quant au tempérament, on cherche en général chez l'étalon les signes qui dénotent une constitution lymphatique à un certain degré, pour corriger l'excès contraire qui se rencontre assez fréquemment chez l'âne, et parce que les juments qui possèdent ce tempérament sont plus souvent fécondées par le baudet. Enfin les signes qui donnent de la valeur à un étalon mulassier sont, entre autres, des touffes de longs poils à la partie postérieure des jambes, et particulièrement une mèche pendant à la partie antérieure du genou, et d'autres disposées autour de la couronne et recouvrant le sabot.

Toutes ces conditions sont particulièrement recherchées des éleveurs de mules; ce sont les étalons qui les possèdent que l'on désire voir rester dans le pays pour y entretenir la race. Ce sont ceux que l'on donne à la jument mulassière après le baudet, afin que, si elle n'est pas fécondée par le premier, on ait un produit avec l'étalon.

Le programme présenté par M. le Ministre se trouve rempli.

En terminant ce compte rendu des observations qu'a suggérées au Conseil l'examen des travaux des commissions de circonscription, nous avons accompli la tâche qui nous était imposée et dont M. le Ministre de l'agriculture et du commerce avait tracé le programme dans l'allocution que nous avons reproduite au chapitre Ier.

On trouvera joint à ce travail le rapport de la commission chargée de visiter les quartiers de cavalerie de la garnison de Paris.

Les deux commissions chargées d'étudier, l'une les questions qui se rattachent à la police de la reproduction de l'espèce chevaline en France; l'autre, tout ce qui a trait à l'exportation et à l'importation des chevaux et aux tarifs des douanes à l'entrée et à la sortie, ont remis leurs travaux entre les mains de M. le Ministre, et le Conseil espère que, dans sa sollicitude, il soumettra, à cet égard, au pouvoir législatif les projets de loi que réclame l'intérêt du pays.

Quant à la question plus spéciale de doctrine et de pratique que M. le Ministre avait particulièrement soumise à l'attention du Conseil, nous croyons y avoir répondu, autant que l'étude et l'expérience permettent aujourd'hui de le faire, par les faits que nous avons constatés, et par les principes que nous en avons déduits.

Le Conseil n'a point la prétention d'avoir résolu d'une manière absolue les nombreux et difficiles problèmes que soulèvent la formation des races, leur maintien, leur amélioration et les croisements qu'il peut être utile de pratiquer entre elles. Il s'est borné à résumer ce que la science et la pratique ont établi jusqu'à ce jour, et à poser quelques jalons qui indiquent à ceux qui s'occupent de ces questions la meilleure marche à suivre.

RÉSUMÉ.

En résumé, voici les faits et les conclusions qui ressortent de ce rapport.

La population chevaline de la France est d'environ 3,000,000 de têtes; elle se renouvelle annuellement dans une proportion comprise entre le huitième et le dixième.

Depuis soixante ans, elle s'est toujours accrue proportionnellement à la population humaine, et son rapport avec celle-ci a constamment été de 8 p. o/o.

La production du pays ne suffit pas à sa consommation.

La différence de l'importation et de l'exportation peut être estimée au quinzième environ des chevaux qui entrent en service chaque année.

Les animaux qui manquent à la France appartiennent surtout à la catégorie des chevaux de carrosse ou à deux fins, qui sont aussi ceux qu'on emploie le plus généralement pour remonter la cavalerie.

Cette situation n'est pas nouvelle; la difficulté de remonter nos troupes à cheval se fait sentir aussitôt que les armées permanentes prennent de l'importance. Depuis le commencement du XVIIe siècle jusqu'à nos jours, on a été dans la nécessité de tirer de l'étranger un grand nombre de chevaux de carrosse et la plupart de ceux qui servaient à la remonte de notre cavalerie, non-seulement en temps de guerre, mais encore sur le pied de paix.

Cette pénurie amène, dès le règne de Louis XIII, les premières tentatives de l'intervention de l'État dans la production.

Régularisée par l'ordonnance de 1717, cette intervention ne se borne pas à encourager la production, mais elle restreint la liberté de cette industrie en voulant la réglementer.

De nombreux abus aggravent encore ces mesures excessives. Bientôt les systèmes préconçus, professés avec éclat par les naturalistes de cette époque sur la dégénérescence et la nécessité absolue des croisements de toutes les races entre elles, égarent la production au lieu de la guider. Démentis chaque jour par les faits, ils découragent les éleveurs et rendent suspects parmi eux les enseignements même de l'expérience.

Ce régime continue jusqu'en 1790 sans amener dans nos races une amélioration qui leur permette de fournir soit aux besoins des remontes sur le pied de paix, soit à ceux du commerce de luxe.

En 1790, on supprime à la fois les règlements restrictifs de la liberté et les encouragements de l'État, dont cette industrie ne pouvait se passer.

Dès 1798, les fâcheuses conséquences de ces mesures préoccupent vivement les grands pouvoirs de l'État, et le Conseil des Cinq-Cents est saisi d'un projet dont les dispositions principales sont plus tard introduites dans le décret de 1806, qui donne naissance à l'Administration actuelle des haras.

Ce décret laisse à l'industrie de la production toute sa liberté et lui restitue l'appui et les encouragements dont elle a besoin.

Les étalons de nos plus belles races sont entretenus ou subventionnés par l'État et mis à la portée des éleveurs.

Les étalons des races pures et des autres races étrangères, dans une proportion restreinte, sont placés dans les haras du Gouvernement pour servir soit à la reproduction de leur race, soit aux croisements avec celles du pays. Les courses publiques et divers autres modes d'encouragement sont institués.

Ce régime, avec quelques modifications secondaires, est pratiqué sous l'Empire et sous la Restauration.

De 1807 à 1812, la situation du pays ne permet guère d'apprécier les résultats de ce nouveau système.

En 1813 et 1814, reviennent les réquisitions, et la Restauration trouve la population chevaline de la France plus épuisée qu'elle ne l'avait jamais été.

Nos remontes pendant cette période se font, en partie du moins, à l'étranger, et le commerce de luxe va s'approvisionner en Angleterre et en Allemagne.

Après la révolution de juillet, le Gouvernement se préoccupe des ressources que le pays pourrait fournir pour la remonte de l'armée. Leur insuffisance est constatée. On veut remédier au danger d'une pareille situation.

Une ordonnance de 1833 apporte quelques modifications administratives aux haras et dépôts d'étalons; elle laisse toute latitude au Ministre pour déterminer, comme il le jugera convenable, la race des étalons qui doivent être entretenus dans chaque dépôt.

On cherche alors à imiter l'Angleterre et certaines contrées de l'Allemagne renommées pour leur production chevaline. Les étalons des races pures et ceux qui en dérivent sont, pour ainsi dire, seuls admis dans les établissements de l'Administration, et l'État n'intervient plus que pour encourager les croisements dont ils sont la base.

L'expérience n'avait point éclairé en France cette voie nouvelle. Les contrées où naissent nos grandes races de trait refusent d'y suivre l'Administration; celles qui produisent pour la remonte et pour le commerce de luxe craignent, en s'y engageant, l'incertitude inévitable des premiers résultats.

Les faits justifient en partie ces craintes.

Les nouveaux étalons, réunis à la hâte, n'avaient pas tous été heureusement choisis; leur accouplement fut souvent mal dirigé; les produits ne furent pas placés dans les conditions d'élevage que leur nature exigeait : de là de nombreux mécomptes, et bientôt on vit les éleveurs s'éloigner des étalons du Gouvernement. On s'efforce alors, par des encouragements de diverse nature, de les y ramener et de répandre parmi eux l'art des croisements.

En outre, après des débats nombreux soulevés devant les Chambres, des améliorations importantes et décisives sont opérées dans le système des remontes : les marchés faits à l'étranger, pour la remonte de notre cavalerie en temps de paix, sont proscrits; on élève les prix d'achat jusqu'au chiffre rémunérateur qu'ils atteignent aujourd'hui; on admet en principe que les achats annuels des chevaux de selle ne varieront qu'entre des limites très-restreintes, et que le système des réformes anticipées sera pratiqué, au besoin, pour faire rentrer les effectifs dans les cadres fixés par le budget.

Toutes ces mesures, pratiquées avec ensemble et persévérance depuis 1840, favorisées en outre par le développement de notre agriculture, amènent un notable progrès non-seulement dans la quantité, mais dans la qualité des chevaux qui conviennent au service de l'armée. Les ressources constatées pendant les dernières années dépassent de près d'un tiers celles que présentait le pays il y a dix ans; non-seulement elles suffisent à la remonte de notre cavalerie sur le pied de paix, mais elles peuvent fournir largement à celle de la gendarmerie, qui s'est faite jusqu'ici en grande partie à l'étranger.

Ces ressources ne permettraient pas cependant de porter promptement nos troupes à cheval sur le pied de guerre et fourniraient difficilement à l'entretien de leur effectif en campagne.

Le commerce de luxe continue, d'ailleurs, à s'approvisionner hors de France, et l'élévation même des prix de remonte, si favorable dans l'origine à la production des chevaux d'arme, contribue d'autre part, en établissant un cours supérieur à celui de l'étranger, à restreindre de plus en plus les achats effectués en France par les marchands. Si cet état de choses ne changeait pas, la production resterait stationnaire et se bornerait à fournir aux besoins de la consommation régulière de l'armée.

D'autres inconvénients encore résultent de la voie nouvelle où l'on s'est engagé.

On s'en est remis à peu près exclusivement à l'industrie privée du soin de conserver nos races indigènes et de les élever au niveau que leur assignent les progrès de notre agriculture. Or il est aujourd'hui constaté qu'elle reste presque partout au-dessous de la tâche qui lui est dévolue.

Là où l'action des étalons de l'État a été généralement acceptée, les races indigènes, n'ayant point été entretenues par elles-mêmes, se sont, pour ainsi dire, effacées par l'action dominante des étalons étrangers.

Il est vrai que, dans certaines contrées, le choix intelligent de ces reproducteurs, l'homogénéité de leur race, son appropriation aux conditions générales d'élevage et de nourriture de la race indigène, ont permis à la population chevaline issue de l'accouplement des métis entre eux de prendre un cachet particulier et de commencer à former une race nouvelle; mais ailleurs on a employé des étalons d'origines et de races trop diverses, dont quelques-uns, par leurs formes et leurs qualités, laissaient beaucoup à désirer, et qui n'étaient pas en rapport avec les conditions faites à leurs produits. Ces circonstances ne permettent pas d'apercevoir, dans la population de métis qui se substitue à la race indigène, cette homogénéité qui fait espérer la formation d'une race. La reproduction est devenue incertaine dans ses résultats, ce qui donne lieu à des plaintes nombreuses.

Dans les lieux, au contraire, où l'on a repoussé l'intervention des étalons de l'État, on ne s'est pas suffisamment attaché à employer à la reproduction les animaux d'élite, nulle part on ne constate une amélioration, et dans plusieurs localités on remarque les symptômes de l'abâtardissement.

Tel est l'état de choses que le Conseil a constaté. Ses opinions sur la marche qu'il convient de suivre peuvent se résumer de la manière suivante :

Il regarde les étalons de pur sang comme nécessaires pour produire les chevaux que demande le commerce de luxe et l'élite de ceux que réclame le service de l'armée.

Il pense que, dans l'état actuel de notre société, l'entretien et l'élevage de ces étalons ne peuvent se passer de l'intervention de l'État;

que l'Administration doit pratiquer elle-même, dans une certaine proportion, l'élevage des races pures; qu'enfin il convient d'encourager les propriétaires qui veulent se livrer à leur éducation; parmi les moyens employés dans ce but, les courses sont le plus efficace.

Le Conseil engage l'Administration à apporter, comme elle le fait, une sévérité de plus en plus grande dans le choix des étalons qu'elle place dans ses dépôts, et à s'adresser plutôt à l'étranger que d'acheter dans le pays des sujets qui ne présenteraient point les formes et les qualités désirables.

Dans les contrées où les croisements doivent avoir en réalité pour résultat la transformation de la race, le Conseil attribue la plus haute importance à l'emploi exclusif d'étalons qui ont donné les meilleurs résultats; il faut, dans ce cas, choisir les reproducteurs de manière à former le plus tôt possible une race intermédiaire qui puisse prendre dans l'agriculture la place de la race primitive, et à laquelle on puisse donner ensuite l'étalon de pur sang, pour produire à bon marché ces chevaux que demande le commerce de luxe.

Relativement aux races qui n'ont point accepté les croisements avec les étalons du Gouvernement, qui sont de beaucoup les plus nombreuses et jouent un rôle si important dans l'exploitation du sol, le Conseil réclame, pour leur conservation et leur perfectionnement, des soins particuliers.

A cet égard, il pense que la première chose à faire est de veiller à ce que leur reproduction se fasse, autant que possible, par les animaux d'élite qu'elles fournissent; que si elles n'en présentent plus d'un ensemble un peu satisfaisant, il faut leur en donner, quelques uns du moins, choisis dans des races analogues, dont on a pris plus de soins. D'une part, des encouragements distribués par l'État, les départements et les sociétés particulières, et, de l'autre, quelques mesures législatives sur la police de la reproduction, sont les moyens qui lui paraissent devoir conduire sûrement au but proposé.

Le choix des reproducteurs doit être dirigé de manière à amener dans les races les modifications de formes desquelles résultent des allures plus allongées, et que réclament à la fois les besoins du commerce et ceux de la remonte de l'armée.

Ces modifications offriraient le double avantage d'augmenter le débouché, puisque les produits pourraient satisfaire à de nouveaux besoins, et, sans élever le prix de la production, puisque les conditions d'élevage ne changeraient pas. En même temps, la structure de ces races se rapprocherait de celle des étalons de pur sang, ce qui permettrait d'obtenir, par les croisements, ces animaux de choix, propres au service de la selle et du trait, que nous allons aujourd'hui demander en si grand nombre à l'étranger.

Le Conseil pense enfin que, pour compléter ces mesures, il convient, à l'exemple de l'Allemagne et de l'Angleterre, de faire disparaître chez nous l'emploi regrettable des chevaux entiers pour le roulage et les voitures publiques : des primes et des mesures administratives généraliseront ce résultat, qui se produit déjà dans quelques-uns de nos départements du Midi.

Nous venons de résumer les appréciations du Conseil sur la situation présente de la production de l'espèce chevaline en France, ainsi que ses opinions sur les mesures à prendre pour réaliser les améliorations qu'elle réclame. Cette situation, telle qu'elle est, avec ses avantages et ses inconvénients, que nous avons dû faire ressortir, lui paraît constituer dans son ensemble un progrès réel, important, absolu; et, si le perfectionnement de notre agriculture, l'élévation du prix accordé pour la remonte de l'armée et les salutaires innovations introduites dans ce service ont contribué à amener ce progrès, le Conseil en attribue une large part à l'action persévérante et éclairée de l'Administration des haras.

STATISTIQUE GÉNÉRALE.

Tableau indiquant la population chevaline de la France par département, d'après la statistique établie en 1840, et son rapport avec la population humaine.

DÉPARTEMENTS.	CHEVAUX.	JUMENTS.	POULAINS.	TOTAUX.	POPULATION HUMAINE.	RAPPORT de LA POPULATION chevaline à la population humaine.	OBSERVATIONS.
....	6,837	7,252	2,688	16,777	355,694	0,05	
ne....................	38,750	32,966	11,099	82,815	542,213	0,15	
ier....................	5,489	3,378	1,554	10,421	311,361	0,03	
s (Basses-)............	2,147	2,698	741	5,586	156,055	0,03	
es (Hautes-)............	1,532	2,158	599	4,289	132,584	0,03	
èche....................	3,853	2,360	427	6,640	364,416	0,02	
ennes..................	24,338	21,899	10,686	56,923	319,167	0,17	
ège....................	2,983	5,694	1,662	10,339	265,607	0,04	
be....................	17,055	15,528	3,856	36,439	258,180	0,14	
de....................	8,878	9,451	1,514	19,843	284,285	0,06	
eyron..................	2,764	5,995	1,005	9,764	375,083	0,02	
uches-du-Rhône..........	16,094	7,729	999	24,822	375,003	0,06	
lvados..................	18,415	33,763	7,994	60,172	496,198	0,12	
ntal....................	2,040	8,161	1,322	11,532	257,423	0,04	
arente..................	8,051	10,438	1,272	19,761	367,893	0,05	
rente-Inférieure..........	10,637	17,209	3,522	31,368	460,245	0,07	
er....................	13,783	13,134	5,868	32,785	273,645	0,12	
rrèze..................	5,838	2,664	528	9,030	306,480	0,03	
rse....................	6,332	5,681	4,816	16,829	221,463	0,07	
te-d'Or................	24,676	21,121	6,964	52,761	393,316	0,13	
tes-du-Nord............	22,431	51,075	16,432	89,938	607,572	0,15	
reuse..................	2,387	2,745	1,046	6,178	278,029	0,02	
rdogne..................	8,046	5,941	651	14,638	490,263	0,03	
ubs....................	7,783	8,197	3,583	19,563	275,997	0,07	
rôme....................	7,262	3,129	746	11,137	311,498	0,03	
ure....................	36,369	11,202	3,580	51,151	425,780	0,12	
A REPORTER..........	304,779	311,568	95,154	711,501	8,905,450	"	

DÉPARTEMENTS.	CHEVAUX.	JUMENTS.	POULAINS.	TOTAUX.	POPULATION HUMAINE.	RAPPORT de LA POPULATION chevaline à la population humaine.	OBSERVATIONS.
REPORT	304,779	311,568	95,154	711,501	8,905,450	0,00	
Eure-et-Loir	28,286	6,640	1,866	36,792	286,368	0,13	
Finistère	32,645	50,502	22,383	105,530	576,068	0,18	
Gard	6,734	3,421	386	10,541	376,062	0,03	
Garonne (Haute-)	4,783	9,480	1,882	16,145	468,071	0,03	
Gers	5,495	10,425	2,853	18,773	311,147	0,06	
Gironde	15,408	7,643	2,226	25,277	568,034	0,05	
Hérault	4,557	2,871	292	7,720	367,343	0,02	
Ille-et-Vilaine	38,491	18,472	5,470	62,433	549,417	0,11	
Indre	11,560	7,200	3,427	22,187	253,076	0,09	
Indre-et-Loire	20,963	5,909	980	27,852	306,366	0,09	
Isère	15,365	12,714	2,882	30,961	588,660	0,05	
Jura	9,461	6,779	2,766	19,006	316,734	0,06	
Landes	10,113	9,598	3,324	23,035	288,077	0,08	
Loir-et-Cher	16,869	9,512	3,030	29,411	249,462	0,12	
Loire	6,742	2,026	533	9,301	434,085	0,02	
Loire (Haute-)	2,329	6,619	1,583	10,531	298,137	0,03	
Loire-Inférieure	18,880	16,201	4,362	39,443	486,806	0,08	
Loiret	21,897	5,728	1,513	29,138	318,452	0,09	
Lot	3,811	2,695	415	6,921	287,739	0,02	
Lot-et-Garonne	7,337	5,323	1,127	13,787	347,073	0,04	
Lozère	2,186	3,623	1,200	7,009	140,788	0,05	
Maine-et-Loire	17,152	19,355	4,640	41,147	488,472	0,08	
Manche	22,828	56,380	12,603	91,811	597,334	0,15	
Marne	32,584	17,770	5,213	55,567	356,632	0,15	
Marne (Haute-)	19,957	21,123	7,350	48,430	257,567	0,19	
Mayenne	14,858	25,126	10,904	50,888	361,392	0,14	
Meurthe	37,837	22,090	12,128	72,055	444,603	0,16	
Meuse	31,948	21,156	10,328	63,432	326,372	0,19	
Morbihan	19,354	17,909	5,136	42,399	446,331	0,09	
Moselle	33,415	19,587	10,731	63,733	440,312	0,14	
A REPORTER	818,624	735,445	238,687	1,792,756	20,442,430	"	

DÉPARTEMENTS.	CHEVAUX.	JUMENTS.	POULAINS.	TOTAUX.	POPULATION HUMAINE.	RAPPORT de LA POPULATION chevaline à la population humaine.	OBSERVATIONS.
REPORT	818,624	735,445	238,687	1,792,756	29,442,430	«	
ièvre	6,614	6,967	2,775	16,356	305,346	0,05	
ord	35,122	33,077	10,978	79,177	1,085,293	0,07	
ise	35,771	15,050	2,047	52,868	398,868	0,13	
ne	17,185	27,637	7,603	52,425	442,072	0,12	
s-de-Calais	20,543	45,976	13,754	80,273	685,021	0,12	
y-de-Dôme	7,290	4,892	885	13,067	587,566	0,02	
rénées (Basses-)	7,489	14,775	3,040	25,304	451,083	0,06	
rénées (Hautes-)	3,580	8,855	1,942	14,377	244,196	0,06	
rénées-Orientales	3,633	3,863	983	8,479	173,592	0,04	
in (Bas-)	20,123	17,472	6,106	49,701	560,113	0,09	
in (Haut-)	13,918	7,391	3,290	24,599	464,466	0,05	
ône	7,846	1,467	252	9,565	500,831	0,02	
ône (Haute-)	11,968	8,066	3,382	23,416	347,627	0,07	
ône-et-Loire	8,649	10,165	3,903	22,717	551,548	0,04	
rthe	15,217	33,083	7,700	56,000	470,535	0,12	
ine	21,240	15,003	28	36,271	1,194,603	0,03	
ine-et-Marne	33,726	5,198	1,123	40,047	333,260	0,12	
ine-et-Oise	46,246	5,402	286	51,934	470,948	0,11	
ine-Inférieure	29,262	49,219	8,713	87,194	737,501	0,12	
vres (Deux-)	5,904	23,133	4,164	33,201	310,203	0,11	
mme	27,586	37,453	9,979	75,018	559,680	0,13	
arn	2,677	6,327	1,044	10,048	351,656	0,03	
arn-et-Garonne	2,915	4,685	914	8,514	239,297	0,03	
ar	6,903	3,356	906	11,165	328,010	0,03	
aucluse	3,806	2,805	488	7,099	251,080	0,03	
endée	4,551	18,997	5,713	29,261	356,453	0,08	
ienne	7,463	18,401	2,040	27,904	294,250	0,09	
ienne (Haute-)	3,593	4,502	710	8,805	292,848	0,03	
osges	20,516	15,321	6,946	42,783	419,992	0,10	
onne	15,670	10,248	2,245	28,163	362,961	0,08	
TOTAUX pour la France entière	1,271,630	1,194,231	352,635	2,818,496	34,213,929	0,08	

B.

AU.

ALINE.

IMPORTATIONS … r 1837 au 1er juillet 1850.

ANNÉES.	DÉSIGNATION des CHEVAUX IMPORTÉS.	PROVENANCE. ALLEMAGNE ET BELGIQUE.		SUISSE.		ANGLETERRE.		DIVERSES.		…	…LEUR des …TATIONS …elles.	IMPORTATIONS DUES aux achats du ministère de la guerre.	IMPORTATIONS DUES à la consommation régulière du pays.	MOYENNE DES IMPORTATIONS dues à la consommation régulière du pays pendant 6 ans.	MOYENNE … de 1837 à 1848 inclus.	OBSERVATIONS.
1837	Entiers	1,036		9		19		59		1,123						* Les marchés faits par le ministère de la guerre en chevaux étrangers, sur l'exercice 1840, se sont élevés au chiffre de 20,000 chevaux; en 1841, ils se sont élevés à 7,967; mais les livraisons des marchés faits en 1840 ayant été en partie effectuées en 1841, nous avons, faute de renseignements précis à cet égard, pris la moyenne de ces deux chiffres comme représentant pour chacune des deux années le nombre des chevaux étrangers importés en France pour les besoins de l'armée.
	Hongres	6,544	13,822	2,244	3,006	626	743	1,251	1,629	10,665	6,134,000f	״	19,200			
	Juments	2,851		382		95		185		3,513						
	Poulains	3,391		371		3		134		3,899						
1838	Entiers	1,158		20		10		87		1,275						
	Hongres	9,118	17,342	1,672	2,207	508	671	1,451	1,030	12,800	7,264,000	״	22,150			
	Juments	3,120		252		91		277		3,740						
	Poulains	3,946		263		2		115		4,326						
1839	Entiers	1,256		13		19		277		1,565						
	Hongres	9,463	19,248	1,481	2,038	579	687	1,295	1,992	12,818	7,509,000	״	23,965			
	Juments	4,859		227		86		337		5,509						
	Poulains	3,670		317		3		83		4,073				21,379		
1840	Entiers	847		10		3		579		1,439						
	Hongres	11,722	21,644	2,973	4,420	1,009	1,274	3,219	5,550	18,923	11,310,000	13,983*	18,914			
	Juments	6,362		1,185		262		1,665		9,474						
	Poulains	2,713		252		״		96		3,061						
1841	Entiers	1,354		16		18		132		1,520						
	Hongres	11,843	23,218	3,302	5,102	1,920	3,450	1,272	2,060	18,436	11,363,000	13,983*	19,847			
	Juments	6,009		1,212		1,502		567		9,290						
	Poulains	4,012		482		1		89		4,584						
1842	Entiers	1,069		6		14		138		1,227						
	Hongres	9,679	18,595	1,090	2,393	1,075	1,638	240	1,570	12,093	7,079,000	״	24,196			
	Juments	4,646		305		549		1,112		6,612						
	Poulains	3,201		392		״		71		3,664						
	À REPORTER		113,869		19,166		8,463		14,740			………	………	21,379		

ANNÉES.	DÉSIGNATION des CHEVAUX IMPORTÉS.	PROVENANCE. ALLEMAGNE ET BELGIQUE.		SUISSE.		ANGLETERRE.		DIVERSES.		TOTAUX	…LEUR des …TATIONS …elles.	IMPORTATIONS DUES aux achats du ministère de la guerre.	IMPORTATIONS DUES à la consommation régulière du pays.	MOYENNE DES IMPORTATIONS dues à la consommation régulière du pays pendant 6 ans.	MOYENNE … de 1837 à 1848 inclus.	OBSERVATIONS.
	Reports		113,869		19,166		8,463		14,740	[illegible]				21,379		
1843	Entiers	1,226	19,584	10	2,326	12	881	87	533	1,335	…,443,000	″	23,324			
	Hongres	9,427		1,550		673		295		11,945						
	Juments	4,601		323		193		84		5,291						
	Poulains	4,240		443		3		67		4,753						
1844	Entiers	1,200	24,007	6	2,628	10	953	83	461	1,299	…,119,000	″	28,049			
	Hongres	11,642		1,762		786		261		14,451						
	Juments	6,859		383		157		68		7,467						
	Poulains	4,306		477		″		49		4,832						
1845	Entiers	1,136	23,863	10	3,097	10	1,109	93	417	1,249	…,384,000	″	28,486		22,638	
	Hongres	12,222		1,974		892		105		15,283						
	Juments	6,760		564		206		70		7,600						
	Poulains	3,745		549		1		59		4,354						
1846	Entiers	1,139	23,023	17	2,837	21	1,204	125	612	1,302	…,163,000	″	27,076	23,897		
	Hongres	11,844		1,839		848		303		14,834						
	Juments	6,418		585		335		107		7,445						
	Poulains	3,622		396		″		77		4,095						
1847	Entiers	1,601	19,638	9	2,150	9	968	143	500	1,162	7,056,000	″	23,256			
	Hongres	10,140		1,327		679		206		12,361						
	Juments	5,300		399		280		90		6,069						
	Poulains	3,188		415		″		61		3,664						
1848	Entiers	453	15,145	49	893	13	277	120	279	635	5,406,500	4,000	12,504			
	Hongres	7,954		478		197		83		8,712						
	Juments	4,507		263		67		51		4,888						
	Poulains	2,231		103		″		25		2,359						
1849	Entiers	442	14,150	″	868	16	764	172	525	630	5,257,440	″	16,307	″		
	Hongres	7,851		493		595		162		9,101						
	Juments	3,317		128		153		56		3,654						
	Poulains	2,540		247		″		135		2,922						
	Totaux		353,279		33,965		14,619		18,067	[illegible]						
1850 (les 6 1ers mois)			7,307		728		535		218	[illegible]	″	″	″	″	″	

C. ...AU.

...ES ...LINE.

Exportations d... 1837 au 1er juillet 1850.

ANNÉES.	DÉSIGNATION des CHEVAUX EXPORTÉS.	DESTINATION. ALLEMAGNE ET BELGIQUE.		SUISSE.		ANGLETERRE.		DIVERSES.		TOTAUX.	...UR ...s ...TIONS ...lles.	TOTAL des EXPORTATIONS par année.	MOYENNE DES EXPORTATIONS pendant 6 ans.	MOYENNE DES EXPORTATIONS de 1837 à 1848 inclus.	OBSERVATIONS.
1837	Entiers	3	749	"	1,016	"	283	4	1,782	7	[illegible]0,000f	3,830			
	Hongres	407		357		138		423		1,325					
	Juments	291		179		145		927		1,542					
	Poulains	48		480		"		428		956					
1838	Entiers	21	1,243	3	1,387	1	251	32	2,309	57	[illegible]0,000	5,190			
	Hongres	671		584		114		558		1,927					
	Juments	507		311		136		1,200		2,154					
	Poulains	44		489		"		519		1,052					
1839	Entiers	18	1,520	9	1,740	"	283	78	2,271	105	[illegible]60,000	5,814	6,589		
	Hongres	787		641		130		758		2,316					
	Juments	666		390		153		1,149		2,358					
	Poulains	49		700		"		286		1,035					
1840	Entiers	30	1,357	3	1,449	11	264	71	6,496	115	[illegible]166,000	9,566			
	Hongres	807		572		135		2,415		3,929					
	Juments	453		244		118		3,482		4,297					
	Poulains	67		630		"		528		1,225					
1841	Entiers	14	932	10	1,467	11	278	186	5,739	221	[illegible]777,000	8,416			
	Hongres	477		495		98		2,105		3,175					
	Juments	394		302		169		2,974		3,839					
	Poulains	47		600		"		474		1,181					
1842	Entiers	15	1,212	9	1,151	13	168	201	4,188	238	[illegible]257,000	6,719			
	Hongres	692		425		82		1,585		2,784					
	Juments	475		252		73		2,085		2,685					
	Poulains	30		465		"		317		812					
	A REPORTER		7,013		8,210		1,527		22,785				6,589		

ANNÉES.	DÉSIGNATION des CHEVAUX EXPORTÉS.	DESTINATION. ALLEMAGNE ET BELGIQUE.		SUISSE.		ANGLETERRE.		DIVERSES.		TOT[illegible]	[illegible]	TOTAL des EXPORTATIONS par année.	MOYENNE DES EXPORTATIONS pendant 6 ans.	MOYENNE DES EXPORTATIONS de 1837 à 1848 inclus.	OBSERVATIONS.
	Report		7,013		8,210		1,527		22,785		......	....	6,589		
1843	Entiers	73	1,244	4	997	18	173	219	4,159	314	1,000f	6,573			
	Hongres	596		373		96		1,624		2,680					
	Juments	495		181		59		1,976		2,711					
	Poulains	80		439		″		340		859					
1844	Entiers	92	1,261	5	763	2	137	179	3,914	278	,000	6,075			
	Hongres	570		305		94		1,628		2,597					
	Juments	535		207		41		1,849		2,632					
	Poulains	64		246		″		258		568					
1845	Entiers	81	1,126	12	771	6	123	157	4,237	256	5,000	6,257		6,259	
	Hongres	526		274		80		2,008		2,888					
	Juments	463		215		37		1,882		2,597					
	Poulains	56		270		″		190		516					
1846	Entiers	84	965	″	1,045	58	193	170	3,417	312	9,000	5,620	5,929		
	Hongres	472		331		70		1,225		2,098					
	Juments	409		264		65		1,699		2,437					
	Poulains	″		450		″		323		773					
1847	Entiers	79	1,054	″	807	55	385	128	2,876	262	40,000	5,122			
	Hongres	503		280		219		1,036		2,047					
	Juments	402		189		111		1,529		2,231					
	Poulains	70		329		″		183		582					
1848	Entiers	72	898	91	1,204	91	873	113	2,952	367	73,520	5,927			
	Hongres	492		335		520		1,146		3,403					
	Juments	201		338		262		1,484		2,375					
	Poulains	43		440		″		209		692					
1849	Entiers	52	1,089	″	1,368	74	1,066	182	3,165	308	57,120	6,688	″		
	Hongres	609		527		629		870		2,635					
	Juments	379		428		363		1,768		2,938					
	Poulains	49		413		″		345		807					
	Totaux		14,650		15,165		4,477		47,505						
1850 (les 6 1ers mois)	....		″		″		″		″			″	″	″	

D.

Tableau présentant l'effectif des ch… …ires aux différents services de l'armée.

PIED DE PAIX.

	EFFECTIF.					RENOUVELLEMENT ANNUEL (1).					OBSERVATIONS.
	CHEVAUX d'officiers.		CHEVAUX DE TROUPE de selle.		CHEVAUX DE TROUPE de trait.	CHEVAUX d'officiers.		CHEVAUX DE TROUPE de selle.		CHEVAUX DE TROUPE de trait.	
Cavalerie de réserve		780		8,472	″		98		1,050	″	(1) Le renouvellement annuel … à raison de 1/8 (voir la note pag… la gendarmerie seulement, la … adoptée a été de 1/10.
Cavalerie de ligne	1,300		14,620		″	162		1,828		″	
Artillerie	1,702		3,839		5,759	213		479		719	
Génie	6	3,115	″	18,979	150	1	390	″	2,372	19	
Équipages militaires	56		″		1,064	7		″		133	
École de cavalerie	51		520		″	7		65		″	
Cavalerie légère		1,430		16,632	″		178		2,079	″	
Totaux		5,325		44,083	6,973		(2) 666		5,510	871	(2) Ce chiffre comprend le re… total pour les chevaux d'officiers … ou aux frais de l'État. L'État four… des chevaux d'officiers pour la c… 56/100 pour l'artillerie : en e… viron 60/100 pour les chevaux … de toutes armes, ce qui réduit l… nouvellement annuel par l'État.
Total des chevaux de selle.		49,408					6,176				
Gendarmerie		743		12,513	″		75		1,251	″	
Total général		6,068		56,596	6,973		741		6,761	871	

PIED DE GUERRE.

	EFFECTIF.					RENOUVELLEMENT ANNUEL (1).					OBSERVATIONS.
	CHEVAUX d'officiers.		CHEVAUX DE TROUPE de selle.		CHEVAUX DE TROUPE de trait.	CHEVAUX d'officiers.		CHEVAUX DE TROUPE de selle.		CHEVAUX DE TROUPE de trait.	
Cavalerie de réserve		1,836		11,148	″		367		2,229	″	(1) Le renouvellement annuel s… à raison de 1/5 ; mais, pour la … rie, la proportion reste de 1/10.
Cavalerie de ligne	3,000		19,780		″	612		3,756		″	
Artillerie	3,404		10,060		30,178	681		2,212		6,035	
Génie	21	6,780	″	30,360	621	4	1,356	″	6,072	124	
Équipages militaires (2)	244		″		5,908	49		″		1,182	
École de cavalerie	51		520		″	10		104		″	
Cavalerie légère		3,366		23,078	″		673		4,616	″	
Totaux		11,982		64,586	36,707		2,396		12,917	7,341	(2) L'effectif des chevaux de trait des équipages, sur le pied de guerre … serait de beaucoup ce chiffre, qui … sente que le complet de guerre … gnies actuellement existantes ; mais … que l'effectif des troupes mobilis… peu important, le nombre des c… devrait être augmenté : c'est ce qui … même pour l'armée d'Afrique.
Total des chevaux de selle.		76,568					15,313				
Gendarmerie		743		12,513	″		75		1,251	″	
Total général		12,725		77,099	36,707		2,471		14,168	7,341	

COMPARAISON

…SOINS DE LA REMONTE DE L'ARMÉE SUR LE PIED DE PAIX AVEC LES RESSOURCES RÉALISABLES DANS LE PAYS.

	CHEVAUX					OBSERVATIONS.
	D'OFFICIERS.	DE CAVALERIE de réserve.	DE CAVALERIE de ligne.	DE CAVALERIE légère.	DE TRAIT.	
…s des ressources constatées …les années 1847, 1848, …et 1850	645	1,380	2,700	3,668	(1) 2,941	(1) Ce chiffre est bien inférieur aux ressources ; les appréciations des officiers de remonte varient beaucoup d'une année à l'autre ; elles sont basées sur les besoins probables plutôt que sur les ressources réelles. La race peut fournir bien au delà des besoins de l'armée.
…lements annuels	400	1,050	2,372	2,079	871	
…nt des ressources	245	321	328	1,589	(2) 2,070	(2) Voir la note (2) du tableau ci contre.

COMPARAISON

ENTRE LES EFFECTIFS SUR LE PIED DE PAIX ET SUR LE PIED DE GUERRE.

	CHEVAUX		OBSERVATIONS.
	DE SELLE.	DE TRAIT.	
…e paix	49,408	6,973	
…e guerre	76,568	36,707	
…ux nécessaires pour porter l'armée du pied de paix au …d de guerre	27,160	29,734	

E.

Tableau des circonscriptions des dépôts et succursales de remonte, présentan la population chevaline et son rapport avec la population humaine.

DÉPÔTS.	SUCCURSALES.	DÉPARTEMENTS.	POPULATION CHEVALINE par département.	par succursale.	par dépôt.	RAPPORT DE LA POPULATION chevaline à la population humaine, par succursale.	par dépôt.
Caen (Créé le 16 avril 1818.)	Caen	Calvados	60,172	60,172	689,654	0, 12	0, 12
	Saint-Lô (Créé dépôt le 22 décembre 1825; devenu succursale le 26 novembre 1835; vient d'être rétabli comme dépôt.)	Manche	91,811	91,811		0, 15	
	Alençon (Créé dépôt le 22 déc. 1825; devenu succursale le 26 nov. 1835.)	Orne	52,425	145,226		0, 12	
		Sarthe	56,009				
		Eure-et-Loir	36,792				
	Le Bec-Hellouin (Créé en 1835; existait provisoirement dès 1833.)	Eure	51,151	243,147		0, 12	
		Seine-Inférieure	87,194				
		Oise	52,868				
		Seine-et-Oise	51,934				
	Angers (Créé en mai 1840.)	Maine-et-Loire	41,147	149,298		0, 11	
		Mayenne	50,888				
		Indre-et-Loire	27,852				
		Loir-et-Cher	29,411				
Guingamp (Créé le 26 juin 1828.)	Guingamp	Côtes-du-Nord	80,038	214,491	320,021	0, 17 *	0, 17
		Morbihan	42,399				
		Loire-Inférre (Rive droite)	19,721				
		Ille-et-Vilaine	62,433				
	Morlaix (Créé en 1835; existait provisoirement dès 1833.)	Finistère	105,530	105,530		0, 18	
Villers (Créé le 27 sept. 1826; supprimé le 24 juillet 1828; rétabli en août 1832.)	Villers	Ardennes	56,923	235,352	752,145	0, 15	0, 14
		Marne	55,567				
		Seine-et-Marne	40,047				
		Aisne	82,815				
	Hesdin (Créé le 13 août 1847.)	Pas-de-Calais	80,273	234,468		0, 18	
		Nord	79,177				
		Somme	75,018				
	Sampigny (Créé le 13 août 1847.)	Meuse	63,432	282,325		0, 11	
		Moselle	63,733				
		Meurthe	72,055				
		Vosges	8,805				
		Haut-Rhin	24,599				
		Bas-Rhin	49,701				
Saint-Maixent (Créé le 21 octobre 1825.)	Saint-Maixent	Vienne	27,904	61,105	280,666	0, 10	0, 07
		Deux-Sèvres	33,201				
	Saint-Jean-d'Angely (Créé en 1838.)	Charente	19,761	51,129		0, 06	
		Charente-Inférieure	31,368				
	Fontenay-le-Comte (Créé le 23 avril 1843.)	Vendée	29,261	48,983		0, 08 *	
		Loire-Inférre (Rive gauche)	19,722				
	Guéret (Créé dépôt le 30 nov. 1825; rattaché pour l'administration au dépôt de Saint-Maixent. (Décision ministérielle du 17 mars 1847.)	Creuse	6,178	119,449		0, 05	
		Indre	22,187				
		Cher	32,785				
		Haute-Vienne	8,805				
		Nièvre	16,356				
		Allier	10,421				
		Saône-et-Loire	22,717				

* Pour établir cette proportion, on a pris la moitié de la population humaine du département de la Loire-Inférieure.

DÉPÔTS.	SUCCURSALES.	DÉPARTEMENTS.	POPULATION CHEVALINE PAR département.	succursale.	dépôt.	RAPPORT DE LA POPULATION chevaline à la population humaine, par succursale.	dépôt.
		Gers	18,773				
	Auch	Landes	23,035	57,953		0, 05	
		Haute-Garonne	16,145				
	Tarbes (Créé en 1835; existait provisoirement dès 1833.)	Hautes-Pyrénées	14,377	39,681		0, 06	
		Basses-Pyrénées	25,304				
		Tarn	10,048				
		Aude	19,843				
	Castres (Créé dépôt le 7 déc. 1830; devenu succursale le 26 nov. 1835.)	Pyrénées-Orientales	8,479	58,473		0, 04	
		Ariége	10,339				
		Aveyron	9,764				
ccu (Créé le 26 décembre 1832.)		Loire	9,301		285,714		0, 04
		Haute-Loire	10,531				
	Aurillac (Créé dépôt le 24 mars 1826; devenu succursale le 26 nov. 1835.)	Lozère	7,009	60,470		0, 03	
		Puy-de-Dôme	13,067				
		Cantal	11,532				
		Corrèze	9,030	......			
		Lot-et-Garonne	13,787				
	Agen (Créé en janvier 1842.)	Tarn-et-Garonne	8,514	29,222		0, 03	
		Lot	6,921				
	Mérignac (Créé le 12 août 1843.)	Gironde	25,277	39,915		0, 04	
		Dordogne	14,038				
Pour l'ensemble des départements explorés par la remonte					2,328,200	....	0, 11

TABLEAU présentant la population chevaline des départements non explorés par la remonte, et son rapport avec la population humaine.

DÉPARTEMENTS.	POPULATION CHEVALINE.	RAPPORT de LA POPULATION chevaline à la population humaine.	MOYENNE.	DÉPARTEMENTS.	POPULATION CHEVALINE.	RAPPORT de LA POPULATION chevaline à la population humaine.	MOYENNE
n	16,777	0, 05		Hérault	7,720	0, 02	0, 06
pes (Basses-)	5,586	0, 03		Isère	30,961	0, 05	
pes (Hautes-)	4,289	0, 03		Jura	19,006	0, 06	
dèche	6,640	0, 02		Loiret	20,138	0, 09	
ibe	36,439	0, 14		Marne (Haute-)	48,430	0, 19	
ouches-du-Rhône	24,822	0, 06		Rhône	9,565	0, 02	
orse	16,829	0, 07		Saône (Haute-)	23,416	0, 06	
ôte-d'Or	52,761	0, 13		Seine	36,271	0, 03	
oubs	19,563	0, 07		Var	11,165	0, 04	
rôme	11,137	0, 04		Vaucluse	7,009	0, 03	
ard	10,541	0, 03		Yonne	28,163	0, 08	

F.

Tableau des achats faits en France pour le service des troupes à cheval.

DE 1819 A 1836

ANNÉES.	CHEVAUX achetés à l'étranger. (1)	CHEVAUX ACHETÉS EN FRANCE. PAR LA REMONTE, les corps ou provenant de diverses sources. Selle.	Trait.	TOTAL.	MOYENNE POUR 6 ANS des chevaux achetés en France.
1819	2,533	″	″	3,361	
1820	1,193	″	″	1,625	
1821	2,837	″	″	2,918	
1822	″	4,037	3,855	7,892	6,966
1823	602	12,068	10,888	(2) 22,956	
1824	″	2,988	57	3,045	
1825	″	3,370	″	3,370	
1826	″	3,565	105	3,670	
1827	″	3,587	80	3,667	
1828	″	8,088	395	8,483	4,519
1829	″	2,504	1,260	3,764	
1830	″	3,210	953	4,163	
1831	6,948	11,545	″	11,545	
1832	″	5,305	″	5,305	
1833	″	1,403	″	1,403	
1834	″	114	″	114	4,093
1835	″	2,595	″	2,595	
1836	″	3,365	320	3,595	
TOTAUX	14,113	......	......	93,471	Moyenne pour un an : 5,193

OBSERVATIONS.

(1) Tous les chevaux achetés à l'étranger sont des chevaux de

Les renseignements fournis par le ministère de la guerre sur les années de 1819 à 1836 n'ont pas permis d'établir d'une manière précise la distinction entre les chevaux étrangers et ceux d'origine française. Le mode de réception suivi, particulièrement à Saint-Avold, Lyon et Strasbourg, ne constatait pas sérieusement l'origine des chevaux achetés.

L'insuffisance des renseignements obtenus n'a pas toujours permis de faire la distinction entre les chevaux de selle et ceux de trait, pour 1819, 1820, 1821, 1825, 1831, 1832, 1833, 1834 et 1835.)

(2) Ce chiffre contient le nombre de chevaux livrés en France d'origine étrangère.

DE 1837 A 1849.

CHEVAUX achetés à l'étranger.		CHEVAUX ACHETÉS EN FRANCE. PAR LA REMONTE.		par LES CORPS ou provenant de diverses sources.		par MARCHÉS spéciaux.	TOTAUX.	TOTAL général.	MOYENNE pour 6 ans des chevaux achetés en France.	OBSERVATIONS.
″	Selle	3,533	......	175	......	″	3,708	4,139		
	Trait	......	211	......	220	″	431			
″	Selle	6,275	......	355	......	″	6,630	10,218		
	Trait	......	2,790	......	798	″	3,588			
″	Selle	4,087	......	135	......	″	4,222	5,196		
	Trait	......	891	......	83	″	974		8,175	
20,000	Selle	5,980	......	704	......	″	6,684	18,278		
	Trait	......	3,343	......	″	8,251	11,594			
7,967	Selle	3,447	......	19	......	″	3,466	6,910		
	Trait	......	2,740	......	″	704	3,444			
″	Selle	4,168	......	141	......	″	4,309	4,309		
	Trait	......	″	......	″	″	″			
″	Selle	6,022	......	108	......	″	6,130	6,628		
	Trait	......	497	......	1	″	498			
″	Selle	5,282	......	129	......	″	5,411	5,517		
	Trait	......	104	......	2	″	106			
″	Selle	5,287	......	129	......	″	5,416	5,421		
	Trait	......	″	......	5	″	5		9,913	
″	Selle	5,336	......	150	......	″	5,486	6,345		
	Trait	......	711	......	148	″	859			
″	Selle	5,417	......	138	......	″	5,555	6,111		
	Trait	......	524	......	32	″	556			
4,000	Selle	9,867	......	318	......	4,107	14,292	29,462		
	Trait	......	3,799	......	″	11,371	15,170			
″	Selle	6,027	......	143	......	″	6,170	7,073		
	Trait	......	903	......	″	″	903			
TOTAUX		70,725	......	2,644	......	4,107	77,479	115,607		
		......	16,513	......	1,289	20,326	38,128			

F'.

Tableau des achats effectués par le serv[ice de la remo]nte pendant les années 1846 et 1847.

DÉPÔTS.	SUCCURSALES.	CHEVAUX DE CAVALERIE de réserve.		CHEVAUX DE CAVALERIE de ligne : Artillerie (selle). Génie (idem). Train (idem). Écoles.		CHEVAUX légère.		CHEVAUX de trait.		TOTAL par circonscription.
1846.										
Caen	Caen	599	810	654	975	277	516	59	152	2,453
	Saint-Lô	151		194		147		30		
	Alençon	48		43		14		13		
	Le Bec-Hellouin	10		8		17		28		
	Angers	2		76		61		22		
Guingamp	Guingamp	54	61	105	121	74	95	151	297	576
	Morlaix	7		16		21		146		
Villers	Villers	″	91	″	127	″	60	″	143	421
Saint-Maixent	Saint-Maixent	130	393	214	884	100	402	33	94	1,773
	Saint-Jean-d'Angély	85		264		110		12		
	Fontenay	130		226		71		30		
	Guéret	48		180		121		19		
Auch	Auch	1	1	33	144	99	656	3	25	826
	Tarbes	″		17		232		″		
	Castres	″		15		55		″		
	Aurillac	″		35		97		″		
	Agen	″		18		76		4		
	Mérignac	″		26		97		18		
Totaux			1,356		2,251		1,729		711	6,047
1847.										
Caen	Caen	477	652	908	1,348	296	613	98	221	2,834
	Saint-Lô	123		264		178		27		
	Alençon	41		64		37		28		
	LeBec-Hellouin	7		16		20		38		
	Angers	4		96		82		30		
Guingamp	Guingamp	35	49	74	99	78	108	67	171	427
	Morlaix	14		25		30		104		
Villers	Villers	71	77	190	205	118	125	150	162	569
	Sampigny	3		13		3		6		
	Hesdin	3		2		4		6		
Saint-Maixent	Saint-Maixent	74	286	143	489	80	385	34	147	1,307
	Saint-Jean-d'Angély	109		140		117		42		
	Fontenay	91		161		88		56		
	Guéret	12		45		100		15		
Auch	Auch	″	″	13	80	167	901	″	24	1,005
	Tarbes	″		9		427		″		
	Castres	″		8		89		″		
	Aurillac	″		20		78		″		
	Agen	″		6		58		″		
	Mérignac	″		24		82		24		
Totaux			1,064		2,221		2,132		725	6,142

OBSERVATIONS.

MOYENNE DES ACHATS FAITS EN 1846 ET 1847 DANS CHAQUE CIRCONSCRIPTION.

[DÉ]PÔTS.		CHEVAUX DE CAVALERIE de réserve.	Moyenne.	CHEVAUX DE CAVALERIE de ligne : Artillerie (selle). Génie (idem). Train (idem). Écoles.	Moyenne.	CHEVAUX légère.	Moyenne.	CHEVAUX de trait.	Moyenne.	TOTAL.	Moyenne.	PROPORTION pour 100 dans laquelle chaque circonscription fournit à la remonte totale de l'année.	PROPORTION moyenne dans laquelle chaque circonscription fournit à la remonte totale de l'année.
[Caen]	1846.	810	731	975	1,161	516	564	152	186	2,453	2,643	0, 41	0, 43
	1847.	652		1,348		613		221		2,834		0, 46	
[Guinga]mp	1846.	61	55	121	110	95	101	297	234	574	500	0, 09	0, 08
	1847.	49		99		108		171		427		0, 07	
[Villers]	1846.	91	84	127	166	60	92	143	152	421	495	0, 07	0, 08
	1847.	77		205		125		162		569		0, 09	
[Saint-]Maixent	1846.	393	338	884	686	402	393	94	120	1,773	1,540	0, 29	0, 25
	1847.	286		489		385		147		1,307		0, 21	
[Auch]	1846.	1	″	144	112	656	778	25	24	826	915	0, 14	0, 11
	1847.	″		80		901		24		1,005		0, 09	

G.

Tableau présentant par année les ressources réalisables [...]

[...]*riptions des établissements de remonte de 1841 à 1850.*

	DÉPÔTS.	CHEVAUX d'officiers.	CHEVAUX DE TROUPE de cavalerie de réserve.	CHEVAUX DE TROUPE de cavalerie de ligne et artill[ie] (selle).	CHEVAUX DE TROUPE de cavalerie légère.	CHEVAUX DE TROUPE total.	CHEVAUX de trait.	TOTAUX.	OBSERVATIONS.
1841.	Caen et succursales	296	810	680	630	2,120	615	3,031	
	Guingamp *idem*	24	"	55	150	205	500	729	
	Villers *idem*	25	"	100	50	150	375	550	
	Saint-Maixent *idem*	27	200	665	650	1,515	640	2,182	
	Auch *idem*	47	"	230	828	1,058	"	1,105	
	Totaux	419	1,010	1,730	2,308	5,048	2,130	7,597	
1842.	Caen et succursales	220	775	670	630	2,075	650	2,945	
	Guingamp *idem*	"	"	106	186	292	324	616	
	Villers *idem*	40	30	200	50	280	300	620	
	Saint-Maixent *idem*	12	100	495	523	1,118	592	1,722	
	Auch *idem*	48	"	350	938	1,288	"	1,336	
	Totaux	320	905	1,821	2,327	5,053	1,866	7,239	
1843.	Caen et succursales	275	627	590	537	1,754	100	2,129	
	Guingamp *idem*	16	22	95	170	287	165	468	
	Villers *idem*	25	20	100	120	240	120	385	
	Saint-Maixent *idem*	22	330	670	1,100	2,100	460	2,582	
	Auch *idem*	76	"	254	1,176	1,430	"	1,506	
	Totaux	414	999	1,709	3,103	5,811	845	7,070	
1844.	Caen et succursales	270	640	740	670	2,050	400	2,720	
	Guingamp *idem*	32	55	130	210	395	390	817	
	Villers *idem*	27	55	175	105	335	126	488	
	Saint-Maixent *idem*	70	270	545	1,110	1,925	425	2,420	
	Auch *idem*	61	12	185	1,070	1,267	"	1,328	
	Totaux	400	1,032	1,775	3,165	5,972	1,341	7,773	
1845.	Caen et succursales	314	776	715	625	2,116	150	2,580	
	Guingamp *idem*	32	40	105	205	350	390	772	
	Villers *idem*	26	50	136	200	386	260	672	
	Saint-Maixent *idem*	95	315	440	755	1,510	295	1,900	
	Auch *idem*	70	"	157	1,099	1,256	20	1,346	
	Totaux	537	1,181	1,553	2,884	5,618	1,115	7,270	

DÉPÔTS.	CHEVAUX d'officiers.	CHEVAUX DE TROUPE de cavalerie de réserve.	CHEVAUX DE TROUPE de cavalerie de ligne et artill[ie] (selle).	CHEVAUX DE TROUPE de cavalerie légère.	CHEVAUX DE TROUPE total.	CHEVAUX de trait.	TOTAUX.	OBSERVATIONS.
Caen et succursales	296	709	800	609	2,118	310	2,724	
Guingamp *idem*	42	55	105	200	360	530	932	
Villers *idem*	20	50	140	300	490	300	810	
Saint-Maixent *idem*	50	335	550	885	1,770	320	2,140	
Auch *idem*	74	6	172	1,070	1,248	25	1,347	
Totaux	482	1,155	1,767	3,064	5,980	1,485	7,953	
Caen et succursales	450	910	1,210	925	3,045	670	4,165	
Guingamp *idem*	38	50	125	190	365	510	913	
Villers *idem*	31	80	200	350	630	370	1,031	
Saint-Maixent *idem*	45	360	510	870	1,740	295	2,080	
Auch *idem*	86	"	172	1,140	1,312	36	1,434	
Totaux	650	1,400	2,217	3,475	7,092	1,881	9,623	
Caen et succursales	570	901	1,591	1,028	3,610	938	5,118	
Guingamp *idem*	29	50	130	110	290	250	569	
Villers *idem*	29	126	380	278	784	425	1,238	
Saint-Maixent *idem*	26	129	561	578	1,268	160	1,454	
Auch *idem*	75	10	122	1,146	1,278	47	1,400	
Totaux	729	1,306	2,784	3,140	7,230	1,820	9,779	
Caen et succursales	471	956	1,465	1,365	3,786	1,690	5,947	
Guingamp *idem*	35	100	240	290	630	800	1,465	
Villers *idem*	61	250	600	430	1,280	880	2,221	
Saint-Maixent *idem*	37	235	630	730	1,595	445	2,077	
Auch *idem*	83	12	170	1,345	1,527	62	1,672	
Totaux	687	1,553	3,105	4,160	8,818	3,877	13,382	
Caen et succursales	353	856	1,470	1,267	3,593	1,993	5,939	
Guingamp *idem*	20	60	225	275	560	1,100	1,680	
Villers *idem*	24	90	260	220	570	600	1,194	
Saint-Maixent *idem*	33	235	540	640	1,415	440	1,888	
Auch *idem*	83	18	201	1,498	1,717	53	1,853	
Totaux	513	1,250	2,696	3,900	7,855	4,186	12,554	

H. *TABLEAU des circonscriptions des dépôts d'étalons et haras avec les départements qui en dépendent, présentant la population chevaline, le nombre des étalons entretenus, approuvés, autorisés par l'État, et la race de chacun d'eux.*

ÉTABLISSEMENTS.	DÉPARTEMENTS COMPRIS DANS LA CIRCONSCRIPTION.	POPULATION CHEVALINE. Chevaux.	Juments.	Poulains.	Total.	NOMBRE DES ÉTALONS. Entretenus ou nationaux*. [Pur] sang.	Anglo-Arabes.	Demi-sang. Selle.	Demi-sang. Trait.	Trait amélioré ou au trot.	Gros trait ou au pas.	Total.	Approuvés ou primés. Pur sang.	Demi-sang.	Trait.	Total.	Autorisés ou reconnus bons mais non primés.	Total.	OBSERVATIONS.
ABBEVILLE	Nord (rive gauche de l'Escaut)	17,561	16,538	5,489	39,588	″	″	″	″	″	″	3	″	2	5	7	19	29	* Il n'a pas été possible d'avoir, pour chaque département, le détail des étalons nationaux qui y sont envoyés en station.
	Pas-de-Calais	20,543	45,976	13,754	80,273	″	″	″	″	″	″	16	″	″	12	12	9	37	
	Seine-Inférieure	29,262	49,219	8,713	87,194	″	″	″	″	″	″	9	″	″	5	5	5	19	
	Somme	27,586	37,453	9,979	75,018	″	″	″	″	″	″	11	″	2	11	13	13	37	
	TOTAUX	94,952	149,186	37,935	282,073	7	″	7	23	2	″	39	″	4	33	37	46	122	
ANGERS	Loire-Inférieure (1)	18,880	16,201	4,362	39,443	″	″	″	″	″	″	14	1	2	″	3	3	20	(1) La partie du département de la Loire-Inférieure située sur la rive gauche du fleuve a été, dans le courant de 1860, distraite de la circonscription d'Angers et réunie à celle de Napoléon-Vendée. Ce tableau et les cartes présentent la situation telle qu'elle était au moment de la réunion du Conseil.
	Maine-et-Loire	17,152	19,355	4,640	41,147	″	″	″	″	″	″	30	3	″	3	6	3	39	
	Mayenne	14,858	25,126	10,904	50,888	″	″	″	″	″	″	17	″	4	1	5	5	27	
	Sarthe	15,217	33,083	7,709	56,009	″	″	″	″	″	″	″	″	1	11	12	18	30	
	TOTAUX	66,107	93,765	27,615	187,487	16	1	21	22	″	″	61	4	7	15	26	29	116	
ARLES	Bouches-du-Rhône	16,094	7,729	999	24,822	″	″	″	″	″	″	8	″	″	″	″	″	8	
	Drôme	7,262	3,129	746	11,137	″	″	″	″	″	″	6	″	″	″	″	″	6	
	Gard	6,734	3,421	386	10,541	″	″	″	″	″	″	8	″	″	″	″	″	8	
	Hérault	4,557	2,871	292	7,720	″	″	″	″	″	″	5	″	″	″	″	″	5	
	Pyrénées-Orientales	3,633	3,863	983	8,479	″	″	″	″	″	″	4	″	1	″	1	1	6	
	Var	6,903	3,356	906	11,165	″	″	″	″	″	″	4	″	″	″	″	″	4	
	Vaucluse	3,806	2,805	488	7,099	″	″	″	″	″	″	6	″	″	″	″	″	6	
	TOTAUX	48,989	27,174	4,800	80,963	4	″	24	6	″	″	41	″	1	″	1	1	43	
AURILLAC	Cantal	2,049	8,161	1,322	11,532	″	″	″	″	″	″	18	″	″	″	″	″	18	
	Haute-Loire	2,329	6,619	1,583	10,531	″	″	″	″	″	″	11	″	″	″	″	″	11	
	Lot	3,811	2,095	415	6,921	″	″	″	″	″	″	7	″	″	″	″	″	7	
	Puy-de-Dôme	7,290	4,892	885	13,067	″	″	″	″	″	″	7	″	″	″	″	″	7	
	TOTAUX	15,479	22,367	4,205	42,051	5	6	10	13	″	″	43	″	″	″	″	″	43	
BLOIS	Cher	13,783	13,134	5,868	32,785	″	″	″	″	″	″	12	″	″	″	″	″	12	
	Indre	11,560	7,200	3,427	22,187	″	″	″	″	″	″	10	2	3	″	5	4	19	
	Indre-et-Loire	20,963	5,909	980	27,852	″	″	″	″	″	″	″	1	″	″	1	4	5	
	Loiret	16,869	9,512	3,030	29,411	″	″	″	″	″	″	″	1	″	″	1	″	1	
	Loir-et-Cher	21,897	5,728	1,513	29,138	″	″	″	″	″	″	6	″	″	10	10	7	23	
	TOTAUX	85,072	41,483	14,818	141,373	4	″	4	17	3	″	28	4	3	10	17	15	60	
BRAISNE	Aisne	38,750	32,966	11,099	82,815	″	″	″	″	″	″	9	1	20	9	30	30	69	
	Ardennes	24,338	21,899	10,686	56,923	″	″	″	″	″		7	″	29	2	31	27	65	
	Marne	32,584	17,770	5,213	55,567	″	″	″	″	″	″	13	″	2	″	2	2	17	
	Nord (rive droite de l'Escaut)	17,561	16,539	5,489	39,589	″	″	″	″	″	″	6	″	1	6	7	19	32	
	Oise	35,771	15,050	2,047	52,868	″	″	″	″	″	″	3	2	3	″	5	5	13	
	Seine-et-Marne	33,726	5,198	1,123	40,047	″	″	″	″	″	″	6	″	″	″	″	″	6	
	TOTAUX	182,730	100,422	35,657	327,809	8	1	″	34	1	″	44	3	55	17	75	83	202	

ÉTABLISSEMENTS.	DÉPARTEMENTS compris dans la circonscription.	POPULATION CHEVALINE.				NOMBRE DES ÉTALONS													OBSERVATIONS.
						ENTRETENUS OU NATIONAUX*.							APPROUVÉS OU PRIMÉS.				AUTORISÉS ou reconnus bons mais non primés.	TOTAL.	
						…sang …glais.	Anglo-Arabes.	Demi-sang.		Trait amélioré ou au trot.	Gros trait ou au pas.	TOTAL.	Pur sang.	Demi-sang.	Trait.	TOTAL.			
		CHEVAUX.	JUMENTS.	POULAINS.	TOTAL.			Selle.	Trait.										
CLUNY	Ain	6,837	7,252	2,688	16,777	″	″	″	″	″	″	″	″	9	4	13	″	13	* Il n'a pas été possible d'avoir, pour chaque département, le détail des étalons nationaux qui y sont envoyés en station.
	Allier	5,489	3,378	1,554	10,421	″	″	″	″	″	″	10	″	″	″	″	″	10	
	Ardèche	3,853	2,360	427	6,640	″	″	″	″	″	″	″	″	″	″	″	″	″	
	Isère	15,365	12,714	2,882	30,961	″	″	″	″	″	″	2	″	2	10	12	12	26	
	Loire	6,742	2,026	533	9,301	″	″	″	″	″	″	″	″	″	″	″	″	″	
	Nièvre	6,614	6,967	2,775	16,356	″	″	″	″	″	″	16	″	″	″	″	8	24	
	Rhône	7,846	1,467	252	9,565	″	″	″	″	″	″	″	″	″	″	″	″	″	
	Saône-et-Loire	8,649	10,165	3,903	22,717	″	″	″	″	″	″	14	″	″	″	″	″	14	
	Totaux	61,395	46,329	15,014	122,738	7	2	10	22	″	″	42	″	11	14	25	20	87	
JUSSEY	Doubs	7,783	8,197	3,583	19,563	″	″	″	″	″	″	12	″	″	10	10	30	52	
	Haute-Saône	11,968	8,060	3,382	23,416	″	″	″	″	″	″	9	″	″	19	19	20	48	
	Jura	9,461	6,779	2,766	19,006	″	″	″	″	″	″	5	″	1	1	2	1	8	
	Totaux	29,212	23,042	9,731	61,985	1	″	1	10	″	14	26	″	1	30	31	51	108	
LAMBALLE	Côtes-du-Nord	22,431	51,075	16,432	89,938	″	″	″	″	″	″	34	″	3	12	15	45	94	
	Ille-et-Vilaine	38,491	18,472	5,470	62,433	″	″	″	″	″	″	11	″	1	″	1	16	28	
	Totaux	60,922	69,547	21,902	152,371	3	″	11	22	9	″	45	″	4	12	16	61	122	
LANGONNET	Finistère	32,645	50,502	22,383	105,530	″	″	″	″	″	″	34	″	″	13	13	7	54	
	Morbihan	19,354	17,909	5,136	42,399	″	″	″	″	″	″	20	″	″	″	″	″	20	
	Totaux	51,999	68,411	27,519	147,929	7	3	15	17	10	″	54	″	″	13	13	7	74	
LIBOURNE	Dordogne	8,046	5,941	651	14,638	″	″	″	″	″	″	6	″	″	″	″	″	6	
	Gironde	15,408	7,643	2,226	25,277	″	″	″	″	″	″	25	1	″	″	1	3	29	
	Totaux	23,454	13,584	2,877	39,915	10	1	8	12	″	″	31	1	″	″	1	3	35	
MONTIER-EN-DER	Aube	17,055	15,528	3,856	36,439	″	″	″	″	″	″	12	″	″	5	5	2	19	
	Côte-d'Or	24,676	21,121	6,964	52,761	″	″	″	″	″	″	14	″	1	16	17	16	47	
	Haute-Marne	19,957	21,123	7,350	48,430	″	″	″	″	″	″	5	″	″	″	″	″	5	
	Yonne	15,670	10,248	2,245	28,163	″	″	″	″	″	″	2	1	″	″	1	7	10	
	Totaux	77,358	68,020	20,415	165,793	3	″	6	16	8	″	33	1	1	21	23	25	81	
NAPOLÉON-VENDÉE	Charente-Inférieure (rive droite.)	5,318	8,604	1,761	15,683	″	″	″	″	″	″	21	″	1	″	1	″	22	
	Vendée	4,551	18,997	5,713	29,261	″	″	″	″	″	″	42	″	″	″	″	20	62	
	Totaux	9,869	27,601	7,474	44,944	4	2	12	42	2	″	63	″	1	″	1	20	84	
PARIS	Seine	21,240	15,003	28	36,271	3	″	″	″	″	″	3	″	″	″	″	″	3	
	Seine-et-Oise	46,246	5,402	286	51,934	″	″	″	″	″	″	″	2	″	″	2	2	4	
	Totaux	67,486	20,405	314	88,205	3	″	″	″	″	″	3	2	″	″	2	2	7	
PAU	Basses-Pyrénées	7,489	14,775	3,040	25,304	″	″	″	″	″	″	47	″	2	″	2	11	60	
	Landes	10,113	9,598	3,324	23,035	″	″	″	″	″	″	14	″	″	″	″	″	14	
	Totaux	17,602	24,373	6,364	48,339	19	9	19	2	″	″	61	″	2	″	2	11	74	

ÉTABLISSEMENTS.	DÉPARTEMENTS compris dans la circonscription.	POPULATION CHEVALINE. CHEVAUX.	JUMENTS.	POULAINS.	TOTAL.	NOMBRE DES ÉTALONS — ENTRETENUS OU NATIONAUX*. Pur sang anglais.	Anglo-Arabes.	Demi-sang. Selle.	Demi-sang. Trait.	Trait amélioré ou au trot.	Gros trait ou au pas.	TOTAL.	APPROUVÉS OU PRIMÉS. Pur sang.	Demi-sang.	Trait.	TOTAL.	AUTORISÉS ou reconnus bons mais non primés.	TOTAL.	OBSERVATIONS.
Pin (Le)	Calvados (rive droite de l'Orne)	9,207	16,881	3,997	30,085	″	″	″	″	″	″	37	1	14	″	15	14	66	* Il n'a pas été possible d'avoir, pour chaque département, le détail des étalons nationaux qui y sont envoyés en station.
	Eure	36,369	11,202	3,580	51,151	″	″	″	″	″	″	7	1	″	3	4	″	11	
	Eure-et-Loir	28,286	6,040	1,866	36,792	″	″	″	″	″	″	2	″	″	2	2	2	6	
	Orne	17,185	27,637	7,603	52,425	″	″	″	″	″	″	54	2	6	10	18	73	145	
	Totaux	91,047	62,360	17,046	170,453	10	2	29	52	7	″	100	4	20	15	39	89	228	
Pompadour	Corrèze	5,838	2,664	528	9,030	″	″	″	″	″	″	10	″	″	″	″	″	10	
	Creuse	2,387	2,745	1,046	6,178	″	″	″	″	″	″	21	″	1	″	1	″	22	
	Haute-Vienne	3,593	4,502	710	8,805	″	″	″	″	″	″	17	″	″	″	″	″	17	
	Totaux	11,818	9,911	2,284	24,013	10	11	7	5	″	″	48	″	1	″	1	″	49	
Rodez	Aveyron	2,764	5,995	1,005	9,764	″	″	″	″	″	″	14	″	″	″	″	″	14	
	Lozère	2,186	3,623	1,200	7,009	″	″	″	″	″	″	4	″	″	″	″	″	4	
	Tarn	2,677	6,327	1,044	10,048	″	″	″	″	″	″	12	″	″	″	″	″	12	
	Totaux	7,627	15,945	3,249	26,821	1	3	14	5	″	″	30	″	″	″	″	″	30	
Rosières	Meurthe	37,837	22,090	12,128	72,055	″	″	″	″	″	″	31	″	1	2	3	10	44	
	Meuse	31,948	21,150	10,328	63,432	″	″	″	″	″	″	13	″	″	26	26	34	73	
	Moselle	33,415	19,587	10,731	63,733	″	″	″	″	″	″	9	″	1	″	1	4	14	
	Vosges	20,516	15,321	6,946	42,783	″	″	″	″	″	″	15	″	″	″	″	7	22	
	Totaux	123,716	78,154	40,133	242,003	3	3	30	30	″	″	68	″	2	28	30	55	153	
Saintes	Charente-Inférieure (rive gauche)	5,319	8,605	1,761	15,685	″	″	″	″	″	″	21	″	″	″	″	″	21	
	Charente	8,051	10,438	1,272	19,761	″	″	″	″	″	″	20	″	″	″	″	1	21	
	Totaux	13,370	19,043	3,033	35,446	2	1	8	28	1	″	41	″	″	″	″	1	42	
Saint-Lô	Manche	22,828	56,380	12,603	91,811	″	″	″	″	″	″	60	1	16	8	25	22	107	
	Calvados (rive gauche de l'Orne)	9,208	16,882	3,997	30,087	″	″	″	″	″	″	20	1	13	″	14	13	47	
	Totaux	32,036	73,262	16,600	121,898	5	3	12	60	″	″	80	2	29	8	39	35	154	
Saint-Maixent	Deux-Sèvres	5,904	23,133	4,164	33,201	″	″	″	″	″	″	10	″	1	8	9	7	26	
	Vienne	7,463	18,401	2,040	27,904	″	″	″	″	″	″	18	″	1	3	4	″	22	
	Totaux	13,367	41,534	6,204	61,105	4	1	4	16	2	″	28	″	2	11	13	7	48	Dans les 28 étalons entretenus ne sont pas compris 6 étalons mulassiers.
Strasbourg	Bas-Rhin	26,123	17,472	6,106	49,701	″	″	″	″	″	″	51	″	″	″	″	″	51	
	Haut-Rhin	13,918	7,391	3,290	24,599	″	″	″	″	″	″	2	″	″	″	″	″	2	
	Totaux	40,041	24,863	9,396	74,300	1	1	11	40	″	″	53	″	″	″	″	″	53	
Tarbes	Ariége	2,983	5,694	1,662	10,339	″	″	″	″	″	″	17	″	2	″	2	3	22	
	Aude	8,878	9,451	1,514	19,843	″	″	″	″	″	″	7	2	4	″	6	7	20	
	Gers	5,495	10,425	2,853	18,773	″	″	″	″	″	″	23	″	2	″	2	3	28	
	Haute-Garonne	4,783	9,480	1,882	16,145	″	″	″	″	″	″	17	1	1	″	2	2	21	
	Hautes-Pyrénées	3,580	8,855	1,942	14,377	″	″	″	″	″	″	32	″	5	″	5	15	52	
	Totaux	25,719	43,905	9,853	79,477	24	8	45	9	″	″	96	3	14	″	17	30	143	
Villeneuve-sur-Lot	Lot-et-Garonne	7,337	5,323	1,127	13,787	″	″	″	″	″	″	8	″	1	″	1	1	10	
	Tarn-et-Garonne	2,915	4,685	914	8,514	″	″	″	″	″	″	12	″	2	2	4	4	20	
	Totaux	10,252	10,008	2,041	22,301	9	2	1	3	″	″	20	″	3	2	5	5	30	

RÉCAPITULATION.

ÉTALONS entretenus ou nationaux.	approuvés ou primés.	autorisés.	TOTAL.
1,178	414	596	2,188

I.

Tableau présentant, pour chaque circonscription, la proportion dans laquelle les étalons de l'Administration des haras interviennent dans les naissances.

ÉTABLISSEMENTS.	DÉPARTEMENTS compris DANS LA CIRCONSCRIPTION.	POPULATION chevaline.	NAISSANCES ANNUELLES.	NOMBRE des POULINIÈRES correspondant à ces naissances.	MINIMUM des ÉTALONS nécessaires pour les féconder.	NOMBRE des ÉTALONS entretenus, approuvés et autorisés par l'État.	MINIMUM des étalons libres.	PROPORTION DANS LAQUELLE interviennent dans la production générale les étalons entretenus, approuvés et autorisés par l'État — pour chaque département.	PROPORTION … — pour chaque circonscription.	OBSERVATIONS.
Abbeville	Nord (rive g. de l'Escaut)	39,588	5,489	9,148	203	29	174	0,14	0,08	
	Pas-de-Calais	80,273	13,754	22,923	509	37	472	0,07		
	Seine-Inférieure	87,194	8,713	14,522	323	19	304	0,08		
	Somme	75,018	9,979	16,632	370	37	333	0,10		
	Totaux	282,073	37,935	63,225	1,405	122	1,283			
Angers	Loire-Inférieure	39,443	4,362	7,270	161	20	141	0,12	0,11	
	Maine-et-Loire	41,147	4,640	7,734	172	39	133	0,23		
	Mayenne	50,888	10,904	18,173	404	27	377	0,07		
	Sarthe	56,009	7,709	12,848	286	30	256	0,10		
	Totaux	187,487	27,615	46,025	1,023	116	907			
Arles	Bouches-du-Rhône	24,822	999	1,665	37	8	29	0,22	0,24	
	Drôme	11,137	746	1,243	28	6	22	0,21		
	Gard	10,541	386	643	14	8	6	0,57		
	Hérault	7,720	292	487	11	5	6	0,45		
	Pyrénées-Orientales	8,479	983	1,638	36	6	30	0,16		
	Var	11,165	906	1,510	34	4	30	0,12		
	Vaucluse	7,099	488	814	18	6	12	0,33		
	Totaux	80,963	4,800	8,000	178	43	135			
Aurillac	Cantal	11,532	1,322	2,203	49	18	31	0,37	0,28	
	Haute-Loire	10,531	1,583	2,638	59	11	48	0,19		
	Lot	6,921	415	692	16	7	9	0,47		
	Puy-de-Dôme	13,067	885	1,475	33	7	26	0,21		
	Totaux	42,051	4,205	7,008	157	43	114			
Blois	Cher	32,785	5,868	9,780	218	12	206	0,06	0,11	
	Indre	22,187	3,427	5,712	127	19	108	0,15		
	Indre-et-Loire	27,852	980	1,633	36	5	31	0,14		
	Loiret	29,138	1,513	2,522	56	1	55	0,02		
	Loir-et-Cher	29,411	3,030	5,050	112	23	89	0,21		
	Totaux	141,373	14,818	24,697	549	60	489			
Braisne	Aisne	82,815	11,099	18,499	411	69	342	0,14	0,15	
	Ardennes	56,923	10,686	17,810	396	65	331	0,17		
	Marne	55,567	5,213	8,688	193	17	176	0,09		
	Nord (r. dr. de l'Escaut)	39,589	5,489	9,148	203	32	171	0,16		
	Oise	52,868	2,047	3,412	76	13	63	0,17		
	Seine-et-Marne	40,047	1,123	1,872	41	6	35	0,15		
	Totaux	327,809	35,657	59,429	1,320	202	1,118			

ÉTABLISSEMENTS.	DÉPARTEMENTS compris DANS LA CIRCONSCRIPTION.	POPULATION chevaline.	NAISSANCES ANNUELLES.	NOMBRE des POULINIÈRES correspondant à ces naissances.	MINIMUM des ÉTALONS nécessaires pour les féconder.	NOMBRE des ÉTALONS entretenus, approuvés et autorisés par l'État.	MINIMUM des étalons libres.	PROPORTION DANS LAQUELLE interviennent dans la production générale les étalons entretenus, approuvés et autorisés par l'État — pour chaque département.	pour chaque circonscription.	OBSERVATIONS.
CLUNY	Ain	16,777	2,688	4,480	100	13	87	0,13	0,16	
	Allier	10,421	1,554	2,590	58	10	48	0,18		
	Ardèche	6,640	427	712	16	"	16	"		
	Isère	30,961	2,882	4,803	106	26	80	0,25		
	Loire	9,301	533	888	20	"	20	"		
	Nièvre	16,356	2,775	4,625	103	24	79	0,25		
	Rhône	9,565	252	420	9	"	9	"		
	Saône-et-Loire	22,717	3,903	6,505	144	14	130	0,10		
	TOTAUX	122,738	15,014	25,023	556	87	469			
JUSSEY	Doubs	19,563	3,583	5,972	133	52	81	0,39	0,30	
	Haute-Saône	23,416	3,382	5,636	125	48	77	0,38		
	Jura	19,006	2,766	4,610	102	8	94	0,08		
	TOTAUX	61,985	9,731	16,218	360	108	252			
LAMBALLE	Côtes-du-Nord	89,938	16,432	27,386	608	94	514	0,15	0,15	
	Ille-et-Vilaine	62,433	5,470	9,117	203	28	175	0,14		
	TOTAUX	152,371	21,902	36,503	811	122	689			
LANGONNET	Finistère	105,530	22,383	37,305	829	54	775	0,07	0,07	
	Morbihan	42,399	5,136	8,560	190	20	170	0,11		
	TOTAUX	147,929	27,519	45,865	1,019	74	945			
LIBOURNE	Dordogne	14,638	651	1,085	24	6	18	0,25	0,33	
	Gironde	25,277	2,226	3,710	82	29	53	0,35		
	TOTAUX	39,915	2,877	4,795	106	35	71			
MONTIER-EN-DER	Aube	36,430	5,856	6,427	143	19	124	0,13	0,11	
	Côte-d'Or	52,761	6,964	11,607	258	47	211	0,18		
	Haute-Marne	48,430	7,350	12,250	272	5	267	0,02		
	Yonne	28,163	2,245	3,741	83	10	73	0,12		
	TOTAUX	165,703	20,415	34,025	756	81	675			
NAPOLÉON-VENDÉE	Charente-Inférre (r. dr.)	15,683	1,761	2,935	65	22	43	0,34	0,30	
	Vendée	29,261	5,713	9,522	212	62	150	0,29		
	TOTAUX	44,944	7,474	12,457	277	84	193			
PARIS	Seine	36,271	28	46	1	3	"	"	0,33	
	Seine-et-Oise	51,934	286	477	12	4	8	0,33		
	TOTAUX	88,205	314	523	13	7	8			
PAU	Basses-Pyrénées	25,304	3,040	5,067	113	60	53	0,54	0,31	
	Landes	23,035	3,324	5,540	123	14	109	0,11		
	TOTAUX	48,339	6,364	10,607	236	74	162			

ÉTABLISSEMENTS.	DÉPARTEMENTS compris DANS LA CIRCONSCRIPTION.	POPULATION chevaline.	NAISSANCES ANNUELLES.	NOMBRE des POULINIÈRES correspondant à ces naissances.	MINIMUM des ÉTALONS nécessaires pour les féconder.	NOMBRE des ÉTALONS entretenus, approuvés et autorisés par l'État.	MINIMUM des étalons libres.	PROPORTION DANS LAQUELLE interviennent dans la production générale les étalons entretenus, approuvés et autorisés par l'État pour chaque département.	PROPORTION … pour chaque circonscription.	OBSERVATIONS.
Pin (Le)……	Calvados (r. dr. de l'Orne)	30,085	3,997	6,662	148	66	82	0 ,45	0 ,36	
	Eure………………	51,151	3,580	5,967	132	11	121	0 ,08		
	Eure-et-Loir………	36,792	1,866	3,110	69	6	63	0 ,09		
	Orne……………	52,425	7,603	12,671	282	145	137	0 ,51		
	Totaux……	170,453	17,046	28,410	631	228	403			
Pompadour….	Corrèze……………	9,030	528	880	20	10	10	0 ,50	0 ,58	
	Creuse……………	6,178	1,046	1,744	39	22	17	0 ,56		
	Haute-Vienne………	8,805	710	1,183	26	17	9	0 ,65		
	Totaux……	24,013	2,284	3,807	85	49	36			
Rodez………	Aveyron……………	9,764	1,005	1,675	37	14	23	0 ,38	0 ,25	
	Lozère……………	7,009	1,200	2,000	44	4	40	0 ,09		
	Tarn……………	10,048	1,044	1,740	39	12	27	0 ,30		
	Totaux……	26,821	3,249	5,415	120	30	90			
Rosières……	Meurthe…………	72,055	12,128	20,213	449	44	405	0 ,09	0 ,10	
	Meuse……………	63,432	10,328	17,214	383	73	310	0 ,19		
	Moselle…………	63,733	10,731	17,885	397	14	383	0 ,04		
	Vosges…………	42,783	6,046	11,577	257	22	235	0 ,09		
	Totaux……	242,003	40,133	66,880	1,486	153	1,333			
Saintes……	Charente-Infér. (rive g.)	15,685	1,761	2,935	65	21	44	0 ,32	0 ,37	
	Charente…………	19,761	1,272	2,120	47	21	26	0 ,45		
	Totaux……	35,446	3,033	5,055	112	42	70			
Saint-Lô……	Manche…………	91,811	12,603	21,005	467	107	360	0 ,23	0 ,25	
	Calvados (r. g. de l'Orne)	30,087	3,993	6,661	148	47	101	0 ,32		
	Totaux……	121,898	17,600	27,666	615	154	461			
Saint-Maixent. .	Deux-Sèvres………	13,206	4,164	6,940	154	26	128	0 ,17	0 ,21	
	Vienne…………	27,904	2,040	3,400	75	22	53	0 ,29		
	Totaux……	61,105	6,204	10,340	229	48	181			
Strasbourg….	Bas-Rhin…………	49,701	6,106	10,176	226	51	175	0 ,23	0 ,15	
	Haut-Rhin…………	24,599	3,290	5,484	122	2	120	0 ,02		
	Totaux……	74,300	9,396	15,660	348	53	295			
Tarbes………	Ariége…………	10,339	1,662	2,770	61	22	39	0 ,33	0 ,39	
	Aude……………	19,843	1,514	2,523	56	20	36	0 ,36		
	Gers……………	18,773	2,853	4,755	106	28	78	0 ,26		
	Haute-Garonne……	16,145	1,882	3,137	70	21	49	0 ,30		
	Hautes-Pyrénées……	14,377	1,942	3,236	72	52	20	0 ,72		
	Totaux……	79,477	9,853	16,421	365	143	222			
Villeneuve-sur-Lot…….	Lot-et-Garonne……	13,787	1,127	1,879	41	10	31	0 ,24	0 ,40	
	Tarn-et-Garonne……	8,514	914	1,523	34	20	14	0 ,59		
	Totaux……	22,301	2,041	3,402	75	30	45			

RÉCAPITULATION.

ÉTABLISSEMENTS.	POPULATION CHEVALINE.	NAISSANCES ANNUELLES.	NOMBRE DES POULINIÈRES correspondant à ces naissances.	MINIMUM DES ÉTALONS nécessaires pour les féconder.	NOMBRE DES ÉTALONS entretenus, approuvés et autorisés par l'État.	NOMBRE DES ÉTALONS libres.	PROPORTION DANS LAQUELLE INTERVIENNENT dans la production générale les étalons entretenus, approuvés et autorisés par l'État — pour chaque circonscription.	PROPORTION … — pour l'ensemble des circonscriptions.
Abbeville	282,073	37,935	63,225	1,405	122	1,283	0,08	
Angers	187,487	27,615	46,025	1,023	116	907	0,11	
Arles	80,963	4,800	8,000	178	43	135	0,24	
Aurillac	42,051	4,205	7,008	157	43	114	0,28	
Blois	141,373	14,818	24,697	549	60	489	0,11	
Braisne	327,809	35,657	59,429	1,320	202	1,118	0,15	
Cluny	122,738	15,014	25,023	556	87	469	0,16	
Jussey	61,985	9,731	16,218	360	108	252	0,30	
Lamballe	152,371	21,902	36,503	811	122	689	0,15	
Langonnet	147,929	27,519	45,865	1,019	74	945	0,07	
Libourne	30,915	2,877	4,795	106	35	71	0,33	
Montier-en-Der	165,793	20,415	34,025	756	81	675	0,11	
Napoléon-Vendée	44,944	7,474	12,457	277	84	193	0,30	0,17
Paris	88,205	314	523	13	4	9	0,33	
Pau	48,339	6,364	10,607	236	74	162	0,31	
Pin (Le)	170,453	17,046	28,410	631	228	403	0,36	
Pompadour	24,013	2,284	3,807	85	49	36	0,58	
Rodez	26,821	3,249	5,415	120	30	90	0,25	
Rosières	242,003	40,133	66,889	1,486	153	1,333	0,10	
Saintes	35,446	3,033	5,055	112	42	70	0,37	
Saint-Lô	121,898	16,600	27,666	615	154	461	0,25	
Saint-Maixent	61,105	6,204	10,340	229	48	181	0,21	
Strasbourg	74,300	9,396	15,660	348	53	295	0,15	
Tarbes	79,477	9,853	16,421	365	143	222	0,39	
Villeneuve-sur-Lot	22,301	2,041	3,402	75	30	45	0,40	
TOTAUX	2,791,792	346,479	577,465	12,832	2,185	10,647	"	
Départements qui ne sont pas compris dans les circonscriptions des haras. — Alpes (Basses-)	5,586	741						
Alpes (Hautes-)	4,289	599						
Corse	16,829	4,816						
POUR LA FRANCE ENTIÈRE	2,818,496	352,635						

N° 1.

CARTE

PRÉSENTANT LES ARRONDISSEMENTS

DES DÉPÔTS DE REMONTE

TELS QU'ILS EXISTAIENT

AVANT LE 1er JANVIER 1851.

LÉGENDE.

DÉPÔTS DE REMONTE.

Succursales

Circonscriptions du dépôt de Caen.

——— de Guingamp.

——— de St Maixent.

——— d'Auch.

——— de Villers.

Départements ne dépendant d'aucun dépôt.

Limites des circonscriptions des dépôts.

——— des succursales.

Lith. de l'Imprimerie nationale.

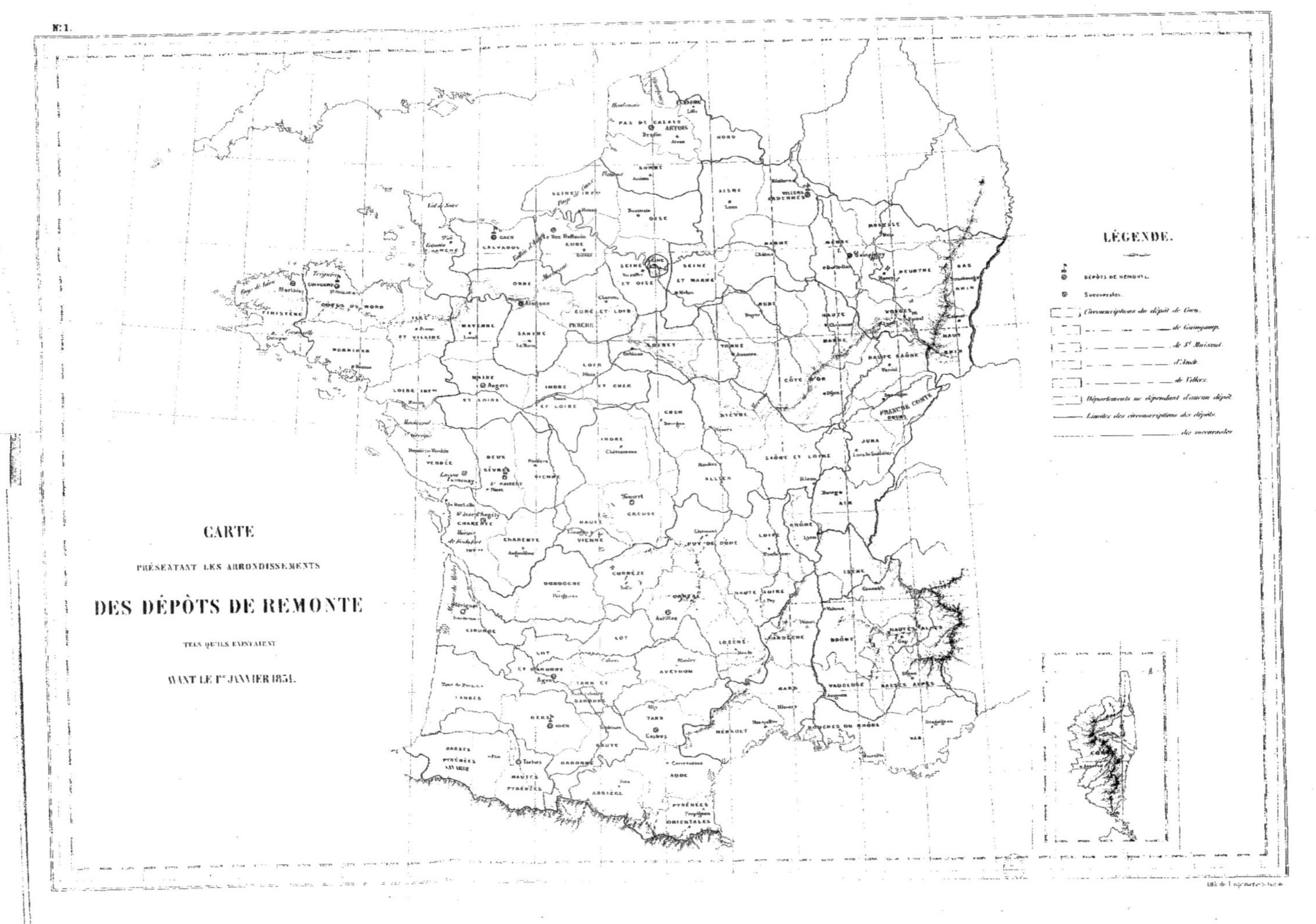
N° 1.
CARTE
PRÉSENTANT LES ARRONDISSEMENTS
DES DÉPÔTS DE REMONTE
TELS QU'ILS EXISTAIENT
AVANT LE 1er JANVIER 1834.
LÉGENDE.
DÉPÔTS DE REMONTE.
Succursales.
Circonscriptions du dépôt de Caen.
de Guingamp.
de St Maixent.
d'Auch.
de Villers.
Départements ne dépendant d'aucun dépôt.
Limites des circonscriptions des dépôts.
des succursales

N° 2.

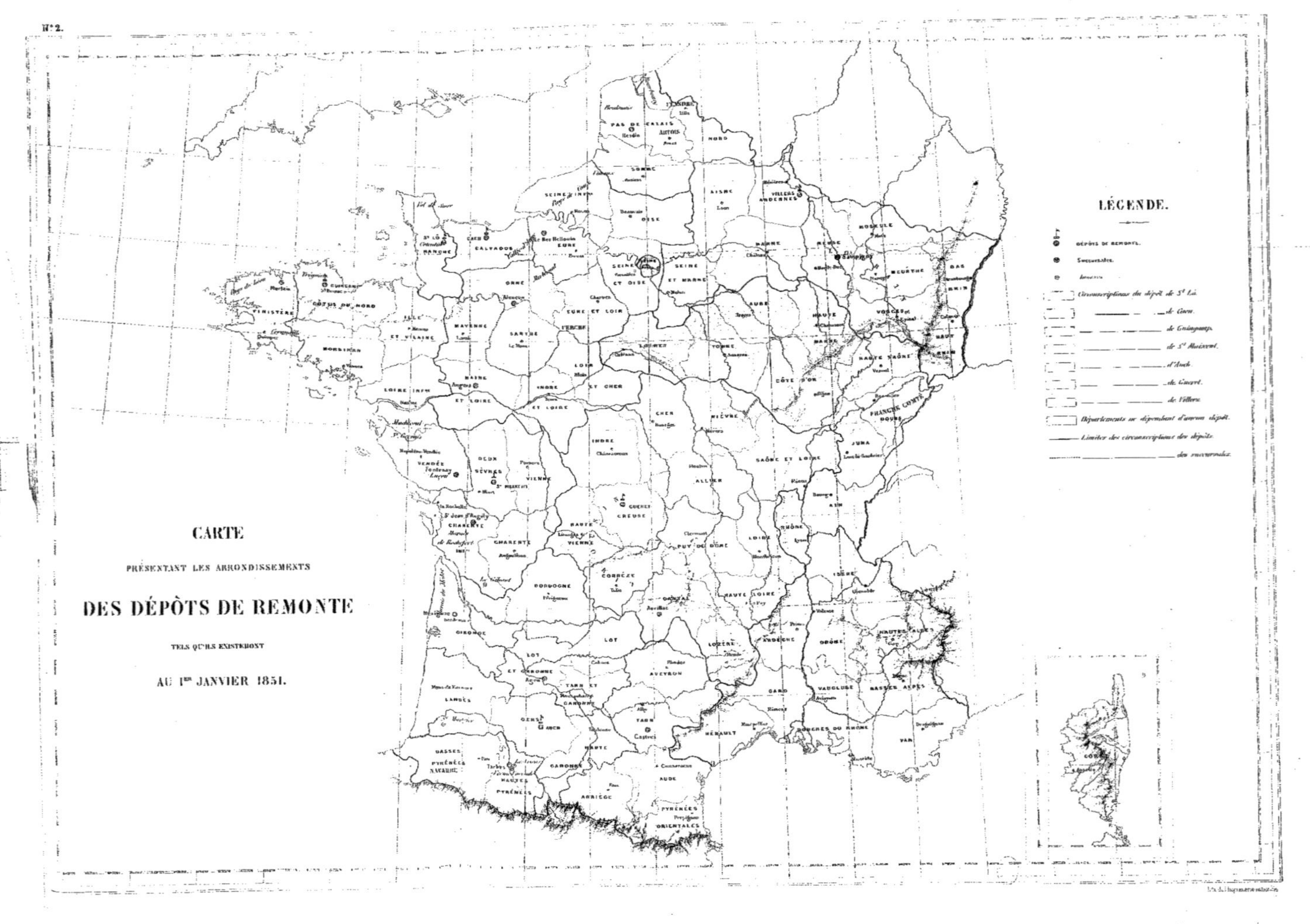

N° 3.

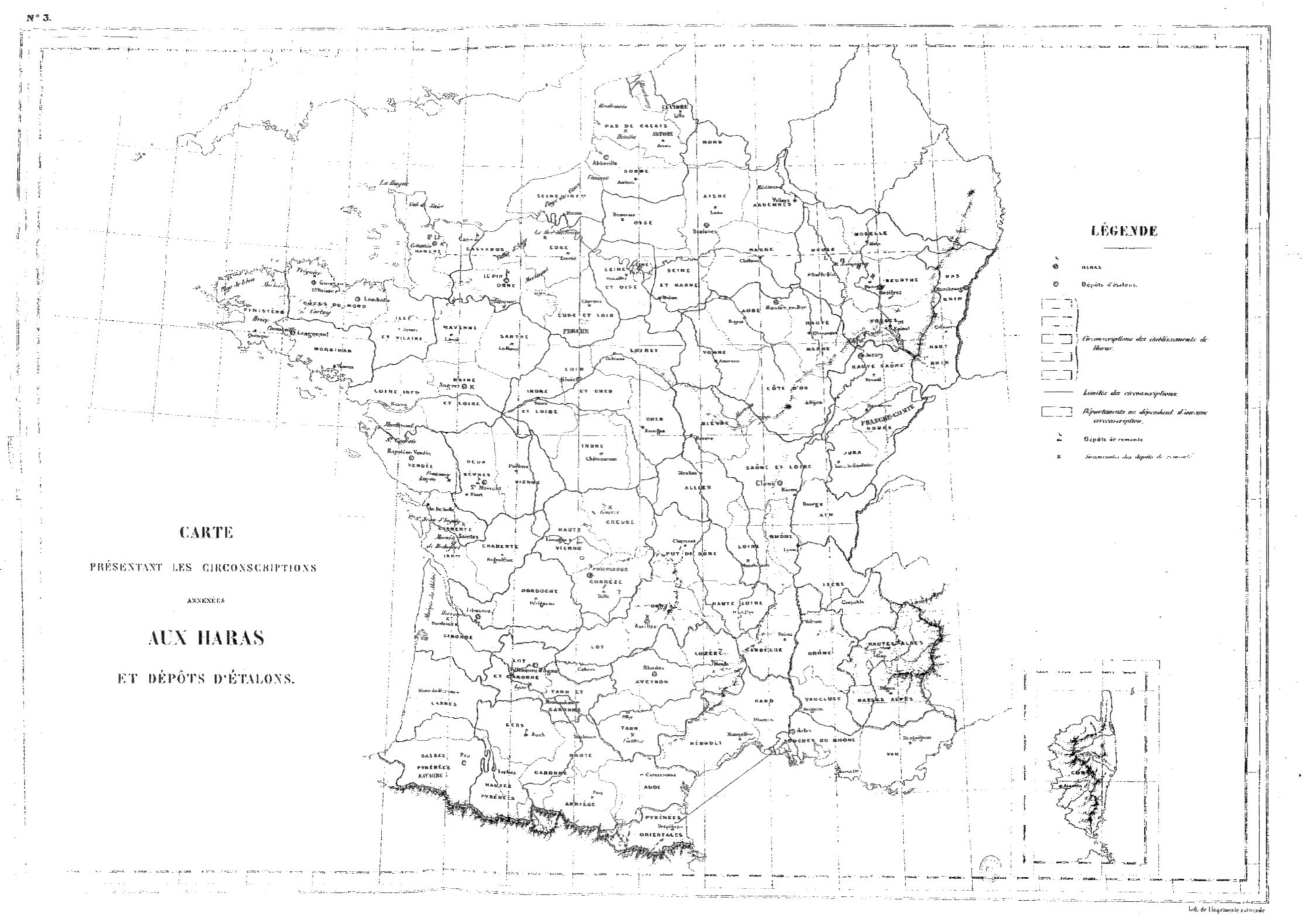

Lith. de l'Imprimerie nationale

ANNEXE A.

RÉSUMÉS DES RAPPORTS DES COMMISSIONS DE CIRCONSCRIPTION.

CIRCONSCRIPTION D'ABBEVILLE.

La Commission était composée de la manière suivante :

DÉPARTEMETNS.	NOMBRE de membres.	NOMS DES MEMBRES.	PRÉSIDENT.	SECRÉTAIRE.
Nord (rive gauche de l'Escaut).	1	Mounier (ancien maître de poste).....	D'Herlincourt.	De Guerne.
Pas-de-Calais..........	3	Léon d'Herlincourt (membre du conseil général) ; De Guerne (*idem*) ; de Fouler (ancien officier de cavalerie)....		
Seine-Inférieure........	2	Sautelet ; Baudouin................		
Somme..............	3	De Morgan ; Ledrien ; Canu..........		

Voici les documents que fournit la statistique générale sur cette circonscription :

DÉPARTEMENTS.	POPULATION CHEVALINE.				OBSERVATIONS.
	Chevaux.	Juments.	Poulains.	TOTAL.	
Nord (rive gauche de l'Escaut).	17,561	16,538	5,489	39,588	Faute de renseignements précis, on a pris la moitié de la population chevaline du département du Nord.
Pas-de-Calais..........	20,543	45,976	13,754	80,273	
Seine-Inférieure........	29,262	49,219	8,713	87,194	
Somme..............	27,586	37,453	9,979	75,018	
TOTAUX.......	94,952	149,186	37,935	282,073	

L'importance relative de l'intervention de l'État dans la production ressort du bleau suivant, que nous extrayons de ceux qui sont à la suite de ce rapport :

DÉPARTEMENTS.	NOMBRE DES POULINIÈRES correspondant aux naissances.	MINIMUM DES ÉTALONS nécessaires pour les féconder.	CATÉGORIES auxquelles appartiennent ces étalons.						PROPORTION dans laquelle interviennent dans la production générale les étalons entretenus, approuvés et autorisés par l'État		RAPPORT du chiffre des naissances à celui de l'espèce.
			Entretenus ou nationaux.	Approuvés ou subventionnés.	Autorisés.	TOTAL.	Libres.	TOTAL GÉNÉRAL.	pour chaque département.	pour la circonscription.	
Nord (rive gauche de l'Escaut).	9,148	203	3	7	19	29	174	203	0,14	0,08	0,12
Pas-de-Calais..........	22,923	509	16	12	9	37	472	509	1,17		
Seine-Inférieure........	14,522	323	9	5	5	19	304	323	0,08		
Somme..............	16,632	370	11	13	13	37	333	370	0,10		
TOTAUX.......	63,225	1,405	39	37	46	122	1,283	1,405			

Trois questions ont été posées par l'Administration aux membres de la Commission de la circonscription du dépôt d'Abbeville.

1re QUESTION. — L'établissement des chemins de fer en France a-t-il apport quelque trouble dans la production et le commerce du cheval de trait?

RÉPONSE. — « La modification apportée dans la production et le commerce d cheval de trait ne date pas de l'établissement des chemins de fer, mais de l'amélioration progressive de nos voies de communication, qui permet d'exiger plus de vitesse dans les chevaux. »

Il résulte de cette réponse que la commission d'Abbeville reconnaît qu'il y a nécessité à allégir le cheval de trait et à lui donner, tout en conservant sa force, plus de légèreté dans les allures (1).

2e QUESTION. — Quels sont les débouchés ordinaires de l'industrie chevaline dans l'arrondissement du dépôt d'Abbeville? Celui de l'armée offre-t-il un intérêt suffisant à produire le cheval de cavalerie?

RÉPONSE. — « La Normandie, le Perche, la Beauce et les environs de Paris.

« La remonte de l'armée offrira un débouché important, à la condition de proscrire les achats à l'étranger, de ne pas interrompre les opérations de la remonte, et de laisser autant que possible les mêmes officiers en relations avec les mêmes contrées. La gendarmerie, au lieu de se remonter à l'étranger par l'intermédiaire

---

(1) L'Administration des haras avait prévu cette nécessité; car, depuis quelques années déjà, elle introduisait dans le dépôt d'Abbeville des étalons de demi-sang aussi forts que possible.

Nous pensons qu'à côté de la réponse faite par la commission doivent être placées deux pétitions adressées à M. le Ministre de l'agriculture et du commerce, l'une, en date du 6 décembre 1847, et l'autre, en date du 24 janvier 1848, réclamant, toutes deux, l'introduction au dépôt d'Abbeville d'un certain nombre d'étalons de trait supérieurs. Il est un fait que nous devons signaler dans ces deux pétitions, c'est que, depuis que l'Administration des haras n'entretient plus dans l'établissement d'Abbeville des étalons de trait de premier mérite, les étalonniers, privés du stimulant que leur faisaient les bons chevaux de l'Administration, choisissent moins bien leurs étalons, et bientôt on a vu s'effacer l'heureuse influence de l'Administration.

Pénétrée de toute l'opportunité de ces réclamations, l'Administration s'est préoccupée des moyens d'y faire droit; mais elle s'est trouvée arrêtée par la difficulté de se procurer des chevaux de trait qui puissent s'allier convenablement avec la jument boulonnaise; elle a cependant envoyé au dépôt d'Abbeville un étalon qui remplissait les conditions voulues : c'est *Benvenuto*, fils d'*Eastham* (cheval de pur sang) et d'une jument percheronne améliorée.

d'un fournisseur, devrait être, au contraire, un débouché pour la production chevaline.

« La commission émet le vœu de ne plus voir faire de remonte par marchés généraux. »

3e QUESTION. — Y a-t-il quelques modifications de formes à poursuivre par la voie des croisements dans les grosses races qui peuplent les départements du Nord, de la Somme, du Pas-de-Calais et de la Seine-Inférieure?

RÉPONSE. — « Oui. C'est pourquoi la commission demande que l'on entretienne au dépôt d'Abbeville quelques types remarquables des plus belles races *de trait de trot*, afin de produire par leur moyen des reproducteurs, dont les étalonniers sentent la pénurie. Cette mesure viendrait aider aux sacrifices considérables que quelques départements, tels que le Pas-de-Calais, font chaque année pour l'amélioration de la race de trait.

« La commission n'admet le pur sang comme croisement qu'à de rares exceptions et seulement avec des étalons d'un excellent choix. Belmont, par exemple, a partout amélioré avec la race de trait.

« La commission appuie, pour la généralité des croisements, le vœu de la commission de Valenciennes, qui demande pour sa station un bon demi-sang du modèle des chevaux de chasse anglais (1). »

---

(2) Ici l'Administration s'effraie d'une tendance trop prononcée à modifier la race boulonnaise, qu'elle voudrait, ainsi que votre commission, conserver dans toute sa pureté; aussi a-t-elle fait tout ce qui était en son pouvoir pour provoquer l'introduction de bons étalons de gros trait : elle a proposé l'augmentation des primes accordées; elle a élevé le prix des saillies faites par ses étalons; partout elle a évité de faire concurrence à l'industrie privée; cependant, malgré tous ses efforts, les étalons nationaux du dépôt d'Abbeville, qui sont de pur sang ou de demi-sang, sont recherchés par les éleveurs, et le nombre des saillies augmente chaque année.

Dans le but de satisfaire aux besoins de l'époque, sans cependant modifier par trop la race boulonnaise, l'Administration a engagé le département du Pas-de-Calais à primer surtout les étalons de gros trait plus légers qui auraient été soumis à une petite épreuve; depuis deux ans, les étalons doivent parcourir au trot l'espace d'un kilomètre. On se félicite de l'adoption de ce système. Peut-être que, quand le cheval de gros trait sera plus léger, les éleveurs, mieux éclairés, penseront, avec l'Administration, qu'ils ne doivent pas dépasser le but.

Pour utiliser autant que possible les forces productrices de la circonscription d'Abbeville, il faudrait que les juments issues d'étalons de gros trait fussent livrées aux étalons de demi-sang, pour donner naissance au cheval de service, à la condition expresse que ce métis n'aurait jamais d'autre destination, et qu'il resterait à l'état de mulet : plusieurs produits de cette nature ont été achetés par le dépôt d'Hesdin et ont été fort appréciés comme chevaux d'armes.

N° 2.

CIRCONSCRIPTION DE BRAISNE.

La commission était composée de la manière suivante :

DÉPARTEMENTS.	NOMBRE de membres.	NOMS DES MEMBRES.	PRÉSIDENT.	SECRÉTAIRE.
Aisne	2	Fouquier d'Hérouel; Geoffroy de Villeneuve	De Tocqueville.	Geoffroy de Villeneuve.
Ardennes	2	Jaubert; Allaire		
Marne	1	Pilton (vétérinaire)		
Nord (rive droite de l'Escaut).	1	Brame (membre du conseil général)		
Oise	2	De Tocqueville; Henri de l'Aigle		
Seine-et-Marne	1	Gareau		

Voici les documents que fournit la statistique générale sur cette circonscription :

DÉPARTEMENTS.	POPULATION CHEVALINE.				OBSERVATIONS.
	Chevaux.	Juments.	Poulains.	TOTAL.	
Aisne	38,750	32,066	11,099	82,815	
Ardennes	24,338	21,899	10,686	56,923	
Marne	32,584	17,770	5,213	55,567	
Nord (rive droite de l'Escaut).	17,561	16,539	5,489	39,589	Faute de renseignements précis, on a pris la moitié de la population chevaline du département du Nord.
Oise	35,771	15,050	2,047	52,868	
Seine-et-Marne	33,726	5,198	1,123	40,047	
TOTAUX	182,730	109,422	35,657	327,809	

L'importance relative de l'intervention de l'État dans la production ressort du tableau suivant, que nous extrayons de ceux qui sont à la suite de ce rapport :

DÉPARTEMENTS.	NOMBRE DE POULINIÈRES correspondant aux naissances.	MINIMUM DES ÉTALONS nécessaires pour les féconder.	CATÉGORIES auxquelles appartiennent ces étalons.						PROPORTION dans laquelle interviennent dans la production générale les étalons entretenus, approuvés et autorisés par l'État		RAPPORT du chiffre des naissances à celui de l'espèce.
			Entretenus ou nationaux.	Approuvés ou subventionnés.	Autorisés.	TOTAL.	Libres.	TOTAL GÉNÉRAL.	pour chaque département.	pour la circonscription.	
Aisne	18,490	411	9	30	30	69	342	411	0,14	0,15	0,11
Ardennes	17,810	396	7	31	27	65	331	396	0,17		
Marne	8,688	193	13	2	2	17	176	193	0,09		
Nord (rive droite de l'Escaut).	9,148	203	6	7	19	32	171	203	0,16		
Oise	3,412	76	3	5	5	13	63	76	0,17		
Seine-et-Marne	1,872	41	6	"	"	6	35	41	0,15		
TOTAUX	59,429	1,320	44	75	83	202	1,118	1,320			

Trois questions ont été posées par l'Administration aux membres de la commission de la circonscription du dépôt de Braisne.

1re QUESTION. — Dans la circonscription du dépôt d'étalons de Braisne, les exigences de l'industrie et de l'agriculture sont diverses; d'autre part, les besoins de l'armée doivent pouvoir compter sur l'intelligence et les efforts des éleveurs, et trouver dans les forces de la production chevaline des six départements des ressources d'une certaine importance : quels seraient les moyens pratiques d'assurer à la fois les besoins de l'industrie, les travaux agricoles et la remonte d'une partie de la cavalerie?

RÉPONSE. — Il est nécessaire, avant tout, que l'Administration des haras soit dotée le plus largement possible; que ses agents soient spécialement chargés de prendre les mesures qu'ils jugeront les plus convenables pour développer la production et l'amélioration chevalines.

A cet effet, la commission demande que les étalons consacrés par l'Administration à la reproduction dans la circonscription des six départements soient principalement des étalons de demi-sang forts carrossiers, sans exclure cependant les étalons de pur sang, qui, employés dans certaines conditions, peuvent rendre de si éminents services à l'amélioration et faciliter la production du cheval d'arme.

2e QUESTION. — Les six départements de cette circonscription ont souvent demandé, par l'organe des conseils généraux, que le Gouvernement intervînt d'une manière plus directe dans l'œuvre de la reproduction, et qu'il prît des mesures restrictives ayant pour objet d'assurer l'utile emploi des étalons capables et l'éloignement des reproducteurs nuisibles : comment la commission formulerait-elle les dispositions législatives qu'elle conseillerait de proposer à l'adoption de l'Assemblée nationale?

RÉPONSE. — Voulant faire adopter par les éleveurs les producteurs qu'elle a réclamés de l'Administration, la commission demande qu'à l'avenir, dans les six départements formant la circonscription, les saillies soient gratuites.

Elle demande aussi que des primes soient accordées aux juments suitées de produits d'étalons nationaux ou primés.

Elle émet le vœu que les juments de réforme, exemptes de tares héréditaires, soient abandonnées par l'administration de la guerre aux départements dans lesquels la vente aurait dû s'effectuer; les commissions hippiques des départements les distribueraient aux cultivateurs du pays, à la condition de les faire saillir par des étalons nationaux ou primés.

Elle réclame le rétablissement de la jumenterie du Pin, qui a déjà donné à la France des reproducteurs si remarquables.

Elle demande que les pouliches communes ne puissent être saillies avant l'âge de trois ans, et celles de sang avant l'âge de quatre ans.

Elle demande aussi une augmentation de droits d'entrée pour les chevaux hongres et entiers, et, au contraire, un abaissement pour les juments.

3e QUESTION. — Quels sont les débouchés ordinaires de l'industrie chevaline dans les cinq départements? L'armée offre-t-elle un suffisant intérêt à produire le cheval d'arme?

RÉPONSE. — Les débouchés offerts à l'industrie chevaline dans les six départements sont les mêmes; ils varient seulement dans leurs proportions : ce sont principalement les foires locales et les besoins de l'agriculture; cependant, dans les départements de l'Aisne et des Ardennes, les marchands viennent enlever un certain nombre de produits, qui sont ensuite livrés aux services des diverses messageries de Paris.

Les officiers de remonte achètent aussi pour le service de l'armée; ces achats ne sont pas également nombreux dans tous les départements de la circonscription : les Ardennes et l'Aisne fournissent le plus grand nombre; la Marne, le Nord, Seine-et-Marne et l'Oise arrivent en seconde ligne.

N° 3. CIRCONSCRIPTION DE MONTIER-EN-DER.

La commission était composée de la manière suivante :

DÉPARTEMENTS.	NOMBRE de membres.	NOMS DES MEMBRES.	PRÉSIDENT.	SECRÉTAIRE.
Aube	2	Moreau; Pillard-Tharin	Philippon.	De Chastellux.
Côte-d'Or	4	Hugues-Philippon, membre du conseil général; Reverchon, médecin vétérinaire; Viardot; Marion, ancien maître de poste		
Haute-Marne	2	De Pommeron; de Leccy de Changey, membre du conseil général		
Yonne	1	De Chastellux		

Voici les documents que fournit la statistique générale sur cette circonscription :

DÉPARTEMENTS	POPULATION CHEVALINE.				OBSERVATIONS.
	Chevaux.	Juments.	Poulains.	TOTAL.	
Aube	17,055	15,528	3,856	36,439	
Côte-d'Or	24,676	21,121	6,964	52,761	
Haute-Marne	19,957	21,123	7,350	48,430	
Yonne	15,670	10,248	2,245	28,163	
TOTAUX	77,358	68,020	20,415	165,793	

L'importance relative de l'intervention de l'État dans la production ressort du tableau suivant, que nous extrayons de ceux qui sont à la suite de ce rapport.

DÉPARTEMENTS.	NOMBRE DES POULINIÈRES correspondant aux naissances.	MINIMUM DES ÉTALONS nécessaires pour les féconder.	CATÉGORIES auxquelles appartiennent ces étalons.						PROPORTION dans laquelle interviennent dans la production générale les étalons entretenus, approuvés et autorisés par l'État		RAPPORT du chiffre des naissances à celui de l'espèce.
			Entretenus ou nationaux.	Approuvés ou subventionnés.	Autorisés.	TOTAL.	Libres.	TOTAL GÉNÉRAL.	pour chaque département.	pour la circonscription.	
Aube	6,427	143	12	5	2	19	124	143	0,13	0,11	0,12
Côte-d'Or	11,007	258	14	17	16	47	211	258	0,18		
Haute-Marne	12,250	272	5	"	"	5	267	272	0,02		
Yonne	3,741	83	2	1	7	10	73	83	0,12		
TOTAUX	34,025	756	33	23	25	81	675	756			

Sept questions ont été posées par l'Administration aux membres de la commission de la circonscription du dépôt de Montier-en-Der ?

1re QUESTION. — Quelle est la situation de la production et de l'élève du cheval dans la circonscription du dépôt d'étalons de Montier-en-Der ?

RÉPONSE. — Le département de la Côte-d'Or a acheté de nombreux étalons percherons qu'il place chez les particuliers. Ce système réussit généralement, grâce au zèle d'un des membres de la commission.

La population chevaline est de 50,338, dont 48,903 de trait et 1,435 propres à des services légers.

Le département de la Haute-Marne commence à élever; mais il suit une fausse route : il a choisi l'étalon belge, de mauvaise espèce pour reproducteur.

La population chevaline est de 50,000 chevaux et de 20,000 poulinières.

Le département de l'Aube est fort en retard; les éleveurs n'attachent aucune importance au choix de l'étalon et ont besoin d'une direction. Néanmoins, il y a déjà progrès bien sensible.

L'Yonne n'a pas fourni de renseignements ; cependant l'arrondissement d'Avallon, renommé par sa race morvandelle, offrirait des ressources utiles.

2e QUESTION. — A quelles exigences de la consommation ont-elles plus spécialement à répondre?

RÉPONSE. — La production a répondu aux besoins de l'agriculture et du fort roulage. Dans les départements de l'Aube et de la Haute-Marne, l'agriculture seule a pu se servir des produits de l'industrie chevaline.

3e QUESTION. — Leur activité, leurs progrès sont-ils en rapport avec les besoins du pays ?

RÉPONSE. — La commission pense que l'impulsion donnée est bonne ; elle pose en principe que les juments surtout ont besoin d'être améliorées, et que beaucoup ne le sont pas encore assez pour recevoir exclusivement le sang anglais, si puissant toutefois pour obtenir de brillants résultats.

Dans l'introduction des étalons, le Gouvernement doit surtout avoir en vue de combiner les exigences nouvelles de nerf et de rapidité avec la force et la vigueur recherchées par l'agriculteur.

4e QUESTION. — Quels débouchés leur sont ouverts? Celui de l'armée offre-t-il quelques ressources? En l'état actuel des choses, auraient-elles un intérêt immédiat à travailler pour la cavalerie?

RÉPONSE. — La commission de circonscription indique en général pour débouchés les départements voisins, puis elle ajoute:

Quant au débouché de la cavalerie, l'Administration n'a point cherché à faire des achats dans la circonscription du haras de Montier-en-Der, sauf quelques rares achats de chevaux d'artillerie dans la vallée d'Aillant (Yonne); d'un autre côté, les cultivateurs n'avaient aucun intérêt à travailler pour la cavalerie, puisque l'Administration ne pouvait pas leur payer la valeur intrinsèque du cheval qu'ils avaient élevé.

La circonscription pourrait cependant, si le Gouvernement faisait de meilleures conditions aux éleveurs pour la vente du cheval d'arme, se livrer à cette industrie; mais dans l'état actuel des choses, et avec l'irrégularité de la demande, l'agriculteur n'a aucun intérêt à élever le cheval de troupe.

Puis, répondant à la 5e et à la 6e question, la commission demande la suppression de l'Administration des remontes, et propose de la remplacer par des commissions départementales formées partie d'officiers de l'armée, partie de membres choisis par les comités hippiques et les conseils généraux; elle pense que le prix moyen pour la cavalerie devrait être de 700 francs à 1,000 francs.

5e QUESTION. — Eu égard aux exigences des services publics, la conformation du cheval le plus répandu dans les quatre départements laisse-t-elle à désirer?

6e QUESTION. — Quelle direction faudrait-il donner à l'amélioration de la population chevaline de la circonscription?

RÉPONSE. — Il serait inutile aujourd'hui de donner des étalons de pur sang à des juments incorrectes; il faut surtout former des moules, et, pour ce but, les étalons percherons de race légère semblent avoir des qualités spéciales. Avoir soin de choisir ceux élevés à l'avoine, et non pas à l'herbe; avoir recours aux épreuves au trot.

Le cheval percheron ainsi compris ferait avec les juments non améliorées d'excellentes mères; avec des juments déjà bonnes, il donnerait des chevaux précieux pour la poste et pour la grosse cavalerie.

Comme second degré, l'étalon de demi-sang anglais, propre à tous les services, serait un générateur admirable pour toutes nos juments de race.

Comme troisième degré, le cheval pur sang pour toutes les juments qui peuvent invoquer à deux générations l'utile influence de l'étalon percheron et du demi-sang anglais.

Les stations de Dijon, d'Auxerre, d'Avallon, de Semur et de Saulieu peuvent recevoir ces trois types de chevaux.

Avallon et Saulieu profiteraient grandement de la présence d'étalons arabes pour régénérer la race des montagnes du Morvan.

7e QUESTION. — N'y aurait-il pas des mesures répressives à prendre contre les mauvais étalons, d'où qu'ils viennent?

RÉPONSE. — Refuser l'entrée des pâturages communaux aux chevaux entiers; faire payer une patente très-élevée à tout étalonnier; en exempter ceux dont les étalons auront été primés par les comices agricoles ou admis par les commissions hippiques. Que les primes accordées sur les fonds de l'État soient rares et élevées, pour engager à se procurer des étalons de premier ordre. Ne pas envoyer les étalons plus de trois années de suite dans la même station, pour éviter les dangers de la consanguinité.

VOEUX.

La commission demande le rétablissement de la station d'Avallon, supprimée en 1849. Elle voudrait y voir un étalon arabe, type primitif de la race morvandelle, et des étalons percherons légers.

N° 4.

CIRCONSCRIPTION DE ROSIÈRES.

La commission était composée de la manière suivante :

DÉPARTEMENTS.	NOMBRE de membres.	NOMS DES MEMBRES.	PRÉSIDENT.	SECRÉTAIRE.
Meurthe	3	Descitivaux de Greische ; Husson ; Noël.	De Pange.	Noël.
Meuse	2	Bourié, membre du conseil général ; Dardard, *idem*		
Moselle	2	De Pange, membre du conseil général ; Jules Desnières		
Vosges	2	Buffet ; Gouvernel		

Voici les documents que fournit la statistique générale sur cette circonscription :

DÉPARTEMENTS.	POPULATION CHEVALINE.				OBSERVATIONS.
	Chevaux.	Juments.	Poulains.	TOTAL.	
Meurthe	37,837	22,090	12,128	72,055	
Meuse	31,948	21,156	10,328	63,432	
Moselle	33,415	19,587	10,731	63,733	
Vosges	20,516	15,321	6,946	42,783	
TOTAUX	123,716	78,154	40,133	242,003	

L'importance relative de l'intervention de l'État dans la production ressort du tableau suivant, que nous extrayons de ceux qui sont à la suite de ce rapport.

DÉPARTEMENTS.	NOMBRE DES POULINIÈRES correspondant aux naissances.	MINIMUM DES ÉTALONS nécessaires pour les féconder.	CATÉGORIES auxquelles appartiennent ces étalons.						PROPORTION dans laquelle interviennent dans la production générale les étalons entretenus, approuvés et autorisés par l'État.		RAPPORT du chiffre des naissances à celui de l'espèce.
			Entretenus ou nationaux.	Approuvés ou subventionnés.	Autorisés.	TOTAL.	Libres.	TOTAL GÉNÉRAL.	Pour chaque département.	Pour la circonscription.	
Meurthe	20,213	449	31	3	10	44	405	449	0,09	0,10	0,17
Meuse	17,214	383	13	26	34	73	310	383	0,19		
Moselle	17,885	397	9	1	4	14	383	397	0,04		
Vosges	11,577	257	15	"	7	22	235	257	0,09		
TOTAUX	66,889	1,486	68	30	55	153	1,333	1,486			

Six questions ont été posées par l'Administration aux membres de la commission de circonscription du dépôt de Rosières.

1re question. — La population chevaline du dépôt d'étalons de Rosières n'est point homogène : à quel besoin répond-elle? Les races diverses qui la composent sont-elles au niveau des exigences des différents services auxquels s'applique le cheval en ce temps-ci?

Réponse. — Il est nécessaire que le nombre des étalons du dépôt de Rosières soit porté à 150, ainsi qu'il suit :

2 chevaux anglais pur sang fortement membrés, nés en Angleterre, ayant donné preuve de vitesse;

1 arabe pur sang;

50 percherons petits, légers, doués de toutes les qualités éminentes qui distinguent cette race. (A l'égard du cheval percheron, la commission signale l'amélioration produite dans l'arrondissement de Saint-Mihiel par un cheval de cette espèce.)

Le surplus des étalons nécessaires au dépôt de Rosières serait choisi dans les races anglo-normandes, petit carrossier, fortement établi, ne dépassant pas 1 mètre 57 centimètres, et dans le demi-sang anglais, espèce de chasse; on conserverait parmi les chevaux de la race ducale, en ce moment à Rosières, ceux de plus de valeur et les mieux établis. Ainsi composée, la population chevaline de l'établissement de Rosières satisferait aux besoins de l'agriculture, de la remonte et du commerce.

2e question. — Pour quelle part les quatre départements entrent-ils et pourraient-ils entrer dans la fourniture annuelle des chevaux que réclament les différentes armes de la cavalerie?

Réponse. — La Meuse et la Meurthe ont fourni et peuvent fournir un bon contingent de chevaux très-propres à la remonte de l'artillerie, de la cavalerie légère, des dragons même, mais point ou très-peu pour la grosse cavalerie.

3e question. — Ce débouché, s'il était ouvert d'une manière permanente et régulière à la production, offrirait-il aux éleveurs un suffisant intérêt à faire naître et à élever le cheval d'arme?

Réponse. — L'intérêt serait suffisant si les achats du Gouvernement étaient moins incertains et si les éleveurs étaient assurés d'avance du placement de leurs produits lorsqu'ils sont bons. Il faudrait, en outre, que les officiers chargés des remontes fissent des tournées plus fréquentes dans chaque commune; que leur itinéraire fût longtemps connu à l'avance des cultivateurs, et qu'ils prissent des notes sur tous les jeunes poulains de chaque éleveur.

4e QUESTION. — Quelle somme d'encouragements faudrait-il appliquer à l'industrie chevaline dans chacun des quatre départements de cette circonscription?

RÉPONSE. — La commission reconnaît que les primes minimes distribuées par les comices agricoles ne sont pas un moyen assez efficace pour encourager la race chevaline; qu'il faudrait les augmenter et primer annuellement les belles poulinières suitées. Le meilleur moyen d'encouragement serait d'augmenter le prix d'achat des remontes et de leur donner plus de stabilité.

5e QUESTION. — La grosse espèce qui peuple une partie de la surface est-elle appropriée aux nouveaux besoins de locomotion?

RÉPONSE.—La grosse espèce existe peu; celle de ces départements est généralement légère; toutefois, dans les cantons agricoles où elle existe, elle serait améliorée par les chevaux de demi-sang réclamés par la commission.

6e QUESTION. — Quelles mesures il y aurait-il à prendre pour écarter les mauvais étalons de la production et protéger les étalons capables?

RÉPONSE. — La commission pense que, pour obtenir le but proposé, il faudrait frapper d'impôt tout étalon étranger introduit en France dans le but de la reproduction, et ne l'admettre à la saillie que sur la représentation d'une patente de santé délivrée par les commissions hippiques du département où cet étalon viendrait faire la monte. La même mesure s'appliquerait également à tout étalon français faisant la monte moyennant salaire.

VŒUX.

La commission voudrait voir rétablir l'élevage du cheval par l'Administration; elle craint qu'à l'avenir la remonte des haras n'éprouve de grandes difficultés et ne devienne même impossible.

N° 5.

CIRCONSCRIPTION DE STRASBOURG.

La commission était composée de la manière suivante :

DÉPARTEMENTS.	NOMBRE de membres.	NOMS DES MEMBRES.	PRÉSIDENT.	SECRÉTAIRE.
Bas-Rhin	6	Albert de Diétrich, membre du conseil général ; G. Rompp, éleveur ; Graff ; Fréd. Stroh ; Steiner, colonel de la garde nationale de Strasbourg ; Séb. Braune, cultivateur	Hartmann.	De Diétrich.
Haut-Rhin	3	De Heeckeren ; Struch ; Fréd. Hartmann, membre du conseil général		

Voici les documents que fournit la statistique générale sur cette circonscription :

DÉPARTEMENTS.	POPULATION CHEVALINE.				OBSERVATIONS.
	Chevaux.	Juments.	Poulains.	Total.	
Bas-Rhin	26,123	17,472	6,106	49,701	
Haut-Rhin	13,918	7,391	3,200	24,509	
TOTAUX	40,041	24,863	9,306	74,300	

L'importance relative de l'intervention de l'État dans la production ressort du tableau suivant, que nous extrayons de ceux qui sont à la suite de ce rapport.

DÉPARTEMENTS.	NOMBRE DES POULINIÈRES correspondant aux naissances.	MINIMUM DES ÉTALONS nécessaires pour les féconder.	CATÉGORIES auxquelles appartiennent ces étalons.						PROPORTION dans laquelle interviennent dans la production générale les étalons entretenus, approuvés et autorisés par l'État,		RAPPORT du chiffre des naissances à celui de l'espèce.
			Entretenus ou nationaux	Approuvés ou subventionnés.	Autorisés.	Total.	Libres.	Total général.	pour chaque département.	pour la circonscription.	
Bas-Rhin	10,176	226	51	»	»	51	175	226	0,23	0,15	0,15
Haut-Rhin	5,484	122	2	»	»	2	120	122	0,02		
TOTAUX	15,660	348	53	»	»	53	295	348			

Sept questions ont été posées par l'Administration aux membres de la commission de Strasbourg.

1re QUESTION. — Quelle est la situation de la production et de l'élève du cheval dans les départements du Bas-Rhin et du Haut-Rhin?

RÉPONSE. — Elle n'est satisfaisante dans aucun des deux départements; elle a cependant fait quelques progrès, surtout dans le département du Bas-Rhin. Les causes de cet état sont de mauvais accouplements faits par des étalons non approuvés, et même par des étalons du dépôt (l'Administration n'a pas assez d'action sur les choix que font les éleveurs); une nourriture insuffisante, et souvent mauvaise; des écuries malsaines; enfin, le manque de soins. Le cultivateur n'a aucun débouché assuré, et, pour satisfaire à ses propres besoins, il cherche à élever à aussi bon marché que possible.

2e QUESTION. — A quelles exigences diverses de la consommation ont-elles à répondre dans l'un et dans l'autre de ces départements?

RÉPONSE. — Les terres étant naturellement légères et d'une culture facile, ces deux départements doivent viser à la production de chevaux de cavalerie légère et de dragons. La rareté des fourrages ne lui permet pas la reproduction du gros cheval de trait.

3e QUESTION. — Leur activité, leurs progrès, sont-ils en rapport avec les besoins du pays?

RÉPONSE. — La production est évidemment insuffisante; le commerce doit aller chercher à l'étranger les chevaux qui lui sont demandés.

4e QUESTION. — L'état parcellaire de la propriété laisse-t-il à supposer que l'industrie chevaline soit susceptible d'extension?

RÉPONSE. — L'industrie chevaline ne prendra jamais une grande extension; cependant, bien dirigée, elle pourrait arriver à satisfaire les besoins du pays.

5e QUESTION. — Dans tous les cas, quels débouchés sont ouverts à cette industrie? Celui de l'armée lui offre-t-il, quant à présent, un intérêt immédiat à produire et à élever en vue de la satisfaction des besoins de la cavalerie?

Réponse. — L'industrie chevaline trouvera des débouchés suffisants dans le commerce des localités, qui, jusqu'ici, importe tous les chevaux qui lui sont nécessaires.

6e question. — Quelle direction suppose-t-on qu'il faille donner à l'amélioration dans le Bas-Rhin et dans le Haut-Rhin, dont la population chevaline est si différente ?

Réponse. — Ayant les mêmes besoins et les mêmes intérêts, les deux départements devront être pourvus d'étalons de demi-sang, près de terre et fortement membrés. Les plus forts seraient placés dans le Haut-Rhin, les plus légers dans le Bas-Rhin.

Le cheval de gros trait, comtois, percheron ou breton, ne pourra réussir, faute d'une nourriture suffisante ou substantielle.

7e question. — Les encouragements offerts sont-ils convenablement appliqués? Y aurait-il mieux à faire sous ce rapport ?

Réponse. — Les encouragements offerts jusqu'ici par les deux départements n'ont pas produit les résultats que l'on espérait en obtenir.

Des étalons percherons et des juments de même race, introduits par les soins du conseil général dans le Haut-Rhin, n'ont point réussi. Le conseil a renoncé, en 1849, à ce mode d'encouragement.

Le conseil général du Bas-Rhin, qui distribuait autrefois une somme de 6,000 francs, en primes, aux juments du pays suitées, n'ayant pas obtenu une amélioration bien sensible, a essayé des courses pendant quelques années, et il vient d'y renoncer également dans la session de 1849.

Il se propose de substituer à cet encouragement un nouveau système de primes, distribuées aux plus beaux poulains et surtout aux plus belles pouliches, afin d'engager les propriétaires à conserver ces animaux de choix pour la reproduction.

Sans aucun doute, l'encouragement le plus puissant serait l'assurance positive que donnerait l'État en s'engageant à faire tous les ans l'achat d'une quantité de chevaux fixée d'avance : cet achat devrait être direct.

Dans sa séance du 27 août 1849, le conseil général a décidé que le département du Haut-Rhin ferait l'acquisition d'étalons percherons.

N° 6.

CIRCONSCRIPTION DE JUSSEY.

Cette commission était composée de la manière suivante :

DÉPARTEMENTS.	NOMBRE de membres.	NOMS DES MEMBRES.	PRÉSIDENT.	SECRÉTAIRE.
Doubs..............	3	Alfred de Bussières ; Albert de Ganay ; Poignand, médecin vétérinaire.....	De Ganay.	Galmiche.
Haute-Saône..........	3	Édouard de Saint-Mauvis, membre du conseil général ; Bourner ; Galmiche.		
Jura.................	3	D'Aligny, membre du conseil général ; Gagneur ; Deslandes, membre du conseil général.....................		

Voici les documents que fournit la statistique générale sur cette circonscription.

DÉPARTEMENTS.	POPULATION CHEVALINE.				OBSERVATIONS.
	Chevaux.	Juments.	Poulains.	Total.	
Doubs................	7,783	8,197	3,583	19,563	
Haute-Saône..........	11,968	8,066	3,382	23,416	
Jura.................	9,461	6,779	2,766	19,006	
TOTAUX.......	29,212	23,042	9,731	61,985	

L'importance relative de l'intervention de l'État dans la production ressort du tableau suivant, que nous extrayons de ceux qui sont à la suite de ce rapport.

DÉPARTEMENTS.	NOMBRE DES POULINIÈRES correspondant aux naissances.	MINIMUM DES ÉTALONS nécessaires pour les féconder.	CATÉGORIES auxquelles appartiennent ces étalons.						PROPORTION dans laquelle interviennent dans la production générale les étalons entretenus, approuvés et autorisés par l'État.		RAPPORT du chiffre des naissances à celui de l'espèce.
			Entretenus ou nationaux.	Approuvés ou subventionnés.	Autorisés.	Total.	Libres.	Total général.	Pour chaque départe-ment.	Pour la circons-cription.	
Doubs................	5,972	133	12	10	30	52	81	133	0,39	0,30	0,15
Haute-Saône..........	5,636	125	9	19	20	48	77	125	0,38		
Jura.................	4,610	102	5	2	1	8	94	102	0,08		
TOTAUX.......	16,218	360	26	31	51	108	252	360			

Six questions ont été posées par l'Administration aux membres de la commission de la circonscription de Jussey.

1re QUESTION. — Quel est l'état de la production et de l'élève du cheval dans la circonscription du dépôt de Jussey ?

RÉPONSE. — L'état de la production et de l'élève du cheval est en voie de progrès et d'amélioration dans toute l'étendue de la circonscription du dépôt de Jussey. Le département de la Haute-Saône se loue spécialement de l'introduction de la race percheronne.

La commission émet le vœu que les autres départements de la circonscription adoptent le même système.

2e QUESTION. — A quels besoins, à quelles exigences de consommation ont-elles spécialement à répondre ?

RÉPONSE. — Les chevaux de la circonscription sont spécialement destinés aux besoins du roulage et de l'agriculture.

3e QUESTION. — Leur activité est-elle en rapport avec ses besoins ?

RÉPONSE. — L'élève du cheval fournit non-seulement aux besoins locaux, mais, chaque année, le commerce en exporte une certaine quantité.

4e QUESTION. — Quels débouchés leur sont ouverts? Celui de l'armée leur offre-t-il quelques ressources ?

RÉPONSE. — Les principaux débouchés sont la Suisse, la Champagne, la Bourgogne et tout le Midi.

L'armée n'offre aucun débouché, parce que les départements du Doubs, du Jura et de la Haute-Saône ne sont compris dans aucune circonscription de remonte.

La commission demande la création d'un dépôt de remonte à Faverney.

5e QUESTION. — Eu égard aux exigences actuelles de la locomotion, la conformation du cheval le plus répandu dans les trois départements laisse-t-elle à désirer ?

Réponse. — La conformation du cheval le plus répandu dans la circonscription laisse à désirer non-seulement eu égard aux exigences actuelles de la locomotion, mais encore pour le service du roulage et de l'agriculture. Sa marche est lourde et ses allures trop lentes. Ses défauts principaux sont : la tête lourde, l'encolure courte et grêle, la poitrine étroite et sans profondeur, le garrot bas, le dos et les reins bas, la croupe très-avalée, enfin les membres trop grêles.

On s'étonne d'un semblable résultat obtenu par le croisement du cheval percheron.

6e question. — Dans quel sens doivent être poursuivies les améliorations désirables ?

Réponse. — Il n'y a pas lieu à songer en ce moment à substituer à la race de trait du pays une race plus légère.

L'espèce locale doit être améliorée par le croisement avec des chevaux percherons, cauchois ou boulonnais; il faudrait aussi des chevaux carrossiers de demi-sang, anglais pour satisfaire aux besoins de l'armée et aux exigences actuelles de la locomotion (1).

La commission de circonscription du dépôt d'étalons de Jussey émet les vœux suivants :

Elle demande une troisième station en faveur du département du Jura.

Elle demande l'augmentation du nombre de chevaux dans l'établissement de Jussey.

Elle demande une loi répressive contre les mauvais étalons.

Elle désire que les primes accordées aux poulinières ne le soient jamais qu'à des juments suitées.

Elle demande que l'établissement de Jussey soit transporté dans un point plus central de la circonscription.

---

(1) La commission pense que cette circonscription n'est nullement préparée à recevoir le pur sang ni même le demi-sang; l'Administration des haras a perdu toute influence dans cette circonscription depuis qu'elle a été, par les exigences du budget, obligée de supprimer les étalons de gros trait.

Il y a nécessité absolue de livrer aux éleveurs de cette circonscription des étalons de trait bien choisis et quelques autres reproducteurs ayant un certain degré de sang qui puisse modifier les formes d'une race détériorée.

Dans cette circonscription, comme dans celle d'Abbeville, la retraite des étalons de trait appartenant à l'État a permis l'introduction des étalons de mauvaise qualité de l'industrie privée.

N° 7. CIRCONSCRIPTION DE CLUNY.

La commission était composée de la manière suivante :

DÉPARTEMENTS.	NOMBRE de membres.	NOMS DES MEMBRES.	PRÉSIDENT.	SECRÉTAIRE.
Ain	1	N.	C. de Laplanche.	Brunetière.
Allier	1	Laboutresse, ancien officier de cavalerie.		
Ardèche	1	De Chanaleilles		
Isère	1	Flocard de Mépieu, membre du conseil général		
Loire	1	Jules de Sougy		
Nièvre	2	De Bourgoing, membre du conseil général; Coujard de Laplanche		
Rhône	1	De Mortemart		
Saône-et-Loire	1	De Mac-Mahon		

Voici les documents que fournit la statistique générale sur cette circonscription :

DÉPARTEMENTS.	POPULATION CHEVALINE				OBSERVATIONS.
	Chevaux.	Juments.	Poulains.	TOTAL.	
Ain	6,837	7,252	2,088	16,777	
Allier	5,489	3,378	1,554	10,421	
Ardèche	3,853	2,360	427	6,640	
Isère	15,365	12,714	2,882	30,961	
Loire	6,742	2,026	533	9,301	
Nièvre	6,614	6,967	2,775	16,356	
Rhône	7,846	1,467	252	9,565	
Saône-et-Loire	8,649	10,165	3,903	22,717	
Totaux'	61,395	46,320	15,014	122,738	

L'importance relative de l'intervention de l'État dans la production ressort du tableau suivant, que nous extrayons de ceux qui sont à la suite de ce rapport.

DÉPARTEMENTS.	NOMBRE DES POULINIÈRES correspondant aux naissances.	MINIMUM DES ÉTALONS nécessaires pour les féconder.	CATÉGORIES auxquelles appartiennent ces étalons.						PROPORTION dans laquelle interviennent dans la production générale les étalons entretenus, approuvés et autorisés par l'État.		RAPPORT du chiffre des naissances à celui de l'espèce.
			Entretenus ou nationaux.	Approuvés ou subventionnés.	Autorisés.	TOTAL.	Libres.	TOTAL GÉNÉRAL.	Pour chaque département.	Pour la circonscription.	
Ain	4,480	100	"	13	"	13	87	100	0,13	0,16	0,12
Allier	2,590	58	10	"	"	10	48	58	0,18		
Ardèche	712	16	"	"	"	"	16	16	"		
Isère	4,803	106	2	12	12	26	80	106	0,25		
Loire	888	20	"	"	"	"	20	20	"		
Nièvre	4,625	103	16	"	8	24	79	103	0,25		
Rhône	420	9	"	"	"	"	9	9	"		
Saône-et-Loire	6,505	144	14	"	"	14	130	144	0,10		
Totaux	25,023	556	42	25	20	87	469	556			

Cinq questions ont été posées par l'Administration aux membres de la commission de la circonscription du dépôt de Cluny.

1re QUESTION. — Établir les qualités et l'importance de la population chevaline de chacun des huit départements dont se compose la circonscription du dépôt de Cluny.

RÉPONSE. — La commission déclare qu'elle ne peut répondre à cette question ; les documents lui manquent. Cependant la population chevaline du département du Rhône s'élève à environ trente mille.

2e QUESTION. — Mettre chacune des divisions de cette population en regard des besoins qu'elle est appelée à satisfaire.

RÉPONSE. — Cette question étant entièrement dépendante de la première, la commission déclare que la solution lui en est impossible.

3e QUESTION. — Établir ou son insuffisance ou sa condition satisfaisante, eu égard, bien entendu, aux excitations suffisantes ou insuffisantes des débouchés qui lui sont offerts par le commerce ou par l'armée.

RÉPONSE. — Les débouchés offerts par l'industrie aux chevaux de gros trait sont suffisants; les prix payés par la guerre ne le sont pas, surtout pour le cheval de selle, dont la production et la vente sont plus difficiles. Il faudrait aussi que la guerre fît ses demandes avec plus de fixité.

4e QUESTION. — Quel effet aurait, sur l'amélioration des chevaux de la circonscription, un système de petite vicinalité moins imparfait ?

RÉPONSE. — Elle ne saurait avoir une grande influence sur l'augmentation du nombre de chevaux de cavalerie légère.

5e QUESTION. — Les méthodes d'élevage répondent-elles aux exigences que les divers services imposent à l'emploi du cheval ?

RÉPONSE. — Les méthodes judicieuses d'élevage sont à peu près inconnues dans la circonscription. Appareillement intelligent, soins hygiéniques, nourriture suffisante, dressage, éducation, tout est à créer dans la circonscription.

L'élevage pourrait être encouragé par les moyens suivants :

L'assurance de vendre au Gouvernement les chevaux créés par l'éleveur; ne point laisser toujours les éleveurs libres du choix des étalons, qui trop souvent couvrent des juments défectueuses et donnent de mauvais produits (1).

Le conseil général de l'Isère demande aussi la fondation à Grenoble d'une station d'étalons nationaux; il n'indique point l'espèce qu'il préfère.

La commission de la circonscription de Cluny réclame l'exécution de la décision prise en faveur de l'établissement d'un dépôt de remonte à Nevers.

Elle réclame, pour le département de la Loire, l'envoi de cinq étalons :

Trois à Montbrison,

Deux à Roanne;

Pour le département du Rhône, un étalon de plus à Lyon.

La commission, pour réaliser les améliorations qu'elle demande, sollicite une augmentation rationnelle dans le budget des haras.

Le conseil général de Saône-et-Loire demande que les haras aient un dépôt d'un certain nombre de juments poulinières comme spécimen de production.

Il demande aussi une loi qui écarte de la monte les étalons mal conformés et de mauvaise qualité.

---

(1) L'Administration s'est depuis longtemps préoccupée de ces inconvénients, mais il est impossible d'y obvier autrement que par l'influence morale. En 1840, elle avait adressé à ses officiers les instructions suivantes : les directeurs feront plusieurs tournées dites *préparatoires;* ces tournées ont eu lieu pendant trois ans sans succès notable; veiller à ce que l'appareillement des étalons et des juments soit fait plus judicieusement qu'il ne l'est aujourd'hui dans les stations d'étalons ; accorder des primes aux juments de bonne conformation suitées d'un produit de l'année, obtenu par la monte de l'année précédente ; accorder des primes aux poulains de deux à trois ans présentés dans des conditions satisfaisantes de conformation, de soin, d'hygiène et d'éducation.

Le dépôt de l'Isère fait depuis plusieurs années des sacrifices importants, qui malheureusement n'ont amené que fort peu de résultats ; il a introduit une quarantaine d'étalons percherons et plus de soixante poulinières de même espèce, et cependant on ne remarque presque point d'amélioration dans la race de gros trait. A quoi faut-il attribuer ce peu de succès? Est-ce au mauvais choix des reproducteurs? Est-ce au peu de principes régénérateurs de la race percheronne? Est-ce enfin au peu de soins hygiéniques donnés aux pères ou aux produits? Quoi qu'il en soit, le conseil général de l'Isère, espérant obtenir de meilleurs résultats des étalons percherons en les plaçant dans des conditions plus favorables, propose à l'Administration des haras d'acheter, aux frais du département de l'Isère, des étalons qui seraient entretenus aussi à ses frais dans l'établissement de l'État, et qui, pendant la monte, seraient envoyés en stations sur différents points du département.

N° 8.

CIRCONSCRIPTION DE BLOIS.

La commission était composée de la manière suivante :

DÉPARTEMENTS.	NOMBRE des membres.	NOMS DES MEMBRES.	PRÉSIDENT.	SECRÉTAIRE.
Cher	2	Louhans de Coursay, Paul de Rolland.	De Brèves.	L. de Coursay.
Indre	2	De Lancosme-Brèves, Bodard		
Indre-et-Loire	2	De Rouvray, membre du conseil général ; De Sourdeval, *idem*		
Loir-et-Cher	2	Péan, D'Arsigny		
Loiret	1	De Champgrand, ancien officier de cavalerie, membre du conseil général.		

Voici les documents que fournit la statistique générale sur cette circonscription :

DÉPARTEMENTS.	POPULATION CHEVALINE.				OBSERVATIONS.
	Chevaux.	Juments.	Poulains.	TOTAL.	
Cher	13,783	13,134	5,868	32,785	
Indre	11,560	7,200	3,427	22,187	
Indre-et-Loire	20,963	5,909	980	27,852	
Loir-et-Cher	21,897	5,728	1,513	29,138	
Loiret	16,869	9,512	3,030	29,411	
TOTAUX	85,072	41,488	14,818	141,373	

L'importance relative de l'intervention de l'État dans la production ressort du tableau suivant, que nous extrayons de ceux qui sont à la suite de ce rapport.

DÉPARTEMENTS.	NOMBRE DES POULINIÈRES correspondant aux naissances.	MINIMUM DES ÉTALONS nécessaires pour les féconder.	CATÉGORIES auxquelles appartiennent ces étalons.						PROPORTION dans laquelle interviennent dans la production générale les étalons entretenus, approuvés et autorisés par l'État.		RAPPORT du chiffre des naissances à celui de l'espèce.
			Entretenus ou nationaux.	Approuvés ou subventionnés.	Autorisés.	TOTAL.	Libres.	TOTAL GÉNÉRAL.	Pour chaque département.	Pour la circonscription.	
Cher	9,760	218	12	"	"	12	206	218	0,06	0,11	0,10
Indre	5,712	127	10	5	4	19	108	127	0,15		
Indre-et-Loire	1,633	36	"	1	4	5	31	36	0,14		
Loir-et-Cher	5,050	112	6	10	7	23	89	112	0,21		
Loiret	2,522	56	"	1	"	1	55	56	0,02		
TOTAUX	24,697	549	28	17	15	60	489	549			

Cinq questions ont été posées par l'Administration aux membres de la commission de la circonscription du dépôt de Blois.

Avant d'entrer en matière, la commission du dépôt de Blois croit devoir déclarer qu'elle regarde comme indispensable l'intervention de l'État dans la production du cheval en France. Elle croit que cette intervention devra durer encore pendant de longues années; elle félicite l'Administration de la direction donnée aux haras.

1re QUESTION. — La population chevaline de la circonscription du dépôt de Blois est très-diverse. A quels besoins répond-elle? Est-elle surtout au niveau des exigences actuelles des différents services auxquels s'applique le cheval en ce temps-ci?

RÉPONSE. — La circonscription de Blois fournit des chevaux propres à divers services; elle répond aux besoins de l'agriculture, du commerce et de l'armée. On n'entend pas dire qu'elle suffit aux exigences de ces différents services; loin de là, elle y laisse une large lacune.

2e QUESTION. —Pour quelle part les cinq départements dont elle se compose entrent-ils et pourraient-ils entrer dans la fourniture annuelle des chevaux réclamés pour le service des remontes militaires?

RÉPONSE. — Les cinq départements de la circonscription entrent dans la fourniture annuelle des remontes militaires pour une part bien moins forte que celle pour laquelle ils pourraient y entrer, s'ils avaient un débouché suffisant et un plus grand nombre d'étalons bien choisis.

3e QUESTION. Ce débouché, s'il était ouvert d'une manière permanente et régulière à la production, offrirait-il aux éleveurs un suffisant intérêt à faire naître et à élever convenablement?

RÉPONSE. — Oui, l'industrie chevaline prendrait alors un développement plus considérable; mais la commission pense que les agriculteurs verront toujours dans l'armée, considérée comme acheteur, un consommateur fantasque, nullement périodique et ne pouvant le devenir.

4ᵉ QUESTION. — Quelle somme d'encouragements faudrait-il appliquer à l'industrie chevaline dans chacun des cinq départements de cette circonscription?

RÉPONSE. — L'industrie chevaline ne reçoit pas assez d'encouragements; la commission ne peut préciser des chiffres; mais les primes aux étalons de l'industrie privée et aux meilleures poulinières devraient être largement augmentées. Les prix de courses devraient être plus nombreux et plus forts; enfin, la remonte devrait payer plus cher les chevaux d'arme.

5ᵉ QUESTION. — La grosse espèce, qui peuple une partie de son étendue, est-elle appropriée aux nouveaux besoins de locomotion?

RÉPONSE. — Oui, généralement; mais, pour qu'elle répondît plus complétement aux besoins, plus lucrativement pour l'éleveur, il faudrait que l'Administration fournît des chevaux de demi-sang de forme percheronne, des *hunters*, chevaux de sang anglais. Dans le département de l'Indre, les juments sont très-petites et ne peuvent recevoir le pur sang; le demi-sang leur suffit. Il faut, dans cette circonscription, user avec beaucoup de circonspection de l'étalon du pur sang anglais.

La commission de la circonscription de Blois pense que la création des commissions hippiques et celle d'un conseil supérieur des haras seront d'une grande utilité, non-seulement pour l'amélioration de la race chevaline, mais encore pour les intérêts agricoles.

Elle pense aussi qu'il est indispensable, depuis l'établissement des lignes de chemins de fer, de donner plus de légèreté aux chevaux destinés au commerce, sans toutefois changer la race percheronne, dont quelques types devront se trouver au dépôt de Blois.

N° 9.

CIRCONSCRIPTION DE PARIS.

Voici les documents que fournit la statistique générale sur cette circonscription :

DÉPARTEMENTS.	POPULATION CHEVALINE.				OBSERVATIONS.
	Chevaux.	Juments.	Poulains.	TOTAL.	
Seine	21,240	15,103	28	36,271	
Seine-et-Oise	46,246	5,402	286	51,934	
TOTAUX	67,486	20,405	314	88,205.	

L'importance relative de l'intervention de l'État dans la production ressort du tableau suivant, que nous extrayons de ceux qui sont à la suite de ce rapport.

DÉPARTEMENTS.	NOMBRE DES POULINIÈRES correspondant aux naissances.	MINIMUM DES ÉTALONS nécessaires pour les féconder.	CATÉGORIES auxquelles appartiennent ces étalons.					PROPORTION dans laquelle interviennent dans la production générale les étalons entretenus, approuvés et autorisés par l'État.		RAPPORT du chiffre des naissances à celui de l'espèce.
			Entretenus ou nationaux.	Approuvés ou subventionnés.	Autorisés.	TOTAL.	Libres.	Pour chaque département.	Pour la circonscription.	
Seine	46	1	3	"	"	3	"	"	0,33	0,004
Seine-et-Oise	477	12	"	2	2	4	8	0,33		
TOTAUX	523	13	3	2	2	7	8			

N° 10.

CIRCONSCRIPTION DU PIN.

Cette commission était composée de la manière suivante :

DÉPARTEMENTS.	NOMBRE de membres.	NOMS DES MEMBRES.	PRÉSIDENT.	SECRÉTAIRE.
Calvados (rive droite de l'Orne).	3	Delacour, de Hacqueville, de Caulaincourt	De Bourgesuville.	De Hacqueville.
Eure	2	De Vallon, d'Osmoy		
Eure-et-Loir	1	D'Acheux		
Orne	3	De Bourgesuville, de la Genevraye, de Torcy		

Voici les documents que fournit la statistique générale sur cette circonscription :

DÉPARTEMENTS.	POPULATION CHEVALINE.				OBSERVATIONS.
	Chevaux.	Juments.	Poulains.	TOTAL.	
Calvados (rive droite de l'Orne).	9,207	16,881	3,997	30,085	Faute de renseignements précis, on a pris la moitié de la population chevaline du département du Calvados.
Eure	36,369	11,202	3,580	51,151	
Eure-et-Loir	28,286	6,640	1,866	36,792	
Orne	17,185	27,637	7,603	52,425	
TOTAUX	91,047	62,360	17,046	170,453	

L'importance relative de l'intervention de l'État dans la production ressort du tableau suivant, que nous extrayons de ceux qui sont à la suite de ce rapport :

DÉPARTEMENTS.	NOMBRE DES POULINIÈRES correspondant aux naissances.	MINIMUM DES ÉTALONS nécessaires pour les féconder.	CATÉGORIES auxquelles appartiennent ces étalons.						PROPORTION dans laquelle interviennent dans la production générale les étalons entretenus, approuvés et autorisés par l'État,		RAPPORT du chiffre des naissances à celui de l'espèce.
			Entretenus ou nationaux.	Approuvés ou subventionnés.	Autorisés.	TOTAL.	Libres.	TOTAL GÉNÉRAL.	pour chaque département.	pour la circonscription.	
Calvados (rive droite de l'Orne).	6,662	148	37	15	14	66	82	148	0,45	0,36	0,10
Eure	5,967	132	7	4	"	11	121	132	0,08		
Eure-et-Loir	3,110	60	2	2	2	6	63	60	0,09		
Orne	12,671	282	54	18	73	145	137	282	0,51		
TOTAUX	28,410	631	100	39	89	228	403	631			

Sept questions ont été posées par l'Administration aux membres de la commission de circonscription du Pin.

1re QUESTION. — Y a-t-il progrès dans la marche de la production chevaline, en examinant la question pour chacun des départements de la circonscription?

RÉPONSE. — Dans les départements de l'Orne et du Calvados, il y a augmentation notable dans le nombre de la population chevaline; son amélioration, malheureusement, n'a pas fait le même progrès. La race noble semble diminuer de jour en jour, tandis que la race inférieure s'est améliorée. Le niveau paraît s'établir entre les deux races. La cause de ce double mouvement doit être attribuée, d'une part, à la nécessité de faire le cheval de guerre au lieu du cheval de race, plus noble, abandonné par les caprices de la mode, qui semble préférer le cheval anglais ou le cheval allemand; d'autre part, au peu de débouchés que présente la production du cheval de grosse espèce, par suite de nos communications devenues plus faciles.

2e QUESTION. — Rechercher les cause soit de l'augmentation, soit du ralentissement constatés.

RÉPONSE. — La confection d'un système complet de vicinalité, le développement graduel de la richesse publique, favorisé par des institutions qui garantissent l'ordre et la liberté, ont été les plus puissants véhicules de l'augmentation constatée.

3e QUESTION. — La population constatée dans la circonscription s'est-elle améliorée? A quelles causes faut-il rapporter soit le progrès, soit la décadence?

RÉPONSE. — La commission a déjà fait remarquer le double mouvement qui élève la race inférieure et fait disparaître la race supérieure; elle en a indiqué les causes et fait connaître le remède.

4e QUESTION. — Les méthodes d'élève se perfectionnent-elles? En cas d'affirmative, à quelles circonstances faut-il attribuer le progrès; en cas de négative, à quoi faut-il attribuer l'état stationnaire?

RÉPONSE. — En général, s'il y a perfectionnement dans la méthode d'élever, ce résultat est dû principalement aux courses de chevaux, qui, en attirant l'intérêt de tous les éleveurs, leur montrent les résultats étonnants que l'on obtient par un bon système d'éducation.

5e QUESTION. — Quels sont les débouchés ouverts à la production spéciale dans chacun des quatre départements de la circonscription?

RÉPONSE. — Le département du Calvados est l'un des débouchés du département de l'Orne; les débouchés communs aux deux départements sont le commerce en général, les haras, les remontes, l'Anjou, la Touraine et une partie du Midi.

6e QUESTION. — Celui des remontes offre-t-il en l'état actuel un suffisant intérêt à faire naître et à élever convenablement le cheval propre aux différentes armes de la cavalerie?

RÉPONSE. — Non; le nombre des chevaux achetés par les remontes est excessivement faible, comparé à la population chevaline; d'ailleurs, les abus qui se sont introduits dans le mode d'opérer de cette administration, l'incertitude des achats, leur grande irrégularité, ne peuvent que décourager les producteurs, et ne leur permettent pas de se livrer spécialement à l'élève du cheval de guerre.

7e QUESTION. — La grosse espèce, qui peuple une partie de la circonscription du haras du Pin, est-elle bien appropriée aux besoins actuels des services publics?

RÉPONSE. — Oui, puisqu'elle existe. C'est ici le lieu de remarquer que tout se lie et s'enchaîne quand il s'agit de la production agricole : la grosse espèce indique un système de viabilité incomplet, des règlements imparfaits sur la police du roulage, des impôts trop élevés sur les voitures publiques.

VOEUX.

1° Augmentation du budget des haras;
2° Primes aux juments poulinières;
3° Augmentation au tarif des douanes;
4° Interdiction à l'administration des remontes d'acheter des chevaux à l'étranger;
5° Réorganisation de cette administration.

N° 11.

CIRCONSCRIPTION DE SAINT-LO.

La commission était composée de la manière suivante :

DÉPARTEMENTS.	NOMBRE de membres.	NOMS DES MEMBRES.	PRÉSIDENT.	SECRÉTAIRE.
Calvados (rive gauche de l'Orne).	3	De Grandval, d'Ison, Desclosières (remplacé par M. Lecoulteux)..........	De Montécot.	Lecoulteux.
Manche.............	6	Goston de Blangy, Ferrand de la Comté, d'Auray (de Saint-Pois), de Montécot, Hippolyte de Tocqueville; Lebrun, docteur-médecin..........		

Voici les documents que fournit la statistique générale sur cette circonscription :

DÉPARTEMENTS.	POPULATION CHEVALINE.				OBSERVATIONS.
	Chevaux.	Juments.	Poulains.	TOTAL.	
Calvados (rive gauche de l'Orne).	9,208	16,882	3,997	30,087	Faute de renseignements précis, on a pris la moitié de la population chevaline du département du Calvados.
Manche.............	22,828	56,380	12,603	91,811	
TOTAUX.......	32,036	73,262	16,600	121,898	

L'importance relative de l'intervention de l'État dans la production ressort du tableau suivant, que nous extrayons de ceux qui sont à la suite de ce rapport :

DÉPARTEMENTS.	NOMBRE DES POULINIÈRES correspondant aux naissances.	MINIMUM DES ÉTALONS nécessaires pour les féconder.	CATÉGORIES auxquelles appartiennent ces étalons.						PROPORTION dans laquelle interviennent dans la production générale les étalons entretenus, approuvés et autorisés par l'État,		RAPPORT du chiffre des naissances à celui de l'espèce.
			Entretenus ou nationaux.	Approuvés ou subventionnés.	Autorisés.	TOTAL.	Libres.	TOTAL GÉNÉRAL.	pour chaque département.	pour la circonscription.	
Calvados (rive gauche de l'Orne).	6,661	148	20	14	13	47	101	148	0,32	0,25	0,12
Manche.............	21,005	467	60	25	22	107	360	467	0,23		
TOTAUX.......	27.666	615	80	39	35	154	461	615			

Quatre questions ont été posées par l'Administration aux membres de la commission de circonscription de Saint-Lô.

1re question. — Quels progrès ont faits, depuis une dixaine d'année, la production et l'élevage dans la circonscription du dépôt de Saint-Lô?

Réponse. — La population chevaline a plus que doublé dans la circonscription du dépôt de Saint-Lô :

En 1839, 2,626 saillies avec 50 étalons;
En 1849, 4,457 saillies avec 85 étalons.

Sous le rapport de l'amélioration, le progrès est incontestable.

2e question. — Pour quelle part cette circonscription pourrait-elle entrer dans la fourniture annuelle des chevaux réclamés par le service des remontes de l'armée?

Réponse. — La commission est d'avis que la circonscription du dépôt de Saint-Lô peut fournir annuellement 6,000 chevaux au moins.

3e question. — Tel qu'il est pratiqué en ce moment, le système des remontes militaires offre-t-il un suffisant intérêt à la production et à l'élève du cheval d'arme?

Réponse. — Non, parce que les achats de la remonte n'ont ni fixité ni permanence.

La commission demande que les officiers de remonte soient autorisés à acheter pour les officiers supérieurs ; elle pense que les chevaux de cinq ans devraient obtenir un prix de faveur pour indemniser l'éleveur des sacrifices qu'il a faits en les gardant jusqu'à cet âge; enfin elle espère que le ministère de la guerre ne fera plus d'achats à l'étranger.

4e question. — N'y aurait-il pas quelques mesures à prendre pour répandre d'une manière plus générale parmi les éleveurs l'usage de la castration des poulains en bas âge?

Réponse. — Donner un intérêt à faire castrer les poulains, en élevant le prix d'achat des chevaux d'arme, semble à la commission le moyen le plus efficace d'arriver au but désiré.

Ne pourrait-on pas n'acheter des chevaux de cavalerie, l'artillerie exceptée, qu'autant que les propriétaires seraient munis de certificats constatant que ces chevaux sont sortis des étalons nationaux ou approuvés? Cette mesure entraverait la détestable influence des étalons rouleurs.

VOEUX.

Augmenter le nombre des étalons du dépôt, le porter à 100 au lieu de 85; élever les primes aux juments poulinières; diriger les encouragements, surtout dans le but d'augmenter l'écoulement des produits; ériger la succursale du dépôt de Saint-Lô en dépôt; engager les commissions qui reçoivent les étalons autorisés à tenir compte, autant que possible, de la qualité de l'étalon comme reproducteur, ce qui peut exister souvent indépendamment de la perfection des formes. Augmentation considérable du budget des haras.

N° 12.

CIRCONSCRIPTION DE LAMBALLE.

La commission était composée de la manière suivante :

DÉPARTEMENTS.	NOMBRE de membres.	NOMS DES MEMBRES.	PRÉSIDENT.	SECRÉTAIRE.
Côtes-du-Nord.........	6	De Marbot, commandant du dépôt de remonte de Guingamp; Bonnefin, ancien capitaine de cavalerie; Cohan, membre du conseil général; Legoff, médecin-vétérinaire; de Percevaux fils, Ollitrant-Dureste........	Cohan.	Legoff.
Ille-et-Vilaine.........	3	De la Belinaye, du Poulpiquet, du Halgorcet.........................		

Voici les documents que fournit la statistique générale sur cette circonscription :

DÉPARTEMENTS.	POPULATION CHEVALINE.				OBSERVATIONS.
	Chevaux.	Juments.	Poulains.	TOTAL.	
Côtes-du-Nord.........	22,431	51,075	16,432	89,938	
Ille-et-Vilaine.........	38,491	18,472	5,470	62,433	
TOTAUX.........	60,922	69,547	21,902	152,371	

L'importance relative de l'intervention de l'État dans la production ressort du tableau suivant, que nous extrayons de ceux qui sont à la suite de ce rapport :

DÉPARTEMENTS.	NOMBRE DES POULINIÈRES correspondant aux naissances.	MINIMUM DES ÉTALONS nécessaires pour les féconder.	CATÉGORIES auxquelles appartiennent ces étalons.						PROPORTION dans laquelle interviennent dans la production générale les étalons entretenus, approuvés et autorisés par l'État,		RAPPORT du chiffre des naissances à celui de l'espèce.
			Entretenus ou nationaux.	Approuvés ou subventionnés.	Autorisés.	TOTAL.	Libres.	TOTAL GÉNÉRAL.	pour chaque département.	pour la circonscription.	
Côtes-du-Nord.........	27,386	608	34	15	45	94	514	608	0,15	0,15	0,13
Ille-et-Vilaine.........	9,117	203	11	1	16	28	175	203	0,14		
TOTAUX.........	36,503	811	45	16	61	122	689	811			

Six questions ont été posées par l'Administration aux membres de la commission de la circonscription du dépôt de Lamballe.

1re QUESTION. — A quels besoins répond la population chevaline des deux départements? La production et l'élève sont-elles au niveau des exigences des différents services auxquels le cheval s'applique en ce temps-ci?

RÉPONSE. — La population chevaline d'Ille-et-Vilaine répond plus directement aux besoin de l'agriculture et du commerce. Les arrondissements de Rennes et de Saint-Malo achètent des chevaux entiers à l'âge de deux ans pour les travaux de l'agriculture, et les revendent à l'âge de quatre à cinq ans au commerce. Les arrondissements de Fougères et de Vitré font naître des poulains de trait qu'ils vendent dans le jeune âge. Le canton de Dol et l'arrondissement de Redon possèdent aussi une race légère, qui a de la distinction, susceptible d'amélioration par l'introduction de bons étalons. Ce département fournit aux remontes le cheval d'artillerie, d'équipages, et quelques chevaux de ligne.

Le département des Côtes-du-Nord, qui fournit tout à la fois aux besoins de l'agriculture, du commerce et de l'armée, est plutôt producteur qu'éleveur; cependant on y cherche en vain le cheval de luxe, et on y rencontre en trop petit nombre les chevaux à deux fins réunissant la force et la vitesse.

2e QUESTION. — Quelles modifications de formes serait-il désirable de poursuivre par la voie d'alliances raisonnées dans la jument indigène avec des reproducteurs d'une race bien déterminée?

RÉPONSE. — Améliorer la race un peu trop lourde du littoral par elle-même, en y joignant les améliorateurs étrangers propres à lui donner la légèreté et la distinction sans lui ôter la force: le hunter anglais de préférence à l'étalon anglo-normand.

Pour les autres races, et surtout celle des montagnes, préférer les arabes ou les barbes membrés et près de terre, les anglais de pur sang et les chevaux croisés anglais ou limousins avec les arabes.

3e QUESTION. — Quelle direction serait-il convenable de donner aux divers encouragements appliqués jusqu'ici à l'industrie chevaline de la circonscription du dépôt d'étalons de Lamballe?

RÉPONSE. — Attacher au sol par de nombreuses primes tous les produits mâles et femelles propres à améliorer la race et provenant de l'accouplement de nos plus belles juments avec les étalons des haras.

4e QUESTION. — Pour quelle part les deux départements dont se compose la circonscription entrent-ils ou pourraient-ils entrer dans la fourniture annuelle des chevaux réclamés par les différentes armes de la cavalerie?

RÉPONSE. — Pour les besoins ordinaires, ces deux départements peuvent fournir, en terme moyen, les proportions suivantes:

Chevaux de cavalerie	150
Chevaux de trait d'artillerie	400
Chevaux des divers trains	800

Dans un cas pressant et exceptionnel:

Chevaux de cavalerie	300
Chevaux de trait d'artillerie	600
Chevaux des divers trains	un nombre indéterminé.

5e QUESTION. — Le débouché de l'armée, s'il était ouvert d'une manière permanente et régulière à la production, offrirait-il aux éleveurs un suffisant intérêt à faire naître et à élever convenablement?

RÉPONSE. — La commission, à l'unanimité, répond affirmativement à cette question, pourvu toutefois qu'on élève le prix des remontes pour les chevaux de trait léger, de cavalerie légère et de ligne, et surtout dans l'Ille-et-Vilaine.

6e QUESTION. — Les chevaux des deux départements sont-ils appropriés aux nouvelles exigences de la locomotion?

RÉPONSE. — On peut désirer encore un peu plus de vitesse, que l'on obtiendra par les producteurs allégis.

VŒUX.

Saillie gratuite seulement pour les chevaux de sang.

Primes accordées aux juments suitées, plus fortes pour celles qui seraient suivies d'un produit de cheval de sang.

Primes accordées aux poulains mâles destinés à améliorer la race par elle-même.

Mesures répressives contre les mauvais étalons.

Tous les achats pour l'armée faits en France.

Porter à 100 le nombre des étalons du dépôt de Lamballe ; un tiers serait composé de chevaux de trait légers.

Adopter un plan d'écurie modèle avec primes pour les cultivateurs qui l'accepteraient.

Rédiger un traité simple et concis sur l'élève du poulain ; le faire traduire en breton.

Afficher dans toutes les stations d'étalons un tableau des primes accordées à l'élève du cheval et des conditions qui y donnent droit.

Donner le plus de publicité possible aux achats de remonte.

N° 13.

CIRCONSCRIPTION DE LANGONNET.

La commission était composée de la manière suivante :

DÉPARTEMENTS.	NOMBRE de membres.	NOMS DES MEMBRES.	PRÉSIDENT.	SECRÉTAIRE.
Finistère............	5	De Kermenguy, P. Dulaz, E. de Rodellec du Porzic, Th. de Pampery, de Kerhoire........................	De Gouvello.	Th. de Pampery.
Morbihan.............	4	De Gouvello, de Lescoet, de Guennego, de Lafférières...................		

Voici les documents que fournit la statistique générale sur cette circonscription :

DÉPARTEMENTS.	POPULATION CHEVALINE.				OBSERVATIONS.
	Chevaux.	Juments.	Poulains.	TOTAL.	
Finistère.............	32,645	50,502	22,383	105,530	
Morbihan.............	19,354	17,909	5,136	42,399	
TOTAUX.........	51,999	68,411	27,519	147,929	

L'importance relative de l'intervention de l'État dans la production ressort du tableau suivant, que nous extrayons de ceux qui sont à la suite de ce rapport :

DÉPARTEMENTS.	NOMBRE DES POULINIÈRES correspondant aux naissances.	MINIMUM DES ÉTALONS nécessaires pour les féconder.	CATÉGORIES auxquelles appartiennent ces étalons.						PROPORTION dans laquelle interviennent dans la production générale les étalons entretenus, approuvés et autorisés par l'État,		RAPPORT du chiffre des naissances à celui de l'espèce.
			Entretenus ou nationaux.	Approuvés ou subventionnés.	Autorisés.	TOTAL.	Libres.	TOTAL GÉNÉRAL.	pour chaque département.	pour la circonscription.	
Finistère.............	37,305	829	34	13	7	54	775	829	0,07	0,07	0,18
Morbihan	8,560	190	20	"	"	20	170	190	0,11		
TOTAUX.........	45,865	1,019	54	13	7	74	945	1,019			

Cinq questions ont été posées par l'Administration aux membres de la commission de la circonscription de Langonnet.

1re QUESTION. — Dans les différentes espèces qui la composent, la population chevaline de la circonscription du dépôt d'étalons de Langonnet répond-elle aux besoins de l'époque? Son activité est-elle en rapport avec la consommation d'une part, et, d'autre part, avec les ressources fourragères du pays?

RÉPONSE. — Les diverses races sont restées à peu près stationnaires, et leur vitesse n'est pas en rapport avec les besoins de l'époque.

Chaque région possède une population chevaline proportionnée à ses besoins sous le rapport de la culture, de la locomotion et de ses ressources alimentaires de toute nature.

La région du nord s'occupe plus de la population chevaline, celle du sud et la zone intérieure se livrent à l'engraissement du bétail.

2e QUESTION. — Quelles améliorations de formes serait-il désirable de poursuivre en vue d'accroître la valeur vénale des chevaux qui naissent dans les deux départements?

RÉPONSE. — Il faut que la race chevaline soit modifiée de manière à répondre aux besoins nouveaux; il faut lui faire acquérir plus de taille, lui donner une tête plus légère, une encolure plus allongée, plus de longueur d'épaule, un garrot plus élevé, le corps court, le rein droit, la croupe horizontale, les membres nets et amples, les tendons résistants, détachés, les boulets distincts des parties auxquelles ils adhèrent; il faut, toutefois, conserver l'homogénéité de la race.

Les chevaux de trait les plus distingués dans la race bretonne et des étalons carrossiers étoffés et près de terre seraient employés avec succès pour les juments communes. Le cheval de pur sang serait réservé au petit nombre de juments de distinction.

Il conviendrait d'entretenir seulement un petit nombre de stations composées de carrossiers pour améliorer la race bidette; on les placerait sur quelques points du Morbihan et la partie sud du Finistère.

3e QUESTION. — Quels débouchés sont ouverts à cette industrie? Celui de l'armée offre-t-il, en l'état actuel des choses, un suffisant intérêt à une production abondante, à un élevage perfectionné? Dans tous les cas, pour quelle part les départements du Finistère et du Morbihan entrent-ils ou pourraient-ils entrer dans la fourniture annuelle des remontes militaires?

Réponse. — Les débouchés sont, pour la race de trait du nord, le roulage, les messageries, l'agriculture et l'industrie mulassière; cette dernière industrie paraît cependant en souffrance.

La zone du nord se divise en deux industries, l'une qui fait naître et l'autre qui élève. Les éleveurs regardent comme une charge onéreuse de conserver les poulains au delà de trois ans: c'est la cause qui empêche cette contrée de fournir un contingent plus élevé aux remontes; cependant la région nord pourrait fournir un grand nombre de chevaux d'artillerie, et la région sud serait promptement en mesure de livrer des chevaux de cavalerie légère, surtout si la remonte prenait indistinctement chevaux et juments.

4e question. — Quelle somme d'encouragement faudrait-il appliquer à l'industrie chevaline dans cette circonscription, et quelle devrait en être la forme?

Réponse. — Primer plus, et dans de plus fortes proportions, les poulinières saillies par les étalons de l'Administration des haras ou approuvés par elle, à l'exclusion des chevaux de gros trait.

Encourager autant que possible les courses.

5e question. — La grosse espèce s'y trouve-t-elle en rapport avec les nouveaux besoins de locomotion?

Réponse. — Elle en dépasse les besoins. Il faut nécessairement créer le cheval de trait léger; cette transformation est une question de vie ou de mort pour l'industrie chevaline de la circonscription de Langonnet.

VOEUX.

Augmenter le budget des haras pour qu'ils puissent influer dans la production et l'amélioration des races communes.

Porter à cent le nombre des étalons du dépôt de Langonnet.

Les choisir en harmonie avec les besoins du pays.

Augmenter le prix des chevaux de cavalerie de toutes les armes.

N° 14.

CIRCONSCRIPTION D'ANGERS.

La commission était composée de la manière suivante :

DÉPARTEMENTS.	NOMBRE de membres.	NOMS DES MEMBRES.	PRÉSIDENT.	SECRÉTAIRE.
Loire-Inférieure........	3	Lauriol, de Cornulier, de la Haie-Jousselin.....................	De Contades.	Boutton-Lévêque.
Maine-et-Loire........	3	De Contades, Ouvrard, Boutton-Lévêque.........................		
Mayenne............	2	Du Buat, Salmon................		
Sarthe..............	1	De Musset.....................		

Voici les documents que fournit la statistique générale sur cette circonscription :

DÉPARTEMENTS.	POPULATION CHEVALINE.				OBSERVATIONS.
	Chevaux.	Juments.	Poulains.	TOTAL.	
Loire-Inférieure.......	18,880	16,201	4,362	39,443	
Maine-et-Loire.........	17,152	19,355	4,640	41,147	
Mayenne............	14,858	25,126	10,904	50,888	
Sarthe..............	15,217	33,083	7,709	56,009	
TOTAUX.......	66,107	93,765	27,615	187,487	

L'importance relative de l'intervention de l'État dans la production ressort du tableau suivant, que nous extrayons de ceux qui sont à la suite de ce rapport :

DÉPARTEMENTS.	NOMBRE DE POULINIÈRES correspondant aux naissances.	MINIMUM DES ÉTALONS nécessaires pour les féconder.	CATÉGORIES auxquelles appartiennent ces étalons.						PROPORTION dans laquelle interviennent dans la production générale les étalons entretenus, approuvés et autorisés par l'État,		RAPPORT du chiffre des naissances à celui de l'espèce.
			Entretenus ou nationaux.	Approuvés ou subventionnés.	Autorisés.	TOTAL.	Libres.	TOTAL GÉNÉRAL.	pour chaque département.	pour la circonscription.	
Loire-Inférieure........	7,270	161	14	3	3	20	141	161	0,12	0,11	0,14
Maine-et-Loire........	7,734	172	30	6	3	39	133	172	0,23		
Mayenne............	18,173	404	17	5	5	27	377	404	0,07		
Sarthe..............	12,848	286	"	12	18	30	256	286	0,10		
TOTAUX........	46,025	1,023	61	26	29	116	907	1,023			

Quatre questions ont été posées par l'Administration aux membres de la commission de la circonscription du dépôt d'étalons d'Angers.

1re QUESTION. — La population chevaline de la circonscription s'est-elle sensiblement améliorée, depuis quinze ans, dans les parties où il a été possible aux haras de concentrer leurs efforts ?

RÉPONSE. — Oui, l'amélioration est sensible depuis quinze ans.

Un seul membre est de l'opinion opposée en ce qui regarde le département de la Sarthe; toutefois l'avis du membre représentant ce département vient à l'appui de celle émise par les autres membres, puisque depuis longtemps l'action de l'Administration des haras ne s'y fait pas sentir.

2e QUESTION. — Quels progrès ont été réalisés sous cette influence ?

RÉPONSE. — Sous l'influence de l'Administration des haras, la Loire-Inférieure, la Mayenne et Maine-et-Loire ont fourni à l'armée les meilleurs chevaux de cavalerie légère, les plus recherchés des colonels des diverses armes auxquels ils sont propres. Avec l'étalon de sang, la jument bretonne, qui est la poulinière la plus répandue dans la circonscription, a donné un cheval distingué, sobre et infatigable (1).

3e QUESTION.— L'industrie chevaline trouve-t-elle dans le système des remontes tel qu'il est pratiqué, une excitation suffisante à produire et à bien élever le cheval de troupe ?

RÉPONSE. — La commission, à l'unanimité, a répondu négativement.

Pour que l'administration des remontes puisse rendre au pays tous les services qu'il doit en attendre, la commission pense :

Que tous les établissements de remonte devraient être indépendants les uns des autres.

---

(1) La circonscription d'Angers est celle où l'Administration a jeté le plus de sang, et cela toujours à la satisfaction des éleveurs. Il n'existait pas de race proprement dite dans ce pays; la population chevaline se composait d'éléments hétérogènes, et cependant, grâce à l'influence du cheval de sang, on commence à y distinguer les germes d'une race qui s'y forme. Sans aucun doute, cette amélioration de la race chevaline n'est pas due exclusivement à l'introduction du cheval de sang; il faut l'attribuer aussi aux progrès agricoles du pays et à l'amélioration des voies de communication.

4e QUESTION. — La grosse espèce, qui occupe une partie de cette circonscription, est-elle appropriée aux nouveaux besoins des services publics?

RÉPONSE. — L'établissement si étendu des chemins de fer, l'état satisfaisant de nos grandes routes, et même des chemins vicinaux, tendent à amener la transformation de l'espèce de gros trait, telle qu'on la rencontre dans le département de la Sarthe et une partie de celui de la Mayenne. La vitesse demandée par les voitures publiques n'est plus en rapport avec la conformation du cheval de trait; il importe donc de la mettre en rapport avec les besoins de l'époque, en l'accouplant avec des étalons de sang. La commission pense qu'il ne faudrait pas chercher à rendre cette espèce trop fine, mais lui conserver une partie de son poids en lui donnant du sang, pour en tirer de fortes poulinières pouvant produire, avec l'étalon pur sang, des chevaux de cavalerie remarquables.

La commission de circonscription demande, sur l'avis du conseil général de la Sarthe, que des stations soient établies au Mans, à Mamers, Saint-Calais et Sablé.

Elle demande l'augmentation du nombre des étalons nationaux; en cas d'impossibilité, elle demande l'augmentation des primes accordées aux étalons approuvés (1) : ce serait le moyen de favoriser l'élève des chevaux de trait, cette race qui donne aux étalons de sang les meilleures poulinières.

---

(1) Voir la note de la page précédente.

N° 15. CIRCONSCRIPTION DE NAPOLÉON-VENDÉE.

La commission était composée de la manière suivante :

DÉPARTEMENTS.	NOMBRE de membres.	NOMS DES MEMBRES.	PRÉSIDENT.	SECRÉTAIRE.
Charente-Inférieure (rive droite).	3	Edm. de Saint-Marsaut, Grossetière, Boisdon de Villedoux............	Duvigneau.	De Puyberneau.
Vendée..............	6	De la Débuterie, Duvigneau, membre du conseil général; de Puybernéau, membre du conseil général; Brossaud, Mouzain de Sourdeval, de Baudry....................		

Voici les documents que fournit la statistique générale sur cette circonscription :

DÉPARTEMENTS.	POPULATION CHEVALINE.				OBSERVATIONS.
	Chevaux.	Juments.	Poulains.	TOTAL.	
Charente-Inférieure (rive droite).	5,318	8,604	1,761	15,683	Faute de renseignements précis, on a pris la moitié de la population chevaline du département de la Charente-Inférieure.
Vendée..............	4,551	18,997	5,713	29,261	
TOTAUX......	9,869	27,601	7,474	44,944	

L'importance relative de l'intervention de l'État dans la production ressort du tableau suivant, que nous extrayons de ceux qui sont à la fin de ce rapport :

DÉPARTEMENTS.	NOMBRE DES POULINIÈRES correspondant aux naissances.	MINIMUM DES ÉTALONS nécessaires pour les féconder.	CATÉGORIES auxquelles appartiennent ces étalons.						PROPORTION dans laquelle interviennent dans la production générale les étalons entretenus, approuvés et autorisés par l'État,		RAPPORT du chiffre des naissances à celui de l'espèce.
			Entretenus ou nationaux.	Approuvés ou subventionnés.	Autorisés.	TOTAL.	Libres.	TOTAL GÉNÉRAL.	pour la circonscription.	pour chaque département.	
Charente-Inférieure (rive droite).	2,395	65	21	1	•	22	43	65	0,34	0,30	0,16
Vendée..............	9,522	212	42	»	20	62	150	212	0,29		
TOTAUX.......	12,457	277	63	1	20	84	193	277			

Cinq questions ont été posées par l'Administration aux membres de la commission de circonscription du dépôt de Napoléon-Vendée.

1re QUESTION. — L'industrie chevaline est-elle en progrès dans la circonscription du dépôt de Napoléon-Vendée? En cas d'affirmative, quelles améliorations ont été obtenues?

RÉPONSE. — La race chevaline a été très-améliorée dans les marais de Saint-Gervais par le croisement avec les étalons nationaux.

Dans le nord du Bocage, les étalons arabes ont produit de bons et beaux résultats; cette localité réclame cependant quelques forts chevaux de race poitevine pour la production mulassière. La partie *est* du Bocage n'est pas dans une aussi belle position, ainsi que la Plaine et le Marais; il en est de même pour la rive droite de la Charente.

2e QUESTION. — Le progrès porte-t-il à la fois sur la production et l'élève?

RÉPONSE. — Il y a progrès dans la production et progrès dans l'élevage.

3e QUESTION. — La production est-elle en avance ou en retard sur l'étendue et la nature des débouchés ouverts?

RÉPONSE. — La production se trouve de beaucoup en avance; les prix de vente en font foi, puisqu'il faut vendre à perte, les débouchés n'étant pas suffisants.

4e QUESTION. — Les remontes militaires offrent-elles à l'industrie un suffisant intérêt à produire et à élever convenablement le cheval propre aux différentes armes de la cavalerie?

RÉPONSE. — Le débouché des remontes, tel qu'il existe, n'est pas suffisant et n'offre aucun intérêt à produire, parce que les achats ne sont pas constants et n'ont aucune fixité pour le nombre.

5e QUESTION. — Quelle somme d'encouragement faudrait-il appliquer à l'amélioration de la population chevaline de la circonscription du dépôt? Quel serait le meilleur mode d'emploi à faire de cette somme?

RÉPONSE. — Il faudrait donner des primes annuelles aux pouliches de un à deux ans, et on engagerait ainsi à conserver de bonnes poulinières; les propriétaires devraient prendre l'engagement par écrit de les livrer deux ans de suite à la reproduction, en les présentant aux étalons nationaux ou approuvés.

VOEUX.

La commission émet le vœu que M. le directeur du dépôt d'étalons de Napoléon-Vendée soit autorisé, comme cela a lieu depuis quatre ans, à acheter un certain nombre de poulains dans la circonscription, pour former ainsi une pépinière d'étalons qui fixerait et améliorerait la race locale.

Elle demande que l'avancement des officiers des haras ne puisse avoir lieu qu'en suivant régulièrement la filière, comme dans l'armée.

Elle appelle l'attention du Gouvernement sur l'importance de l'industrie mulassière dans une étendue notable de la circonscription, et réclame plusieurs étalons mulassiers dans le dépôt de Napoléon-Vendée.

Elle demande l'établissement d'un atelier de baudets dans ce même dépôt.

N° 16. CIRCONSCRIPTION DE SAINT-MAIXENT.

La commission était composée de la manière suivante :

DÉPARTEMENTS.	NOMBRE de membres.	NOMS DES MEMBRES.	PRÉSIDENT.	SECRÉTAIRE.
Deux-Sèvres.	5	Ed. Aymé, Lara-Minot, de Chièvres, Jorigné, Furiband de la Grangre. . .	De Chièvres.	Lara-Minot.
Vienne.	4	Hastron, Robert Beauchamp, Boucennes, Marsault.		

Voici les documents que fournit la statistique générale sur cette circonscription :

DÉPARTEMENTS.	POPULATION CHEVALINE.				OBSERVATIONS.
	Chevaux.	Juments.	Poulains.	TOTAL.	
Deux-Sèvres.	5,904	23,133	4,164	33,201	
Vienne.	7,463	18,401	2,040	27,904	
TOTAUX.	13,367	41,534	6,204	61,105	

L'importance relative de l'intervention de l'État dans la production ressort du tableau suivant, que nous extrayons de ceux qui sont à la suite de ce rapport :

DÉPARTEMENTS.	NOMBRE DES POULINIÈRES correspondant aux naissances.	MINIMUM DES ÉTALONS nécessaires pour les féconder.	CATÉGORIES auxquelles appartiennent ces étalons.						PROPORTION dans laquelle interviennent dans la production générale les étalons entretenus, approuvés et autorisés par l'État,		RAPPORT du chiffre des naissances à celui de l'espèce.
			Entretenus ou nationaux.	Approuvés ou subventionnés.	Autorisés.	TOTAL.	Libres.	TOTAL GÉNÉRAL.	pour chaque département.	pour la circonscription.	
Deux-Sèvres.	6,940	154	10	9	7	26	128	154	0,17	0,21	0,10
Vienne.	3,400	75	18	4	"	22	53	75	0,20		
TOTAUX.	10,340	220	(1) 28	13	7	48	181	220			

(1) Dans ce chiffre ne sont pas compris 6 étalons mulassiers.

Huit questions ont été posées par l'Administration aux membres de la commission de Saint-Maixent.

1re QUESTION. — Quel rôle la commission assignera-t-elle à l'action du dépôt d'étalons de Saint-Maixent?

RÉPONSE. — Le dépôt de Saint-Maixent, favorisé par les plus heureuses circonstances climatériques, exercera une influence favorable sur l'amélioration de la race chevaline; placé à peu près au centre de la circonscription, dans un pays sain et riche d'excellents fourrages, l'établissement ne laisse rien à désirer sous les rapports hygiéniques.

Si le cheval du Poitou manque d'élégance, il est sobre et propre à tous les services, quand l'intelligence a présidé au choix des accouplements et au soin de leur éducation. Une condition cependant est indispensable pour le succès, c'est un nombre suffisant d'étalons.

2e QUESTION. — Quelle espèce de chevaux croirait-elle particulièrement utile d'y réunir dans un intérêt d'amélioration de la population chevaline indigène?

RÉPONSE. — La race normande améliorée convient à la partie qui est en forte terre; la race orientale pur sang, dans les terrains maigres et légers. Le cheval anglais, fortement membré et étoffé, sera placé dans le Marais; on réservera le cheval poitevin, dit *mulassier*, pour la contrée qui a le privilége exclusif de produire ces belles mules que l'Europe nous envie.

3e QUESTION. — Ne serait-ce pas nuire, par une concurrence redoutable et inopportune, à l'industrie privée que d'entretenir aux frais de l'État, au dépôt de Saint-Maixent, des *étalons mulassiers* de valeur?

RÉPONSE. — L'entretien d'étalons mulassiers ne peut être au dépôt de Saint-Maixent, dans de justes limites, qu'une concurrence opportune et fructueuse.

4e QUESTION. — D'autre part, l'espoir de vendre des poulains mulassiers à l'Administration des haras ne pousserait-il pas l'industrie à produire cette sorte d'animaux avec plus de soin, en choisissant mieux les mères?

RÉPONSE. — L'espoir de vendre des poulains mulassiers à l'Administration des haras pousserait l'industrie à produire cette sorte d'animaux avec plus de soin, en choisissant mieux les mères.

5e QUESTION. — En supposant que l'Administration consentît à élever des poulains mulassiers, nés dans les marais qui les produisaient autrefois, devrait-elle les conserver pour les entretenir à ses frais, ou les vendre aux enchères publiques dès qu'ils seraient en âge d'entrer en service?

RÉPONSE. — L'établissement de Saint-Maixent offre toutes ressources pour l'élevage; l'Administration devrait conserver les meilleurs poulains pour les entretenir à ses frais et en faire des étalons; elle vendrait ensuite le rebut de ce choix.

6e QUESTION. — Serait-ce porter atteinte à l'industrie que d'entretenir aux frais de l'État, ainsi que quelques personnes le demandent, des *baudets* qui, pendant la monte, seraient répartis dans des stations bien placées?

RÉPONSE. — Non. L'Administration ne devrait point entretenir de *baudets;* elle devrait primer les plus belles juments poitevines, devenues si rares.

7e QUESTION. — A quels besoins répond la population chevaline des Deux-Sèvres et de la Vienne?

RÉPONSE. — Avec des éléments insuffisants en nombre, et qui laissent trop à désirer en qualité, cette circonscription a produit jusqu'ici, dans des proportions différentes, il est vrai, des chevaux propres au service de l'armée et du commerce; avec de meilleurs types et quelques étalons de plus, on pourvoirait à toutes les exigences. Nulle part on ne rencontre mieux les conditions variées et réunies qui conviennent à l'élève du cheval.

8e QUESTION. — Les remontes militaires offrent-elles aux éleveurs un suffisant intérêt à faire naître et à élever convenablement le cheval propre aux différentes armes de la cavalerie?

RÉPONSE. — Les remontes présenteraient un intérêt suffisant, sans les difficultés qu'éprouvent les éleveurs à faire admettre les sujets qu'ils présentent.

Le système des remontes peut être bon, mais l'application est mauvaise.

VŒUX.

Il est de toute nécessité que le chiffre des étalons du dépôt de Saint-Maixent soit immédiatement porté à 50, et composé ainsi qu'il suit :

3 étalons orientaux,
4 anglais pur sang,
6 demi-sang légers,
10 poitevins mulassiers,
27 carrossiers se rapprochant du hunter.

Donner des primes aux poulinières suitées d'un produit provenant d'un étalon du Gouvernement ou approuvé.

Modifier la loi sur les vices rédhibitoires, en ce qui touche surtout la fluxion périodique.

N° 17.

CIRCONSCRIPTION DE SAINTES.

La commission était composée de la manière suivante :

DÉPARTEMENTS.	NOMBRE de membres.	NOMS DES MEMBRES.	PRÉSIDENT.	SECRÉTAIRE.
Charente-Inférieure (rive gauche).	5	De Saint-Léger, membre du conseil général; Delange, président de la société hippique de Saintes; de la Rade, membre d'une commission hippique; Bouy, propriétaire et éleveur; Jendeau, *idem*....................	De Saint-Léger.	Delange.
Charente............	4	Delaporte, président de la société hippique d'Angoulême; Dasnières, membre de la société d'agriculture; de Boideuil, membre du conseil général; Bouhier, *idem*.................		

Voici les documents que fournit la statistique générale sur cette circonscription :

DÉPARTEMENTS.	POPULATION CHEVALINE.				OBSERVATIONS.
	Chevaux.	Juments.	Poulains.	TOTAL.	
Charente-Inférieure (rive gauche).	5,319	8,605	1,761	15,685	Faute de renseignements précis on a pris la moitié de la population chevaline du département de la Charente-Inférieure.
Charente............	8,051	10,438	1,272	19,761	
TOTAUX.......	13,370	19,043	3,033	35,446	

L'importance relative de l'intervention de l'État dans la production ressort du tableau suivant, que nous extrayons de ceux qui sont à la suite de ce rapport :

DÉPARTEMENTS.	NOMBRE DES POULINIÈRES correspondant aux naissances.	MINIMUM DES ÉTALONS nécessaires pour les féconder.	CATÉGORIES auxquelles appartiennent ces étalons.						PROPORTION dans laquelle interviennent dans la production générale les étalons entretenus, approuvés et autorisés par l'État,		RAPPORT du chiffre des naissances à celui de l'espèce.
			Entretenus ou nationaux.	Approuvés ou subventionnés.	Autorisés.	TOTAL.	Libres.	TOTAL GÉNÉRAL.	pour chaque département.	pour la circonscription.	
Charente-Inférieure (rive gauche).	2,935	65	21	»	»	21	44	65	0,32	0,37	0,09
Charente............	2,120	47	20	»	1	21	26	47	0,45		
TOTAUX.......	5,055	112	41	»	1	42	70	112			

Sept questions ont été posées par l'Administration aux membres de la commission de circonscription de Saintes.

1re QUESTION. — Quelle est l'importance actuelle de la production chevaline dans les deux Charentes ?

RÉPONSE. — Depuis plusieurs années, l'industrie chevaline a pris dans ces deux départements un développement sensible : dans la Charente, on fait naître et on élève sur toute la surface du département; en outre, on importe un certain nombre de poulains tirés des départements voisins. Le nombre des étalons est insuffisant. Les besoins du luxe, du commerce et de l'agriculture exigent beaucoup plus. En 1849, dans la Charente-Inférieure, 44 étalons ont sailli 2,406 juments. Le département de la Charente produit peu de poulains ; les propriétaires les achètent à dix-huit ou trente mois, les font peu travailler, et les livrent à l'âge de quatre à cinq ans aux remontes ou au commerce.

2e QUESTION. — Quelles améliorations réclame cette industrie?

RÉPONSE. — Dans la Charente, il n'existe point de race locale. Les étalons placés dans ce département n'ont pu saillir que des juments défectueuses, et ont par conséquent peu amélioré la race. L'État devrait fournir des juments qu'il ferait revendre à l'enchère. Il faut continuer à allouer des primes pour les deux départements aux pouliches de deux ans, afin d'engager le propriétaire à les livrer à la reproduction; le nombre des étalons nationaux doit être considérablement augmenté, et le budget des haras devrait être doublé.

3e QUESTION. — Eu égard aux besoins qu'elle est appelée à remplir, a-t-elle une activité suffisante?

RÉPONSE. — Dans les deux Charentes, l'industrie chevaline n'a point une activité suffisante, ni sous le rapport des besoins qu'elle est appelée à remplir, ni sous le rapport des moyens de bonne production.

4e QUESTION. — Quels débouchés lui sont ouverts? Celui de l'armée satisfait-il aux exigences de l'industrie, et lui offre-t-il un intérêt réel à produire et à élever le cheval propre aux différentes armes de la cavalerie?

RÉPONSE. — Le commerce enlève le plus grand nombre des poulains du pays pour les transporter dans le Perche, le Berry et la Normandie. Ces poulains sont généralement les meilleurs. Quoi qu'il en soit, la remonte trouve encore un certain nombre de chevaux, tous de bonne qualité; s'il y avait avantage pour l'éleveur à produire le cheval de troupe, le pays lui en fournirait *six fois autant*.

5e QUESTION. — Quels rapports de nombre existe-t-il entre la production du cheval et la production du mulet dans les deux Charentes?

RÉPONSE. — L'industrie mulassière est peu en faveur dans ces deux départements : le seul arrondissement de Ruffec (Charente) livre annuellement de 4 à 500 juments aux baudets. Cette industrie est presque nulle dans la Charente-Inférieure.

6e QUESTION. — Laquelle de ces deux spéculations offre le plus de garantie et de profit à l'agriculture, en exprimant numériquement les différences?

RÉPONSE. — Dans la Charente-Inférieure, on ne fait pas de mulets, parce que la localité se prête plus à l'élève du cheval : dans la haute Charente, au contraire, surtout dans la portion qui touche au Poitou, les mulets sont élevés avec avantage.

7e QUESTION. — Les deux départements ne trouveraient-ils pas un intérêt réel à importer des poulains limousins d'un ou deux ans, et à les élever ensuite jusqu'à l'âge de la mise en service? Quelques expériences tentées à cet égard donnent à supposer que cette spéculation profiterait essentiellement et aux localités qui font naître, et à celles qui se borneraient à élever des poulains de bonne souche.

RÉPONSE. — L'importation des poulains limousins serait avantageuse pour la haute Charente : il n'en serait pas de même pour la Charente-Inférieure, dont l'industrie tend à exporter elle-même ses produits; il lui serait peu avantageux de tenter l'élevage de poulains étrangers, trop impressionnables et trop peu rustiques pour son sol.

Le dépôt de Saintes n'est point encore en plein exercice; cependant l'Administration a cru devoir nommer une commission de circonscription qui pût indiquer les besoins de cet établissement, qui recevra des étalons aussitôt après la monte de cette année.

N° 18.

CIRCONSCRIPTION DE POMPADOUR.

La Commission était composée de la manière suivante :

DÉPARTEMENTS.	NOMBRE de membres.	NOMS DES MEMBRES.	PRÉSIDENT.	SECRÉTAIRE.
Corrèze	3	De Seilhac, de Beaune, Breton	De Seilhac.	De Sainthorent.
Creuse	3	De Bony, de Sainthorent fils, Léopold de Montbas		
Haute-Vienne	3	Des Moutiers-Mérinville, de Rouffignac, de Ronon		

Voici les documents que fournit la statistique générale sur cette circonscription :

DÉPARTEMENTS.	POPULATION CHEVALINE.				OBSERVATIONS.
	Chevaux.	Juments.	Poulains.	TOTAL.	
Corrèze	5,838	2,664	528	9,030	
Creuse	2,387	2,745	1,046	6,178	
Haute-Vienne	3,593	4,502	710	8,805	
TOTAUX	11,818	9,911	2,284	23,013	

L'importance relative à l'intervention de l'État dans la production ressort du tableau suivant que nous extrayons de ceux qui sont à la suite de ce rapport :

DÉPARTEMENTS.	NOMBRE DES POULINIÈRES correspondant aux naissances.	MINIMUM DES ÉTALONS nécessaires pour les féconder.	CATÉGORIES auxquelles appartiennent ces étalons.						PROPORTION dans laquelle interviennent dans la production générale les étalons entretenus, approuvés et autorisés par l'État,		RAPPORT du chiffre des naissances à celui de l'espèce.
			Entretenus ou nationaux.	Approuvés ou subventionnés.	Autorisés.	TOTAL.	Libres.	TOTAL GÉNÉRAL.	pour chaque département.	pour la circonscription.	
Corrèze	880	20	10	"	"	10	10	20	0,50	0,58	0,08
Creuse	1,744	39	21	1	"	22	17	39	0,56		
Haute-Vienne	1,183	26	17	"	"	17	9	26	0,65		
TOTAUX	3,807	85	48	1	"	49	36	85			

Cinq questions ont été posées par l'Administration aux membres de la commission de circonscription du dépôt Pompadour.

1re QUESTION. — L'industrie particulière pourrait-elle se charger, avec avantage pour elle-même, de l'entretien des étalons nécessaires à une production avancée?

RÉPONSE. — Le haut prix de l'étalon anglais de mérite, l'éloignement des contrées où l'on pourrait trouver de bons chevaux arabes, seraient pour les propriétaires des difficultés insurmontables; la commission pense donc que les étalons vraiment améliorateurs doivent être entre les mains de l'État.

2e QUESTION. — Les débouchés actuellement ouverts à la production et à l'élève sont-ils un véhicule puissant, suffisant à la multiplication et au perfectionnement de l'espèce chevaline indigène à la circonscription du haras de Pompadour? Les remontes militaires viennent-elles au secours de cette industrie dans les départements de la Haute-Vienne, de la Creuse et de la Corrèze?

RÉPONSE.—Les débouchés actuels sont éminemment utiles, mais la commission ne les trouve pas suffisants.

Les remontes militaires viennent en aide à la production, mais l'application du système actuel paraît susceptible de diverses modifications.

3e QUESTION. — Comme question de principe, l'industrie peut-elle se plaindre, non-seulement du mérite des étalons que les haras lui fournissent, et surtout de la présence simultanée, dans les stations, de l'étalon de pur sang anglais, de pur sang arabe, ou du produit qui résulte de l'alliance de l'une et l'autre race entre elles?

RÉPONSE. — La commission croit pouvoir déclarer que l'industrie est satisfaite du choix des étalons et de l'attention avec laquelle s'opère leur renouvellement.

Les bons résultats obtenus dans la Haute-Vienne par l'emploi du pur sang anglais ou arabe et de leurs dérivés font désirer la continuation de ces mêmes croisements dans cette contrée. La Corrèze et la Creuse réclament le sang oriental, sans exclure toutefois le bon cheval anglais : elles demandent que les étalons anglo-normands soient employés avec la plus grande réserve. Le fort demi-sang né en Limousin ou dans le Midi et bien élevé leur est préférable.

4e QUESTION. — Les encouragements donnés à la poulinière et à la pouliche, en présence d'un écoulement aussi peu avantageux des produits, sont-ils indispensables et suffisants?

RÉPONSE. — Ces encouragements sont indispensables quant à présent. Il faut donc continuer ce qui se fait aujourd'hui en faveur de la poulinière et de la pouliche, et l'augmenter même, si cela est possible, jusqu'à ce que la race soit faite, bien établie et suffisamment bonne.

5e QUESTION. — L'exportation des poulains mâles, si elle pouvait être régularisée, s'effectuer sur une certaine échelle, serait-elle un véhicule puissant à la multiplication et au perfectionnement?

RÉPONSE. — Nul doute que l'écoulement des produits mâles ne soit un bienfait : c'est la condition première de la multiplication de l'espèce, et, par suite, de l'amélioration. Les achats annuels de la Société d'encouragement de Pompadour font un bien incontestable, mais ses opérations ne sont pas assez étendues pour que leur action se fasse également sentir dans les départements de la Corrèze, de la Creuse et de la Haute-Vienne. S'il était possible de les régulariser et d'y faire participer tous les points qui peuvent offrir des ressources, l'encouragement serait puissant et efficace.

VOEUX.

Enrichir de quelques chevaux de tête, ramenés d'Angleterre ou d'Orient, le haras de Pompadour; soutenir et faire progresser l'institution des courses; maintenir les primes accordées par l'État aux juments de pur sang; soumettre tout étalon faisant la monte chez les particuliers à une patente de santé; multiplier le nombre des étalons autorisés ou approuvés; favoriser la vente du cheval limousin par tous les moyens possibles; en conséquence, seconder puissamment la Société d'encouragement de Pompadour, afin que des achats de poulains soient faits sur une plus grande échelle; créer un établissement d'élevage et de dressage sur une des terres du haras de Pompadour; faire faire tous les cinq ans dans les trois départements une bonne statistique de la population chevaline.

N° 19.

CIRCONSCRIPTION D'AURILLAC.

La Commission était composée de la manière suivante :

DÉPARTEMENTS.	NOMBRE de membres.	NOMS DES MEMBRES.	PRÉSIDENT.	SECRÉTAIRE.
Cantal...............	3	De Miramon, membre du conseil général; Destanne de Bernis, membre du conseil général; de Lacan.........	De Miramon.	De Sédaiges.
Haute-Loire...........	1	Goi fils, vétérinaire................		
Lot.................	3	De Montmaur, ancien officier de cavalerie; de Garny, *idem*; Besse, *idem*....		
Puy-de-Dôme........	2	De Penautier, membre du conseil général de Sédaiges.....................		

Voici les documents que fournit la statistique générale sur cette circonscription :

DÉPARTEMENTS.	POPULATION CHEVALINE.				OBSERVATIONS.
	Chevaux.	Juments.	Poulains.	TOTAL.	
Cantal...............	2,049	8,161	1,322	11,532	
Haute-Loire..........	2,320	6,619	1,583	10,531	
Lot.................	3,811	2,695	415	6,921	
Puy-de-Dôme........	7,290	4,892	885	13,067	
TOTAUX.........	15,479	22,367	4,205	42,051	

L'importance relative à l'intervention de l'État dans la production ressort du tableau suivant que nous extrayons de ceux qui sont à la suite de ce rapport :

DÉPARTEMENTS.	NOMBRE DES POULINIÈRES correspondant aux naissances.	MINIMUM DES ÉTALONS nécessaires pour les féconder.	CATÉGORIES auxquelles appartiennent ces étalons.						PROPORTION dans laquelle interviennent dans la production générale les étalons entretenus, approuvés et autorisés par l'État,		RAPPORT du chiffre des naissances à celui de l'espèce.
			Entretenus ou nationaux.	Approuvés ou subventionnés.	Autorisés.	TOTAL.	Libres.	TOTAL GÉNÉRAL.	pour chaque départe-ment.	pour la circons-cription.	
Cantal...............	2,203	49	18	"	"	18	31	49	0,37	0,28	0,10
Haute-Loire...........	2,638	59	11	"	"	11	48	59	0,19		
Lot.................	692	16	7	"	"	7	9	16	0,47		
Puy-de-Dôme..........	1,475	33	7	"	"	7	26	33	0,21		
TOTAUX........	7,008	157	43	"	"	43	114	157			

Six questions ont été posées par l'Administration aux membres de la circonscription du dépôt d'étalons d'Aurillac.

1re QUESTION. — La production du cheval, dans les quatre départements qui forment la circonscription du dépôt d'Aurillac, a-t-elle toute l'activité désirable? En cas de négative, quelles sont les causes de cette insuffisance?

RÉPONSE. — Non, la production chevaline n'a pas toute l'activité désirable, et cela provient du petit nombre de juments convenables à la reproduction et du petit nombre d'étalons, qui en général sont peu appropriés aux races des juments du pays. La vente facile des produits des races bovine et mulassière fait négliger la production chevaline.

Le Lot réclame l'envoi d'étalons dans les trois arrondissements qui le composent.

2e QUESTION. — L'importance actuelle des débouchés ouverts à la production commande-t-elle une activité plus grande à la production et à l'élève?

RÉPONSE. — Les besoins commandent une plus grande activité à la production et à l'élève. Les demandes sont bien au-dessus des offres.

3e QUESTION. — Les ressources d'alimentation donnée aux produits répondent-elles aux exigences de développement et de force que réclame chez le cheval, aujourd'hui, son application aux différents services?

RÉPONSE. — L'alimentation donnée aux produits répond peu aux exigences de développement et de force que réclame chez le cheval, aujourd'hui, son application aux différents services. Redoutant de ne pas trouver la rémunération de ses avances dans la valeur réalisable de ses produits, l'éleveur fait le moins de frais possible.

4e QUESTION. — N'y aurait-il pas avantage pour l'agriculture à ce que les possesseurs de juments limitassent leur spéculation sur l'industrie chevaline à la naissance et au premier élevage des poulains, dont on pourrait faciliter l'exportation, à un et deux ans, dans les localités riches en fourrages substantiels, où les consommateurs, et surtout l'armée les retrouveraient plus tard à l'état de chevaux faits et dressés?

Réponse. — Le département du Lot, dans l'état actuel de l'industrie chevaline, est en position de pouvoir élever ses produits. Dans les trois autres départements de la circonscription, il y aurait avantage à ce que les possesseurs de juments pussent limiter leur spéculation à la naissance et au premier élevage des poulains. S'il était possible d'encourager l'exportation des poulains d'un an à dix-huit mois, la production chevaline prendrait un accroissement important; elle est surtout entravée par la difficulté de conserver les produits (1).

5e question. — Le système actuel des remontes et le tarif des prix accordés offrent-ils assez de certitude et une rémunération suffisante à l'éleveur?

Réponse. — Non. Les éleveurs de la circonscription ne peuvent, en général, livrer de bons produits à moins de 650 francs.

6e question. — On se plaint beaucoup des produits résultants de l'alliance de la jument qui peuple la circonscription avec l'étalon de pur sang anglais. A quoi doivent se réduire ces plaintes?

Le chiffre des saillies obtenues, les résultats pécuniaires de l'élève des produits issus d'anglais sont-ils, comparativement, aussi mauvais qu'on le dit?

Il ne s'agit pas de nuire à l'emploi de l'étalon arabe; mais l'étalon anglais, en fin de compte, est-il dangereux, comme on se plaît à le dire et à le répéter sans cesse?

Réponse. — L'étalon de pur sang anglais est, en général, en désaccord avec la masse des poulinières de la circonscription. Le mauvais régime, un travail précoce et le manque de soins s'opposent au développement de ses produits. Libre de choisir entre l'étalon anglais pur sang et l'étalon arabe, l'éleveur donne la préférence au sang oriental. Cependant, fait avec discernement et dans une

---

(1) L'Administration a tâché d'organiser la distribution de l'industrie; en 1848, il s'est formé dans le Cantal une société dont le but principal était de faciliter l'exportation des produits, ce qui est utile tout à la fois aux producteurs et aux produits.

Dans le Puy-de-Dôme, le luxe ne consomme que des chevaux allemands, parmi lesquels se trouvent un grand nombre de juments que l'on pourrait employer utilement à la production. Il faudrait aussi exciter le petit propriétaire des montagnes à produire; les poulains nés dans la montagne se développeraient dans la plaine. Il y a nécessité absolue à tenir compte des deux natures du sol : le cheval arabe sera employé avec succès dans les terrains granitiques; dans la Limagne et dans la plaine, l'étalon de demi-sang anglais sera préférable.

certaine mesure, l'emploi du pur sang anglais peut être utile dans la circonscription : un certain nombre d'éleveurs le réclame; mais il doit présenter une organisation puissante et carrée, un corps régulier, des aplombs parfaits.

Quelques étalons de demi-sang fortement corsés, largement membrés, à la tête belle et bien attachée, seraient appréciés et utilisés dans la circonscription (1).

La commission de la circonscription du dépôt d'Aurillac émet les vœux suivants :

1° Que l'Administration des haras soit conservée comme service public, l'industrie privée ne pouvant encore se passer de l'intervention directe de l'État;

2° Que l'Administration devienne spéciale, indépendante des fluctuations de la politique;

3° Qu'elle soit placée sous la direction d'un chef spécial, avec assez d'autorité pour avoir la direction et la responsabilité des actes de son administration;

4° Que l'Administration soit plus en garde contre le mauvais choix et la mauvaise répartition de ses étalons;

5° Enfin, que le département du Lot ne soit pas distrait de la circonscription du dépôt d'Aurillac.

---

(1) L'Administration ne compte laisser à Aurillac que deux étalons de pur sang anglais ; à défaut d'arabes purs, elle y place des anglo-arabes; mais elle est convaincue que, quand les exportations seront régularisées, le cheval de sang anglais reprendra faveur.

N° 20.

CIRCONSCRIPTION DE LIBOURNE.

La Commission était composée de la manière suivante :

DÉPARTEMENTS.	NOMBRE de membres.	NOMS DES MEMBRES.	PRÉSIDENT.	SECRÉTAIRE.
Dordogne............	5	De Galard, Jeouffroy, de Fayolle, Joachim Souraud, de Marqueyssac.....	De Souvagnac.	De Fayolle.
Gironde.............	4	Oscar de Luetkens, membre du Conseil général; de Laroque-Latour, commandant de la succursale de remonte de Mérignac; F. Régis, membre de la société d'encouragement; Rabaud, président de la commission hippique.		

Voici les documents que fournit la statistique générale sur cette circonscription :

DÉPARTEMENTS.	POPULATION CHEVALINE.				OBSERVATIONS.
	Chevaux.	Juments.	Poulains.	TOTAL.	
Dordogne............	8,046	5,941	651	14,638	
Gironde.............	15,408	7,643	2,226	25,277	
TOTAUX.......	23,454	13,584	2,877	39,915	

L'importance relative de l'intervention de l'État dans la production ressort du tableau suivant que nous extrayons de ceux qui sont à la suite de ce rapport :

DÉPARTEMENTS.	NOMBRE DES POULINIÈRES correspondant aux naissances.	MINIMUM DES ÉTALONS nécessaires pour les féconder.	CATÉGORIES auxquelles appartiennent ces étalons.						PROPORTION dans laquelle interviennent dans la production générale les étalons entretenus, approuvés et autorisés par l'État,		RAPPORT du chiffre des naissances à celui de l'espèce.
			Entretenus ou nationaux.	Approuvés ou subventionnés.	Autorisés.	TOTAL.	Libres.	TOTAL GÉNÉRAL.	pour chaque département.	pour la circonscription.	
Dordogne............	1,085	24	6	"	"	6	18	24	0,25	0,33	0,05
Gironde.............	3,710	82	25	1	3	29	53	82	0,35		
TOTAUX.......	4,795	106	31	1	3	35	71	106			

Cinq questions ont été posées par l'Administration aux membres de la commission de la circonscription de Libourne.

1re QUESTION. — La Gironde et la Dordogne ne possèdent pas de famille de chevaux dont les caractères et le mérite rendent la conservation très-désirable : n'y aurait-il pas avantage, sinon à détourner de la production l'industrie, au moins à encourager celle-ci à se livrer plus particulièrement à l'élève perfectionnée des poulains de bonne souche qui naissent en Limousin, sans trouver, quant à présent, dans les richesses du sol natal, des ressources d'alimentation suffisantes et des moyens de développement nécessaires, eu égard aux exigences actuelles des différents services?

RÉPONSE. — La commission pense qu'il n'y a pas avantage à encourager dans la Gironde l'industrie à se livrer à l'élève perfectionnée des poulains de bonne souche qui naissent dans le Limousin; elle pense que l'Administration des haras doit favoriser par tous les moyens possibles la production dans la Gironde et la Dordogne, et dans ce dernier département l'importation des poulains du Limousin et surtout des pouliches.

2e QUESTION. — D'importants essais ont déjà été faits dans cette direction; l'expérience paraît avoir été heureuse : quels seraient les moyens d'élever rapidement à la condition d'un fait usuel les premières tentatives d'importation de poulains limousins dans la circonscription du dépôt de Libourne?

RÉPONSE. — Les membres de la Dordogne pensent que, pour arriver au but proposé, il faudrait donner à la société hippique, formée le 4 décembre 1847, les fonds nécessaires pour faire des achats de poulains plus nombreux dans le Limousin. Les membres de la Gironde, repoussant pour ce département l'introduction du poulain limousin, s'abstiennent de répondre à cette question.

3e QUESTION. — Des primes offertes aux poulains de cette provenance élevés dans les deux départements et essayés dans les courses spéciales au trot, sous l'homme ou à la guide, ne rempliraient-elles pas le but?

RÉPONSE. — Les primes et les courses au trot sous l'homme et à la guide sont les meilleurs moyens d'encouragement et d'émulation. La Dordogne admettrait également les poulains indigènes et importés; la Gironde exclut les derniers.

4e QUESTION. — Quels seraient, d'ailleurs, les encouragements les plus efficaces à donner aux éleveurs de la Gironde et de la Dordogne?

RÉPONSE. — Primes aux pouliches de quatre ans suitées d'un produit provenant d'étalons nationaux ou approuvés, à la charge par le propriétaire de les livrer à la reproduction pendant plusieurs années. Primes annuelles données aux étalons particuliers.

5e QUESTION. — Quels sont les débouchés ouverts à l'industrie chevaline dans la circonscription de Libourne? Celui de l'armée y excite-t-il suffisamment à la production du cheval de troupe?

RÉPONSE. — Trois débouchés sont assurés à la Gironde : la consommation de la ville de Bordeaux, l'exportation des poulains de la Lande et du Médoc, les achats de la remonte.

La Dordogne n'a d'autre débouché que la remonte.

VOEUX.

Loi coercitive pour réprimer l'abus des mauvais poulains laissés entiers dans les pacages.

Demande que le nombre des étalons du dépôt de Libourne soit porté à 60.

N° 21. CIRCONSCRIPTION DE VILLENEUVE-SUR-LOT.

La Commission était composée de la manière suivante :

DÉPARTEMENTS.	NOMBRE de membres.	NOMS DES MEMBRES.	PRÉSIDENT.	SECRÉTAIRE.
Lot-et-Garonne.........	5	De Beaumont, de Gironde, Laffitte, de Léonard, de Richemond, membre du conseil général..................	Leblanc du Vernès.	De Beaumont.
Tarn-et-Garonne.......	4	Alphonse de Gironde, ancien officier de cavalerie; Gisbert, maître de poste; Leblanc du Vernès, agriculteur; Maffre, artiste vétérinaire.........		

Voici les documents que fournit la statistique générale sur cette circonscription :

DÉPARTEMENTS.	POPULATION CHEVALINE.				OBSERVATIONS.
	Chevaux.	Juments.	Poulains.	TOTAL.	
Lot-et-Garonne.........	7,337	5,323	1,127	13,787	
Tarn-et-Garonne.......	2,915	4,685	914	8,514	
TOTAUX.......	10,252	10,008	2,041	22,301	

L'importance relative de l'intervention de l'État dans la production ressort du tableau suivant que nous extrayons de ceux qui sont à la suite de ce rapport :

DÉPARTEMENTS.	NOMBRE DES POULINIÈRES correspondant aux naissances.	MINIMUM DES ÉTALONS nécessaires pour les féconder.	CATÉGORIES auxquelles appartiennent ces étalons.						PROPORTION dans laquelle interviennent dans la production générale les étalons entretenus, approuvés et autorisés par l'État,		RAPPORT du chiffre des naissances à celui de l'espèce.
			Entretenus ou nationaux.	Approuvés ou subventionnés.	Autorisés.	TOTAL.	Libres.	TOTAL GÉNÉRAL.	pour chaque département.	pour la circonscription.	
Lot-et-Garonne.........	1,870	41	8	1	1	10	31	41	0,24	0,40	0,09
Tarn-et-Garonne.......	1,523	34	12	4	4	20	14	34	0,59		
TOTAUX.......	3,402	75	20	5	5	30	45	75			

Cinq questions ont été posées par l'Administration aux membres de la commission du dépôt de Villeneuve-sur-Lot.

1re QUESTION. — La production du cheval, eu égard aux besoins du pays et aux débouchés qui lui sont ouverts, a-t-elle une activité suffisante dans les deux départements de la circonscription du dépôt d'étalons de Villeneuve-sur-Lot?

RÉPONSE. — La commission, considérant que l'industrie chevaline trouve dans la circonscription une concurrence redoutable dans l'industrie mulassière et dans l'élève de la race bovine, pense qu'il importe que l'Administration vienne à son aide pour augmenter son activité.

2e QUESTION. — Dans tous les cas, cette production est-elle en progrès? Est-elle surtout en rapport avec l'abondance ou l'insuffisance des ressources fourragères?

RÉPONSE. — Depuis le rétablissement du dépôt d'étalons de Villeneuve-sur-Lot, l'industrie chevaline est en progrès; le nombre des saillies, et par conséquent celui des produits, augmente chaque année notablement. Il est à regretter que l'élève ne soit pas mieux entendue. Les ressources fourragères sont suffisantes, et pourraient recevoir une grande augmentation.

3e QUESTION. — La spéculation de l'élève est-elle réunie avec avantage dans la même main que la spéculation de production? Y aurait-il intérêt pour le cultivateur à ne se livrer qu'à l'une ou à l'autre de ces deux opérations?

RÉPONSE. — Il y a perte pour le cultivateur à réunir les deux opérations de l'élevage et de la reproduction. On peut faire naître partout, on ne peut élever que dans les localités privilégiées. Ces deux industries doivent marcher parallèlement, se soutenir et se compléter.

4e QUESTION. — Y aurait-il avantage à favoriser l'importation dans les deux départements, soit de bonnes pouliches, soit de poulinières de mérite, extraites d'une contrée renommée pour sa race?

RÉPONSE. — La commission pense que cette mesure concourrait puissamment à l'amélioration de la race; le pays manque essentiellement de bonnes poulinières.

5ᵉ QUESTION. — Quels progrès aurait à faire l'agriculture si les procédés d'élevage et d'alimentation étaient insuffisants?

RÉPONSE. — Les moyens d'alimentation sont suffisants. Cependant un meilleur système d'assolement, qui permettrait d'augmenter considérablement la production des plantes fourragères, favoriserait beaucoup l'élève du cheval.

VOEUX.

La commission voudrait qu'un manuel très-élémentaire d'élevage fût mis entre les mains des éleveurs des campagnes, et que des primes fussent données pour la bonne confection et la bonne tenue des écuries.

Elle exprime le vœu que l'Administration des haras soit plus sévère pour l'admission des juments à la saillie.

N° 22.

CIRCONSCRIPTION DE PAU.

La Commission était composée de la manière suivante :

DÉPARTEMENTS.	NOMBRE de membres.	NOMS DES MEMBRES.	PRÉSIDENT.	SECRÉTAIRE.
Basses-Pyrénées........	6	Lahirigoyen, membre du conseil général; de Livron, d'Espalungue, de Beaumont, Ducasse, Lascassiès.....	Lahirigoyen.	Darrican.
Landes...............	3	Darrican, membre du conseil général, de Behr, Jumel..................		

Voici les documents que fournit la statistique générale sur cette circonscription :

DÉPARTEMENTS.	POPULATION CHEVALINE.				OBSERVATIONS.
	Chevaux.	Juments.	Poulains.	TOTAL.	
Basses-Pyrénées........	7,489	14,775	3,040	25,304	
Landes...............	10,113	9,598	3,324	23,035	
TOTAUX.......	17,602	24,373	6,364	48,339	

L'importance relative de l'intervention de l'État dans la production ressort du tableau suivant que nous extrayons de ceux qui sont à la suite de ce rapport :

DÉPARTEMENTS.	NOMBRE DES POULINIÈRES correspondant aux naissances.	MINIMUM DES ÉTALONS nécessaires pour les féconder.	CATÉGORIES auxquelles appartiennent ces étalons.						PROPORTION dans laquelle interviennent dans la production générale les étalons entretenus, approuvés et autorisés par l'État,		RAPPORT du chiffre des naissances à celui de l'espèce.
			Entretenus ou nationaux.	Approuvés ou subventionnés.	Autorisés.	TOTAL.	Libres.	TOTAL GÉNÉRAL.	pour chaque département.	pour la circonscription.	
Basses-Pyrénées........	5,067	113	47	2	11	60	53	113	0,54	0,31	0,12
Landes...............	5,540	123	14	"	"	14	109	123	0,11		
TOTAUX.......	10,607	236	61	2	11	74	162	236			

Six questions ont été posées par l'Administration aux membres de la commission de circonscription de Pau.

1re QUESTION. — La production et l'élève du cheval sont-elles en progrès dans les Basses-Pyrénées ?

RÉPONSE. — La production et l'élève du cheval sont en progrès dans le département des Basses-Pyrénées, à l'exception du canton de Saint-Pé, où une station d'étalons est indispensable. Ce progrès est le même dans le département des Landes, sur les points où les haras font sentir leur heureuse influence. Dans les vallées de l'Adour et du Gave, les stations sont insuffisantes; il faudrait en établir une nouvelle à Saint-Sever ou à Aire.

La plus grande partie du département des Landes a besoin de sentir l'influence des haras. Il est nécessaire que la race des chevaux dite *landaise* soit conservée, améliorée et encouragée. Dans ce but, des stations d'étalons arabes, autant que faire se pourra, devront être établies à Sabres et à Soustons.

2e QUESTION. — Quelles sont les causes des améliorations obtenues, si la question est résolue par l'affirmative? A quoi faut-il attribuer l'état stationnaire ou rétrograde, si la question est tranchée en sens contraire ?

RÉPONSE. — Les causes des améliorations sont : 1° les encouragements accordés à la race chevaline; 2° les achats faits par la remonte sur une plus large échelle; 3° les étalons de l'Administration; 4° les courses, que la commission considère comme très-utiles au développement de la race chevaline.

Il serait à désirer que les achats pour la remonte fussent annoncés à l'avance, et que les étalons fussent mieux appropriés à la race du pays.

3e QUESTION. — Faire la part d'influence heureuse ou nuisible de l'étalon arabe et du reproducteur anglais de bon choix dans le progrès ou la dégénérescence de la population chevaline de la circonscription.

RÉPONSE. — Les chevaux arabes conviennent, en général, pour les deux départements. Quant aux chevaux anglais, ils conviennent, pourvu qu'ils soient près de terre et membrés, qu'ils aient les épaules développées et les hanches larges.

4e QUESTION. — Quel bien pourrait-on attendre de la conservation et de l'élevage, à l'état de chevaux entiers, des poulains nés dans les Basses-Pyrénées? La race en est-elle assez confirmée pour qu'il devienne avantageux de la reproduire par elle-même?

Réponse. — La race indigène ne peut encore être suffisante pour régénérer l'espèce navarraise.

5e question. — L'espoir d'élever des étalons ne doit-il pas nuire à l'élève facile et à la vente fructueuse du cheval de troupe, que les Basses-Pyrénées produisent d'ailleurs en si bonnes conditions?

Réponse. — L'élève des étalons, dans de justes proportions, et conseillé par l'avis des commissions d'achat nouvellement créées, est destiné à rendre d'importants services. La castration, opérée dans le jeune âge sur les poulains qui ne promettent pas de devenir étalons, est une nécessité indispensable; c'est par ce moyen seul que le cheval de troupe se forme et s'élève facilement. Ces deux industries pourront donc marcher parallèlement dans la circonscription.

6e question. — Les débouchés ouverts aux éleveurs sont-ils suffisants? Celui de l'armée offre-t-il à l'industrie un intérêt satisfaisant à produire bien et à élever convenablement le cheval de cavalerie légère?

Réponse. — Les débouchés ouverts aux éleveurs ne sont pas encore assez nombreux. Les achats pour le commerce du cheval de selle ne s'étendent pas encore d'une manière assez large.

VŒUX.

La commission émet le vœu que le nombre des étalons du dépôt de Gelos soit porté à quatre-vingts.

N° 23.

CIRCONSCRIPTION DE TARBES.

La Commission était composée de la manière suivante :

DÉPARTEMENTS.	NOMBRE de membres.	NOMS DES MEMBRES.	PRÉSIDENT.	SECRÉTAIRE.
Ariége	2	Gauban du Mont, de Tersac, Roque, De Huppé, de la Roque-Ordan, Martin, Lafon-Cazeing, Dauzat, Féraud.	Roque.	De la Roque-Ordan.
Aude	1			
Gers	2			
Haute-Garonne	2			
Hautes-Pyrénées	2			

Voici les documents que fournit la statistique générale sur cette circonscription :

DÉPARTEMENTS.	POPULATION CHEVALINE.				OBSERVATIONS.
	Chevaux.	Juments.	Poulains.	TOTAL.	
Ariége	2,988	5,694	1,662	10,330	
Aude	8,878	9,451	1,514	19,843	
Gers	5,495	10,425	2,853	18,773	
Haute-Garonne	4,783	9.480	1,882	16,145	
Hautes-Pyrénées	3,580	8,855	1,942	14,377	
TOTAUX	25,719	43,905	9,853	79,477	

L'importance relative de l'intervention de l'État dans la production ressort du tableau suivant que nous extrayons de ceux qui sont à la suite de ce rapport :

DÉPARTEMENTS.	NOMBRE DES POULINIÈRES correspondant aux naissances.	MINIMUM DES ÉTALONS nécessaires pour les féconder.	CATÉGORIES auxquelles appartiennent ces étalons.						PROPORTION dans laquelle interviennent dans la production générale les étalons entretenus, approuvés et autorisés par l'État,		RAPPORT du chiffre des naissances à celui de l'espèce.
			Entretenus ou nationaux.	Approuvés ou subventionnés.	Autorisés.	TOTAL.	Libres.	TOTAL GÉNÉRAL.	pour chaque département.	pour la circonscription.	
Ariége	2,770	61	17	2	3	22	39	61	0,33	0,39	0,11
Aude	2,523	56	7	6	7	20	36	56	0,36		
Gers	4,755	106	23	2	3	28	78	106	0,26		
Haute-Garonne	3,137	70	17	2	2	21	49	70	0,30		
Hautes-Pyrénées	3,236	72	32	5	15	52	20	72	0,72		
TOTAUX	16,421	365	96	17	30	143	222	365			

Cinq questions ont été posées par l'Administration aux membres de la commission de circonscription du dépôt de Tarbes.

1re QUESTION. — La production et l'élève du cheval sont-elles en progrès dans la circonscription du dépôt d'étalons de Tarbes?

RÉPONSE. — L'Ariége se trouve pour les saillies, et par conséquent pour le nombre des produits obtenus, à peu près au même point en 1849 qu'en 1844 (750-767); le cultivateur préfère à l'élève du cheval l'espèce bovine et la mulasse. Cette dernière industrie y est seulement temporaire et accidentelle. Le cheval y serait dans des conditions parfaites, si les accouplements y devenaient intelligents et le jeune produit bien nourri.

Le département de l'Aude est entré résolument dans l'industrie chevaline; en 1841, le nombre des juments saillies était de 165; en 1849, il s'est porté à 900. Il s'élèverait au double si on doublait le nombre des étalons. Dans ce département, une industrie spéciale tend à s'introduire, l'importation de poulains nés ailleurs : fourrages, climat, sol, tout dans ce pays semble appeler l'éducation du cheval. Deux importations, l'une en 1846, l'autre en 1847, y ont merveilleusement réussi.

Le département du Gers poursuit depuis longues années des succès plus solides que brillants. Des poulains d'élite, choisis dans les Hautes-Pyrénées, importés dans ce département, ont produit des étalons remarquables. La commission n'a pas de renseignements spéciaux en ce qui touche la Haute-Garonne. Les Hautes-Pyrénées sont le véritable foyer de la production chevaline. On peut estimer que dans cette contrée, sur environ 1,800 saillies, il y a 15 à 1,600 naissances par an, ce qui ferait monter à environ 3,000 le nombre des jeunes élèves réunis dans ce département. Ajoutez à ce chiffre les poulinières livrées à la saillie, et vous obtiendrez celui de 5,000, se rattachant à l'industrie productive. La race tarbaise renferme des qualités si éminentes, qu'elle a saisi le monopole de tous les services élégants qui s'étendent entre Bordeaux, Lyon, Marseille et la Méditerranée.

2e QUESTION. — Quelles sont les causes des améliorations obtenues, si la question est résolue par l'affirmative? A quoi faut-il attribuer l'état stationnaire ou rétrograde, si la question est tranchée en sens contraire?

RÉPONSE. — L'action des haras nulle part ne fut plus décisive, plus constante : le choix judicieux des étalons nationaux, leur distinction, ont servi à former le goût des éleveurs; leurs rapports avec les hommes spéciaux que le dépôt y concentre ont ouvert les esprits aux bonnes doctrines d'élevage et de croisements. Les primes d'encouragement ont eu aussi leur large part d'influence.

3e QUESTION. — Faire la part d'influence heureuse ou nuisible de l'étalon arabe et du reproducteur anglais de bon choix dans le progrès ou la déchéance de la population chevaline de la circonscription?

RÉPONSE. — C'est à l'étalon arabe que cette race régénérée doit toute sa valeur. Aussi le vœu le plus général dans le pays est de voir arriver à Tarbes les chevaux du désert.

Faut-il proscrire le sang anglais? Non, quand il sera d'une taille moyenne. Près de terre, fortement charpenté et membré, il pourra concourir au perfectionnement de notre race.

La commission est arrivée à se faire à elle-même la théorie des croisements alternatifs, anglais sur fille d'arabe et arabe sur fille d'anglais. Elle a constaté que, sur plusieurs centaines de produits, les plus beaux appartenaient au croisement alternatif.

4e QUESTION. — Les débouchés ouverts aux éleveurs sont-ils suffisants ou insuffisants? Celui de l'armée offre-t-il à l'industrie un intérêt satisfaisant à produire bon et à élever convenablement le cheval de cavalerie légère?

RÉPONSE. — Les éleveurs des Hautes-Pyrénées ne peuvent guère être embarrassés de leurs chevaux. Au sevrage, ils vendent leurs mâles au prix de 200 à 400 francs; quant à leurs pouliches, ils obtiennent à peu près ce qu'ils veulent de tous leurs sujets d'élite.

5e QUESTION. — Y aurait-il avantage à confier aux particuliers la tenue et l'entretien des étalons nationaux?

RÉPONSE. — Il est impossible d'admettre que la tenue et l'entretien d'étalons nationaux soient avantageusement confiés aux particuliers. Les étalons de prix ne peuvent tomber sans danger dans l'écurie du cultivateur : quelque intérêt personnel poussé jusqu'à l'égoïsme, ou une hospitalité rancunière contre l'Administration des haras, ont pu seuls amener des esprits sérieux à soutenir une pareille thèse. Dans le but d'assurer la remonte du Midi en étalons de demi-sang, la commission propose que l'Administration fasse appel, dans l'étendue de la circonscription de Tarbes, aux éleveurs qui voudraient se consacrer à l'élevage de l'étalon de demi-sang, et qu'à titre d'encouragement elle leur concède, aux conditions qu'elle jugera convenables, un certain nombre de jeunes mâles, qu'elle se procurera aisément au moment du sevrage dans les Hautes-Pyrénées. La commission, convaincue qu'il n'y a pas d'améliorations possibles sans les types régénérateurs de la plus noble origine, demande le rétablissement complet des jumenteries du Pin et de Rosières.

Elle demande que des encouragements soient accordés au département de l'Aude, en dehors de ceux attribués à l'importation des poulains limousins.

Elle invite l'Administration à s'occuper de la fabrication du collier de labour, plus approprié aux jeunes chevaux, et spécialement conservateur de leur crinière.

Elle émet hautement le vœu que l'Administration des haras ne soit plus en butte aux incertitudes, et qu'elle puisse progresser dans la voie qu'elle a si heureusement suivie jusqu'à présent.

N° 24.

CIRCONSCRIPTION DE RODEZ.

La Commission était composée de la manière suivante :

DÉPARTEMENTS.	NOMBRE de membres.	NOMS DES MEMBRES.	PRÉSIDENT.	SECRÉTAIRE.
Aveyron	3	De Lautres, membre du conseil général; Paulin de Balzac, Yence, Rous, Paillès, De Foucauld, De Corneillau.	Yence.	Paulin de Balzac.
Lozère	3			
Tarn	3			

Voici les documents que fournit la statistique générale sur cette circonscription :

DÉPARTEMENTS.	POPULATION CHEVALINE. Chevaux.	Juments.	Poulains.	TOTAL.	OBSERVATIONS.
Aveyron	2,704	5,995	1,005	9,704	
Lozère	2,186	3,623	1,200	7,009	
Tarn	2,077	6,327	1,044	10,048	
TOTAUX	7,027	15,945	3,249	26,821	

L'importance relative de l'intervention de l'État dans la production ressort du tableau suivant que nous extrayons de ceux qui sont à la suite de ce rapport :

DÉPARTEMENTS.	NOMBRE DES POULINIÈRES correspondant aux naissances.	MINIMUM DES ÉTALONS nécessaires pour les féconder.	CATÉGORIES auxquelles appartiennent ces étalons. Entretenus ou nationaux.	Approuvés ou subventionnés.	Autorisés.	TOTAL.	Libres.	TOTAL GÉNÉRAL.	PROPORTION dans laquelle interviennent dans la production générale les étalons entretenus, approuvés et autorisés par l'État, pour chaque département.	pour la circonscription.	RAPPORT du chiffre des naissances à celui de l'espèce.
Aveyron	1,675	37	14	"	"	14	23	37	0,38	0,25	0,12
Lozère	2,000	44	4	"	"	4	40	44	0,09		
Tarn	1,740	39	12	"	"	12	27	39	0,30		
TOTAUX	5,415	120	30	"	"	30	90	120			

Quatre questions ont été posées par l'Administration aux membres de la commission de circonscription de Rodez.

1re QUESTION. — Rechercher les causes de l'indifférence des cultivateurs pour la production et l'élève du cheval dans les départements qui forment la circonscription du dépôt de Rodez.

RÉPONSE. — La commission n'a pas répondu à cette question.

2e QUESTION. — N'y aurait-il pas avantage à favoriser par des primes speciales l'importation de bonnes pouliches ou de poulinières de mérite ?

RÉPONSE. — La commission pense qu'il serait bon d'encourager l'élève de l'espèce chevaline par des distributions de primes aux juments poulinières, aux acheteurs des poulains mâles primés, qui faciliteront l'écoulement de ces derniers produits à un âge peu avancé, et créeront ainsi une industrie nouvelle pour la circonscription de Rodez (l'élève des poulains), en classant chaque localité dans sa spécialité respective pour la production et l'éducation du cheval.

3e QUESTION. — Quels débouchés sont ouverts à l'industrie chevaline dans les trois départements ? Celui de l'armée offre-t-il un suffisant intérêt à l'élève du bon cheval de cavalerie légère ?

RÉPONSE. — La commission pense que le principal débouché des produits de l'espèce chevaline est la remonte de la cavalerie.

4e QUESTION. — Les ressources alimentaires sont-elles suffisantes et d'une qualité assez substantielle pour qu'il y ait profit à se livrer à l'éducation du cheval ?

RÉPONSE. — La commission pense que l'élève du cheval de guerre peut présenter des avantages réels dans beaucoup de localités de la circonscription, surtout si les achats étaient directement opérés par les officiers de remonte.

VOEUX.

Tendre par le choix des étalons employés à la reproduction dans chaque département à créer un type : l'emploi successif d'étalons de races tout à fait différentes amène infailliblement l'abâtardissement de l'espèce; créer une station de remonte de plus dans l'arrondissement de Castres (Tarn).

N° 25.

CIRCONSCRIPTION D'ARLES.

La Commission était composée de la manière suivante :

DÉPARTEMENTS.	NOMBRE de membres.	NOMS DES MEMBRES.	PRÉSIDENT.	SECRÉTAIRE.
Bouches-du-Rhône	1	Prat, De Ginestous, Carbonnel, Colomer.	»	»
Drôme	1			
Gard	2			
Hérault	1			
Pyrénées-Orientales	2			
Var	1			
Vaucluse	1			

Voici les documents que fournit la statistique générale sur cette circonscription :

DÉPARTEMENTS.	POPULATION CHEVALINE.				OBSERVATIONS.
	Chevaux.	Juments.	Poulains.	TOTAL.	
Bouches-du-Rhône	16,094	7,720	999	24,822	
Drôme	7,262	3,129	746	11,137	
Gard	6,734	3,421	386	10,541	
Hérault	4,557	2,871	292	7,720	
Pyrénées-Orientales	3,633	3,863	983	8,479	
Var	6,903	3,356	906	11,165	
Vaucluse	3,806	2,805	488	7,099	
TOTAUX	48,989	27,174	4,800	80,963	

L'importance relative de l'intervention de l'État dans la production ressort du tableau suivant que nous extrayons de ceux qui sont à la suite de ce rapport :

DÉPARTEMENTS.	NOMBRE DES POULINIÈRES correspondant aux naissances.	MINIMUM DES ÉTALONS nécessaires pour les féconder.	CATÉGORIES auxquelles appartiennent ces étalons.						PROPORTION dans laquelle interviennent dans la production générale les étalons entretenus, approuvés et autorisés par l'État,		RAPPORT du chiffre des naissances à celui de l'espèce.
			Entretenus ou nationaux.	Approuvés ou subventionnés.	Autorisés.	TOTAL.	Libres.	TOTAL GÉNÉRAL.	pour chaque départe-ment.	pour la circons-cription.	
Bouches-du-Rhône	1,665	37	8	»	»	8	29	37	0,22	0,24	0,05
Drôme	1,243	28	6	»	»	6	22	28	0,21		
Gard	643	14	8	»	»	8	6	14	0,57		
Hérault	487	11	5	»	»	5	6	11	0,45		
Pyrénées-Orientales	1,638	36	4	1	1	6	30	36	0,16		
Var	1,510	34	4	»	»	4	30	34	0,12		
Vaucluse	814	18	6	»	»	6	12	18	0,33		
TOTAUX	8,000	178	41	1	1	43	135	178			

Six questions ont été posées par l'Administration aux membres de la circonscription du dépôt d'étalons d'Arles.

La réunion de cette commission n'a pu avoir lieu faute d'un nombre suffisant de membres pour délibérer. Dans cette position, il nous reste à faire connaître au Conseil supérieur les délibérations du Conseil général des Bouches-du-Rhône et celles des Pyrénées-Orientales.

Le Conseil général des Bouches-du-Rhône émet le vœu qu'une plus large part lui soit faite dans la composition de la commission des circonscriptions.

Le Conseil général des Pyrénées-Orientales émet le vœu :

1° Que le dépôt national d'étalons (chevaux), supprimé en 1832, soit rétabli dans le département;

2° Qu'en attendant le rétablissement de ce dépôt, des étalons assez nombreux pour fournir à sept stations dans le département soient accordés.

Par délibération du même jour, le Conseil général du département des Pyrénées-Orientales demande l'établissement à Perpignan d'un dépôt permanent de 17 étalons (chevaux) pour le service du département, il offre à l'État le local avec les appropriations voulues.

ANNEXE B.

Résumé analytique des travaux des Commissions de circonscription.

Par arrêté organique du 11 décembre 1848, M. le Ministre de l'agriculture et du commerce a institué, dans chaque circonscription de haras ou dépôts d'étalons nationaux, une commission qui ne pourra être moindre de neuf membres, désignés par les conseils généraux des départements, dont les intérêts se trouvent ainsi représentés au sein des commissions.

« Dans la séance du 19 février 1850, vous avez nommé une commission spéciale composée de sept membres, chargée de dépouiller les procès-verbaux des commissions départementales, et de vous présenter un rapport. Cette commission, Messieurs, m'a fait l'honneur de me nommer rapporteur.

« Le rapport soumis à votre approbation n'est que le dépouillement succinct, l'examen isolé des observations et vœux formulés par les diverses commissions départementales, composées, comme vous le savez, d'hommes éclairés et compétents, nommés par les conseils généraux, et par conséquent entièrement indépendants de l'administration des haras.

« J'ai eu soin de séparer les unes des autres les observations contradictoires contenues dans les diverses délibérations soumises à mon analyse, afin de vous mettre à même de statuer sur leur mérite respectif en parfaite connaissance de cause.

« J'ai pensé procédant de la sorte, que c'était, pour ainsi dire, laisser parler l'opinion publique et mettre fin pour toujours aux dissidences du passé.

« Ceci bien expliqué, j'entre en matière :

L'espèce chevaline est-elle augmentée en nombre ?

« Oui, l'espèce chevaline est augmentée en nombre : cela résulte évidemment des chiffres obtenus : les productions provenantes des étalons nationaux s'élèvent à 27,113 en 1849. Les états justificatifs des étalons approuvés ne sont pas encore parvenus à l'Administration ; on peut cependant les évaluer, sans crainte d'exagération, à 6,000 environ : ce qui donne un total de 33,114 produits, en réunissant les forces des deux classes d'étalons. Ces renseignements ont été puisés auprès de l'Administration, à défaut de documents fournis par les commissions de circonscriptions.

L'espèce chevaline s'est-elle améliorée ?

« Oui l'espèce chevaline s'est améliorée dans les circonscriptions d'Angers, de Jussey, Napoléon-Vendée, Pau, Saint-Lô et Tarbes.

« Dans les départements de l'Orne et du Calvados, il y a augmentation notable dans le nombre de la population chevaline. Son amélioration, malheureusement, n'a pas fait le même progrès ; la race de pur-sang semble diminuer de jour en jour, tandis que la race inférieure s'est améliorée : une race intermédiaire tend à s'établir.

Dans la circonscription de Strasbourg, l'état stationnaire doit être attribué aux mauvais accouplements faits par des étalons non approuvés et même par ceux de l'État.

La production répond-elle à la consommation ?

« La production répond à la consommation :

« *Pour les chevaux légers*, dans les circonscriptions de

Lamballe,	Pompadour,
Napoléon-Vendée,	Pau ;

« *Pour les chevaux de trait*, dans les circonscriptions de

Jussey,	Langonnet,
Lamballe,	Montier-en-Der.

« La production est, au contraire, insuffisante dans les circonscriptions de

Blois,	Villeneuve,
Saintes,	Saint-Maixent.
Strasbourg.	

« Certaines commissions admettent que les chevaux légers peuvent être améliorés par le pur sang anglais.

Chevaux légers.

« Ainsi les circonscriptions d'Angers et de Montier-en-Der demandent seulement des étalons de cette race pour améliorer leur espèce légère; mais elles veulent qu'ils soient près de terre et fortement membrés.

« Certaines commissions admettent que les chevaux légers peuvent être améliorés par le pur sang arabe.

« Ainsi la circonscription d'Aurillac et celle de Napoléon-Vendée, pour le nord du Bocage, demandent des étalons de pur sang arabe.

« Pau, Pompadour, Rosières et Tarbes demandent tout à la fois des reproducteurs du pur sang arabe et de pur sang anglais.

« Certaines commissions admettent que les chevaux légers peuvent être améliorés par le demi-sang anglais et par le demi-sang arabe.

« Ainsi la circonscription de Saint-Maixent réclame des étalons de sang arabe et de demi-sang anglais. Les premiers seront placés dans les terres maigres et légères, et les seconds dans les marais.

« Les commissions de Braisne, Blois, Jussey, Lamballe, Langonnet (pour l'espèce dite *bidette*), Montier-en-Der et Strasbourg pensent que l'emploi du cheval de demi-sang est celui qui satisfera le plus aux besoins de leurs localités ; elles expriment en général le vœu que ces étalons soient fortement membrés, près de terre, et se rapprochent de la conformation du *hunter*.

Chevaux de trait légers.

« Les chevaux de trait légers peuvent être améliorés par le demi-sang; et les demandes faites dans le dernier paragraphe s'appliquent également à la modification de cette espèce.

Chevaux de gros trait.

« Les chevaux de gros trait peuvent être améliorés en dedans ou par des espèces qui les modifient, tels que le demi-sang de forme percheronne, des hunters, des percherons, des cauchois ou boulonnais.

« Pour modifier les grosses races qui peuplent la circonscription du dépôt d'Abbeville, la commission demande que l'on entretienne dans cet établissement quelques types remarquables des plus belles races de trait de trot.

« La commission d'Angers voudrait que l'espèce de gros trait de la Sarthe et d'une partie de la Mayenne gagnât plus de vitesse; et pour obtenir ce but, elle pense qu'il faudrait avoir recours à l'étalon de sang.

« La commission de Blois voudrait modifier la grosse espèce de cette circonscription avec l'étalon de demi-sang de forme percheronne.

« La commission de Jussey veut rendre plus agile et plus énergique la race de trait du pays par le croisement avec des chevaux percherons, cauchois ou boulonnais.

« La commission de Lamballe pense que la race un peu lourde du littoral peut être modifiée par elle-même et par le hunter anglais fortement étoffé; elle désirerait plus de vitesse dans les allures.

« Pour modifier l'ancienne race bretonne qui prédomine dans la circonscription de Langonnet, la commission de circonscription pense qu'il faudrait employer les chevaux de trait bien choisis parmi les sujets les plus distingués de la race, concurremment avec les carrossiers étoffés et près de terre.

« Quant à l'espèce bidette, spéciale à l'intérieur et au littoral sud, l'étalon le plus convenable serait le carrossier.

VOEUX.

« Onze commissions de circonscriptions émettent le vœu que le budget des haras soit largement augmenté, et que la jumenterie du Pin soit rétablie sur ses anciennes bases.

« La commission de Jussey demande que les primes accordées par les sociétés d'agriculture ou les comices ne le soient jamais qu'aux juments suitées.

« Les commissions de Lamballe, Saint-Lô, Saint-Maixent et Tarbes demandent l'élévation des primes; celle de Lamballe émet le vœu qu'on accorde des primes d'encouragement pour l'établissement d'écuries conformes à un bon modèle.

Question mulassière. « Dans la Charente, surtout dans la partie qui touche au Poitou, on peut élever des mulets avec un certain succès. La commission du dépôt de Saint-Maixent a pensé que l'Administration devrait conserver les meilleurs poulains mulassiers nés dans les marais, les élever et les entretenir pour en faire des étalons; il serait fâcheux de voir dégénérer une espèce que l'on ne rencontre dans aucune autre contrée.

« L'entretien d'étalons mulassiers ne peut être, dans de justes limites, qu'une concurrence opportune et fructueuse.

Remontes. « Le débouché de l'armée offre-t-il un intérêt suffisant à produire le cheval de cavalerie?

« Cette question est résolue négativement par dix-sept commissions de circonscription. Sur dix-neuf consultées, deux ont répondu affirmativement, mais cependant avec restriction : ce sont celle de Jussey, qui demande la création d'un dépôt de remonte à Faverney, et celle de Pompadour, qui s'exprime ainsi : Les remontes militaires viennent en aide à la production, mais l'application du système actuel réclame diverses modifications. »

« L'irrégularité dans les achats,

« L'insuffisance des prix,

« L'application du système de remonte,

« Les achats à l'étranger,

« Telles sont les raisons générales qui ont suscité les réponses du plus grand nombre des commissions.

« L'administration des remontes, en constituant dans la Normandie un monopole au profit de quelques éleveurs privilégiés, détruit la concurrence commerciale et frappe de mort l'émulation des producteurs; c'est surtout le défaut de dressage qui éloigne les consommateurs de la Normandie, tandis que la guerre refuse les chevaux dressés; cette alternative nuit à l'élève du cheval en général. Le Pin.

Il faudrait que les officiers de remonte fissent des tournées plus fréquentes, dont l'itinéraire serait connu longtemps d'avance.

« Les remontes devraient acheter de toutes mains, sans souci du nom ou de la qualité du vendeur; le prix d'achat devrait s'élever au chiffre de 1847 au moins; il faudrait un prix de faveur pour le cheval de cinq ans, afin d'indemniser l'éleveur de ses longs sacrifices. L'officier de remonte devrait être autorisé à acheter des chevaux pour les officiers supérieurs lorsque ceux-ci le demandent. Saint-Lô.

« L'application du système des remontes est tellement vicieuse, qu'il en résulte plutôt un découragement profond qu'un encouragement. Saint-Maixent.

« Le prix du cheval de troupe pour la cavalerie légère, tel qu'il est fixé au tarif, est insuffisant pour payer le bon; le mode d'achat, qui consiste généralement à acheter d'abord les chevaux au-dessous de 550 francs, au détriment de ceux qui valent davantage, et qui ne sont acquis que si les économies faites sur les premiers permettent aux officiers de payer les seconds selon leur mérite, est à changer : le règlement est à réviser. La remonte ne devrait pas s'écarter d'un principe ainsi formulé : 1° la remonte n'achète jamais de chevaux d'une valeur au-dessous du tarif, elle paye tous ceux qu'elle achète à leur vraie valeur; 2° tout bon cheval devrait être acheté par la remonte, quelle que soit l'arme à laquelle il est propre, et sans attendre de commande spéciale; 3° l'intervention des marchands dans le Midi est nuisible, leur exclusion est nécessaire. La Commission pense qu'il serait utile d'organiser la remonte, d'en former un corps avec les règles d'admission et d'avancement basées sur l'aptitude et l'expérience. La Commission sollicite l'érection de la succursale de Tarbes en dépôt indépendant. Il faudrait Tarbes.

que toutes les succursales devinssent dépôts : elles recevraient alors la direction de l'Administration supérieure. Il serait à désirer que l'Administration de la guerre ne fît plus d'achats à l'étranger, et que toute la gendarmerie, la garde républicaine et les guides se remontassent exclusivement en France.

Émancipation de l'industrie particulière.

« Le haut prix de l'étalon anglais de mérite, l'éloignement des contrées où l'on pourrait trouver le bon cheval arabe, seraient pour les propriétaires les mieux disposés des difficultés insurmontables.

« Les étalons vraiment améliorateurs doivent être aux mains de l'État. L'industrie privée ne saurait remplacer l'Administration : les expériences faites au commencement de la révolution française ne laissent aucun doute à cet égard ; mais à côté des étalons nationaux doivent se placer, comme auxiliaire puissant, indispensable, les étalons approuvés.

L'intervention de l'État est-elle nécessaire ?

« Cette question a été résolue affirmativement par toutes les commissions des diverses circonscriptions qui s'en sont occupées.

« L'intervention de l'État, admise à l'unanimité comme principe, doit-elle être tout à la fois directe et indirecte ?

« L'intervention de l'État doit être tout à la fois directe et indirecte : c'est encore l'opinion de toutes les commissions.

Directe.

« L'intervention directe doit se manifester en livrant au pays les étalons que l'État aura tirés des contrées qui les produisent dans toute leur pureté d'origine, ou qu'il aura fait naître dans les établissements nationaux. C'est ici le moment de rappeler les vœux émis par onze circonscriptions, qui demandent que, pour créer les types nécessaires à l'amélioration de nos races, la jumenterie du Pin soit rétablie sur ses anciennes bases.

« Les étalons de l'État sont-ils en nombre suffisant pour satisfaire aux besoins du pays ?

« Évidemment non, puisque les commissions de Blois, de Cluny, demandent la création de quatre nouvelles stations ; celle d'Angers en demande quatre dans le département de la Sarthe ; le département des Pyrénées-Orientales demande l'établissement, à Perpignan, d'un dépôt permanent de 17 étalons, pour lequel il offre le local avec les appropriations voulues. La circonscription de Jussey regarde comme nécessaire l'augmentation du nombre de chevaux dans le dépôt ; celle de Lamballe réclame une augmentation de 52 étalons ; celle de Langonnet voudrait 41 étalons de plus ; Pau demande 13 étalons en plus ; il y a nécessité de créer une station à Castres; enfin il faut donner 10 étalons de plus à Saint-Maixent.

L'intervention indirecte.

« L'intervention indirecte se manifeste : 1° par les encouragements, qui se divisent en

Primes,
Courses,
Migrations de poulains.
Dressages.

Primes.

« Les primes sont de deux classes : celles de monte, qui sont données aux étalons particuliers de premier mérite, et qui augmentées déjà en 1847, l'ont été encore par l'arrêté du 11 décembre 1848; 1° celles données aux juments de pur sang et aux juments de demi-sang suitées d'un étalon pur sang. Ces encouragements ne paraissent pas encore suffisants, puisque huit des circonscriptions, c'est-à-dire le tiers, en demandent l'augmentation : les commissions d'Angers, de Lamballe, du Pin, de Pompadour, etc. font partie de ce chiffre.

Courses.

« 2° Par les courses.

« Les courses sont d'une utilité incontestable et incontestée, mais elles ne doivent point être, comme en Angleterre, poussées à l'extrême; ce n'est point un jeu, c'est le moyen de constater la force athlétique des sujets qu'on y livre : tel est le but des courses au galop, qui doivent être réservées aux animaux de race noble.

« Les courses au trot doivent nécessairement amener pour les chevaux de seconde origine et pour ceux de service un meilleur système d'élevage dont ils retireront d'immenses avantages; il serait utile de les multiplier.

Migration des poulains.

« 3° Par la migration des poulains.

« Il y aurait avantage, disent certaines localités, à diviser l'industrie chevaline, et à exciter, d'une part, la production limitée à la naissance et au premier élevage, et d'autre part, à faciliter l'exportation des poulains à un et deux ans dans les localités riches en fourrages substantiels. Ce système, déjà pratiqué dans les circonscriptions d'Aurillac, de Libourne, de Pompadour, de Saintes et de Villeneuve, a été, pour ces localités, une telle source de profits, qu'elles en demandent aujourd'hui l'application plus étendue.

Dressage.

« 4° Par le dressage.

« Depuis longues années, on se plaignait du peu de docilité des chevaux nés en France; cette défaveur, résultat de la routine et de l'habitude, apporte un grave préjudice aux intérêts de l'industrie chevaline. Préoccupée de ce grave inconvénient, la commission de Pompadour veut y apporter remède : elle a demandé qu'il soit créé sur les domaines du haras un établissement d'élevage et de dressage à la charge de l'État ou d'une société. Cette institution aurait le double avantage de livrer à la reproduction, et par suite au commerce des chevaux plus faciles, et de former des hommes plus habiles à les diriger.

Castration.

« La commission de Saint-Lô pense que le moyen le plus efficace pour faire castrer les poulains est d'élever le prix d'achat des chevaux de remonte.

Mesures répressives.

« Les commissions de cisconscription de Braisne, Montier-en-Der et Rosières ont demandé des mesures répressives contre les mauvais étalons. Les documents relatifs à cette question seront remis à la commission spéciale chargée de la traiter.

« J'ai essayé, Messieurs, de vous soumettre aussi rapidement et aussi nettement que possible les opinions émises par les commissions sur les diverses questions qui, groupées ensemble, forment le but de ces investigations.

« Votre commission, se réservant d'aborder les questions quand elles seraient discutées au sein du conseil supérieur, a pensé qu'elle devait se borner à cet exposé succinct; cependant, après s'être pénétrée des besoins exprimés par le pays, elle a cru devoir jeter un coup d'œil sur le compte rendu de l'Administration des haras, et, Messieurs, elle est heureuse de vous le dire, elle a trouvé que l'Administration s'était, par avance, empressée de pourvoir non-seulement aux besoins exprimés, mais que même elle avait su les prévenir, autant toutefois qu'un budget limité lui en laissait le pouvoir. »

E. Geoffroy de Villeneuve,

Rapporteur.

ANNEXE C.

Rapport fait au Conseil supérieur des haras, le 23 février 1850, par la Commission chargée de visiter les quartiers de cavalerie de Paris et de Versailles.

Messieurs,

« Vous avez nommé, dans votre séance du 19 février, une commission composée de cinq membres pour inspecter les chevaux appartenant à deux régiments de cavalerie de ligne de l'arme des dragons et des lanciers, à l'escadron des guides, à l'artillerie, à la garde municipale, et à une compagnie du train des équipages.

« Ces divers corps appartiennent à la garnison de Paris. Vous avez désigné MM. de Saint-Vallier, Yvart, Perrot de Thannberg, de la Place et de la Roque-Ordan pour faire ce travail ; je viens vous soumettre le résultat de leurs observations.

« Dans l'accomplissement de la tâche que vous lui avez imposée, la commission s'est aidée du concours de plusieurs membres du Conseil supérieur qui ont bien voulu se joindre à elle.

« Elle a eu pour objet de constater, autant toutefois que l'on peut conclure du particulier au général, comment sont montés nos régiments de cavalerie, et, par voie de conséquence, de savoir :

« 1° Si les animaux qui en composent l'effectif, pris individuellement, sont propres à remplir toutes les exigences du service militaire ;

« 2° Si, considérés en masse, ils sont homogènes au point de vue du sang et de la *conformation* : cette condition est très-importante, car l'unité dans les évolutions, dans les marches, dans les moments les plus décisifs de la vie militaire, sont un des éléments de conservation, de force et de puissance de l'arme de la cavalerie ;

« 3° S'il y a progrès dans la race au point de vue de la bonté de la conformation et de la distinction : plusieurs membres de la commission, qui ont servi dans l'arme de la cavalerie, ont pu à cet égard invoquer leurs souvenirs ; leur opinion a été confirmée par ceux de M. de Gasparin, qui touchent à des temps beaucoup plus éloignés de nous ;

« 4° Quel est le classement des animaux, d'après leurs provenances diverses, la valeur relative des races que fournissent nos diverses provinces, dans leur propre sein, de juger les meilleurs animaux, et si, en effet, les meilleurs étaient ceux sur lesquels l'action du croisement s'était fait le plus sentir.

« Et d'abord qu'il me soit permis d'observer que, sous ce rapport, la commission a dû établir deux classes de chevaux améliorés, ou plutôt que, sur l'échelle de l'amélioration, elle a fait une distinction ;

« 1° Celle des bons chevaux de troupe qui, sujets à plus d'à-coups, souvent pressés dans le rang, conduits généralement par une main peu habile et peu expérimentée, doivent avoir moins de susceptibilité dans l'organisation, moins d'irritabilité, si l'on peut s'exprimer ainsi, moins de sang enfin que le cheval d'officier, qui, toujours hors du rang, est généralement conduit par une main plus habile, et astreint, surtout en campagne, à porter un poids moins considérable.

« Cette distinction est justifiée, elle est d'accord avec ce qui se pratique dans les dépôts de remonte.

« La commission a formulé une opinion sur chacune de ces diverses catégories.

« Elle juge le système de reproduction adopté par l'Administration des haras, car elle seule, à peu d'exceptions près, fournit les éléments de régénération aux contrées d'élève qui alimentent les régiments de cavalerie de ligne ; elle le juge non sur des paroles, mais bien sur des faits.

« Les chevaux de l'artillerie et du train des équipages appartiennent aux races de trait françaises, à celles que l'industrie privée seule reproduit, et qui ne puise de reproducteurs que dans son propre sein.

« La commission a vu dans cette situation une question du plus haut intérêt à résoudre au point de vue hippique ; elle avait sous les yeux, dans les races françaises, non pas deux familles différentes à juger, celle des chevaux de selle et de trait, mais bien deux systèmes :

« Celui de l'amélioration par le croisement, à laquelle est préposée l'Administration des haras, et celui de l'amélioration en dedans, qui est le fait de l'industrie privée.

« Enfin, au point de vue militaire, elle a dû se demander :

« 1° Si les races de trait qui remontent l'arme de l'artillerie avaient une complète aptitude à remplir les exigences de ce service;

« 2° S'il ne serait pas dans l'intérêt de l'armée, de l'agriculture, et celui des besoins d'une civilisation plus avancée, de transformer cette espèce et de lui donner plus de légèreté, sans toutefois lui enlever la force utile et nécessaire aux travaux de l'agriculture.

« Vous le voyez, Messieurs, et c'est là l'objet que vous vous étiez proposé si vous avez été bien compris, la commission a voulu constater si, dans les contrées qui alimentent nos régiments de cavalerie, l'action de l'Administration des haras est pratique, conforme aux saines doctrines, en harmonie avec les nécessités auxquelles elle doit répondre.

« D'autre part, si, par opposition, les races fondées et entretenues par l'industrie particulière seule sont en progrès ou à l'état de déchéance. La commission a pensé qu'il pourrait sortir de cette comparaison des renseignements utiles, des faits qu'il importe de constater et de porter à la connaissance du pays pour l'édifier complétement sur de si graves intérêts.

« La visite faite au quartier des Célestins, occupé par la garde municipale, avait pour objet d'établir la valeur relative des chevaux français et étrangers. Les faits ont été constatés avec la plus scrupuleuse exactitude. Ils seront mis sous vos yeux : vous jugerez et vous vous associerez, du moins la commission l'espère, au vœu qu'elle émet à cet égard, de remonter en France le corps de la garde municipale.

VISITE AU QUAI D'ORSAY.

2e DRAGONS.

« Les chevaux qui composent l'effectif de ce régiment ne sont pas tous de provenance française ; bien qu'ils aient tous passé sous les yeux de la commission, elle s'est plus particulièrement occupée de signaler les qualités des animaux de provenances connues.

Ce corps renferme douze chevaux du dépôt de Caen, trois cent trente-trois de celui de Saint-Maixent, cinquante-trois de celui de Villers; le reste de l'effectif n'a point de certificat d'origine. Ces renseignements ont été fournis par le ministère de la guerre.

« Les animaux du dépôt de Caen sont, comme on le voit, très-peu nombreux; c'est parmi eux que se trouve le cheval le plus âgé de ce corps, qui compte vingt-trois ans : il est remarquable par son état de conservation. Les chevaux de cette provenance sont bons et solides, mais trop peu nombreux pour qu'on puisse les grouper et les comparer par masses avec ceux des dépôts de Saint-Maixent et de Villers. L'opinion qu'elle peut avoir sous ce rapport ne saurait donc rien préjuger à l'égard du dépôt de Caen: c'est l'appréciation de quelques individualités.

« Cette restriction admise, la commission classe au deuxième rang les chevaux provenant de la remonte de Caen :

« Au premier, ceux qui ont été fournis par le dépôt de remonte de Villers: une bonne organisation, un bon tempérament, une grande netteté de membres, une sorte de rusticité qui indique un cheval robuste et se perçoit mieux qu'elle ne peut se définir, a fait assigner ce rang aux animaux de cette provenance.

« Bien qu'au troisième rang, les chevaux fournis par le dépôt de Saint-Maixent sont bons; toutefois on peut leur reprocher d'avoir un tempérament lymphatique, plusieurs ont le dos long et bas: on comprend combien ce défaut doit être grave chez un animal astreint à porter un poids de 125 kilogrammes.

« On remarque dans cette catégorie une supériorité assez apparente chez les animaux qui ont un peu de sang.

« Les chevaux d'officier sont bons, plusieurs très-distingués.

« La commission signale à l'attention du Conseil les chevaux d'officier achetés par le Conseil d'Administration du 2e dragons; ils sont généralement excellents: d'après les renseignements donnés par le colonel, ils proviendraient des étalons du dépôt de Strasbourg. Les chevaux de troupe achetés par le même mode sont peu nombreux, mais bons. La commission n'a point eu l'intention d'aborder la question des remontes de l'armée, elle se borne à constater le fait.

« En somme, ce corps est parfaitement monté. Le cheval médiocre est presque une exception.

« La commission, considérant que le cheval de dragon porte un fort poids, que, par conséquent, il est nécessaire, tout en donnant plus de sang aux animaux qui fournissent aux besoins de cette arme, de conserver le gros et l'ampleur qui garantissent la durée sous une telle charge, pense que l'étalon de demi-sang anglais, fortement constitué et près de terre, ou bien l'anglo-normand, choisi dans les mêmes conditions, peuvent satisfaire à toutes les exigences de la reproduction du cheval de cavalerie de ligne.

5e LANCIERS.

« L'effectif de ce régiment est de sept cent soixante-deux chevaux. Il en renferme un plus grand nombre d'origine connue que celui des dragons: on y compte trois cent un chevaux fournis par le dépôt de Caen, deux cent soixante et dix-sept par celui de Saint-Maixent, deux d'Auch, sept de Villers et cinq chevaux d'officier; le reste de l'effectif est de provenance étrangère et provient d'achats divers.

« Les observations que la commission a faites au quai d'Orsay ont trouvé une application nouvelle, mais non identique sous le rapport du classement des provenances. Il a paru aussi à la commission que l'ensemble des animaux qui composent ce régiment est supérieur, sinon comme gros et force, du moins comme distinction, à celui du régiment de dragons.

« Tous les membres de la commission ont pu remarquer comme appartenant à de simples soldats des chevaux d'un mérite réel et d'un prix élevé; elle ne peut que signaler à l'attention du Conseil supérieur cette exception, qui s'est renouvelée assez fréquemment. Les chevaux de ce régiment sont bons et très-bons.

« La commission a cru devoir classer au premier rang ceux qui proviennent de Caen et de Saint-Lô, puis ceux de Saint-Maixent, d'une qualité bien supérieure à ceux du même dépôt qui sont dans le 2e dragons. Les chevaux des Ardennes sont bons, mais très-peu nombreux.

« Après avoir comparé dans les corps eux-mêmes les diverses provenances, si l'on réunit, par la pensée, les chevaux qui appartiennent aux deux régiments, qu'on les compare par provenance, la commission croit que la classification à établir serait la suivante:

« En première ligne, la provenance du dépôt de Caen et de Saint-Lô;

« En deuxième ligne, les ardennais, et presqu'au même niveau le cheval de Saint-Maixent, qui, dans ses types distingués, est individuellement supérieur à celui des Ardennes.

GUIDES.

« Si quelque chose doit rassurer les hommes qui prennent un intérêt sérieux aux progrès de l'industrie chevaline, qui s'en préoccupent comme d'une question d'intérêt national, qui constatent les faits et les observent pour en tirer des conclusions pratiques, c'est, à coup sûr, la visite que la commission a faite au quartier de cavalerie des guides. Ici, en effet, elle n'a eu constamment qu'à louer la bonté, la qualité supérieure, la solidité, la distinction de presque tous les chevaux qui ont été soumis à son examen. Les exceptions ont été bien rares, il faut le dire, car, sur un effectif de quatre-vingt-quinze chevaux de troupe soumis à l'examen de la commission, deux seulement ont été signalés comme médiocres. Tous ou presque tous sont d'origine française; ils proviennent de nos divers dépôts et sont venus témoigner de ce que l'on peut faire de bien, de bon, et de solide dans nos diverses contrées d'élève. Si l'homogénéité existe dans ce corps si admirablement monté, elle est le fait, on doit le croire, bien plus d'une taille égale et de moyens égaux que d'un cachet semblable. Il ne saurait en être ainsi; nos races ne sont pas encore assez avancées, leur transfusion n'est pas encore assez complète pour que chacune n'accuse pas son cachet originel. Elles tendent cependant à l'unité par l'emploi de régénérateurs plus ou moins modifiés, mais puisés aux mêmes sources. Ce fait commence à devenir apparent, surtout pour les animaux qui proviennent de Saint-Maixent, et qui tendent singulièrement à se rapprocher du normand distingué. Aucun de nos corps de cavalerie, dans des temps assez éloignés de nous, n'a eu de tels chevaux: tous ou presque tous seraient d'excellents chevaux d'officier.

« Le vétérinaire de ce corps croit que ceux qui proviennent de Guingamp et de Saint-Maixent sont les meilleurs; la commission, qui n'a pas les mêmes données et qui ne peut juger les animaux soumis à son examen que sur la bonté de leur conformation, déclare que ceux qui proviennent des dépôts de Normandie lui paraissent d'un mérite au moins égal.

« Si l'on réfléchit qu'ils proviennent de tous nos régiments de cavalerie, qu'ils appartenaient à de simples cavaliers, que, malgré cette épuration, nos régiments de cavalerie de ligne renferment encore une assez grande quantité d'animaux tout aussi précieux (si tous les régiments de l'armée sont montés, toutefois, comme ceux que la commission a visités), on comprendra que le pays peut être rassuré sur la direction imprimée à l'industrie chevaline en France. Elle a considéré comme un devoir de porter ses impressions et sa conviction à la connaissance du Conseil supérieur.

GARDE MUNICIPALE.

« Après avoir accompli un devoir qui ne lui laisse que satisfaction, la commission en remplit un qui lui est pénible en rendant compte de la visite qu'elle a faite à la caserne des Célestins, occupée par la garde municipale; la plupart des chevaux qui appartiennent à ce corps ont les caractères propres à la race allemande: leur douceur, leur docilité, les fait aimer du cavalier; mais ces qualités, qu'ils doivent généralement à une nature molle et lymphatique, ne sauraient compenser les inconvénients de leur peu de fonds et de leur peu de durée.

« La commission s'est attachée avec la plus scrupuleuse exactitude à signaler ces chevaux; elle les a notés successivement avec la préoccupation de ne pas céder à une prévention injuste. Elle a le regret de dire que, sur un effectif de cent soixante et onze chevaux, soixante-six lui ont paru médiocres. On le voit, c'est un peu plus d'un tiers; ceci ne saurait rien préjuger contre la généralité des races allemandes. Les chevaux d'officier qui appartiennent à la même arme sont bons.

« Si l'on considère que les chevaux de grosse cavalerie sont ceux qu'il paraît le plus facile de se procurer en France, qu'ils sont d'une qualité beaucoup supérieure aux chevaux allemands, sous le rapport de la conformation, de la force et de la durée, la commission, dans l'intérêt commun de l'armée et de l'agriculture, émet le vœu de voir la garde municipale se remonter dans celles de nos provinces qui fournissent aux besoins de la cavalerie de ligne.

CHEVAUX D'ARTILLERIE.

« Les chevaux d'artillerie qui ont passé sous les yeux de la commission, à l'École militaire, appartiennent généralement à l'espèce bretonne et aux types les plus communs et les plus massifs des chevaux du Perche. Ils sont forts et bien constitués, mais trop lourds pour les nécessités de la guerre.

« Les chevaux de sous-officier, qui sont considérés comme chevaux de selle, pourraient être un peu plus légers et se rapprocher du cheval de dragon.

« Ceux d'officier, fournis par les dépôts, sont d'une bonne conformation et distingués.

« Tout s'est modifié successivement dans l'artillerie en vue de la mobiliser, de la transporter le plus facilement possible d'un point à un autre, et de franchir des obstacles qu'autrefois elle n'aurait pu aborder.

« Les chevaux seuls n'ont pas changé, ou, pour dire plus vrai, s'ils ont été modifiés, c'est en sens inverse des nouvelles nécessités de l'arme qui les emploie : ils sont devenus plus lourds, plus pesants.

« Tout concourt dans la société nouvelle à une transformation que l'on doit désirer vivement, et qu'il serait utile que le Gouvernement pût encourager de ses efforts ; les progrès de l'agriculture, l'amélioration continue de nos voies de communication, tout concourt à rendre plus général l'usage du cheval qui unit la force à la légèreté, le cheval de dragon et de lancier.

« Il est désirable que cette transformation s'opère rapidement, car elle seule peut affranchir le pays complétement du besoin de se remonter à l'étranger, assurer son indépendance et sa sécurité.

« Il est impossible, en effet, de remonter en temps de guerre notre cavalerie, s'il ne se fait une transformation profonde dans le cheval de trait destiné au service de l'artillerie, si on ne le rend pas plus léger, si on ne ramène pas successivement la race, et par une transition ménagée, à posséder assez de gros et de force pour l'atteler à une pièce, et assez de légèreté pour monter la cavalerie de ligne. Dans un cas de guerre, le pays trouverait dans les rangs de l'artillerie de précieuses ressources ; il y puiserait pour fournir aux besoins de l'arme qui trouve le plus facilement à se remonter en France. (La commission de 1848 avait déjà émis cette idée et formulé le vœu que des essais fussent tentés dans ce sens ; la commission pense qu'il serait utile de le renouveler.) L'arme de l'artillerie trouvera toujours dans les espèces de trait une quantité de chevaux suffisante pour ses besoins.

TRAIN.

« Les chevaux appartenants au train des équiqages, et qui sont casernés auprès des Champs-Élysées, ont paru à la commission remplir toutes les conditions de force et de solidité qui constituent l'aptitude au service du train des équipages ; ils ont une bonne et solide constitution ; ils proviennent des mêmes souches que les chevaux d'artillerie, paraissent appartenir aux mêmes espèces. On voit dans le train des équipages plusieurs chevaux ardennais ; ils sont gros, massifs et vigoureux.

« Les chevaux du train des équipages sont dans une excellente condition ; ceux qui ont résisté au climat d'Afrique ont passé sous les yeux de la commission ; leur constitution paraît généralement plus énergique, leur fibre avoir plus de densité : doivent-ils à cette disposition de leur tempérament d'avoir mieux résisté au climat d'Afrique ? la commission se borne à constater ce fait.

« La commission a signalé les faits qui intéressent les divers corps qu'elle a visités ; son travail, à ce point de vue, pourrait être considéré comme le fragment d'un rapport d'inspection de nos troupes à cheval.

« Au point de vue de la situation de notre industrie chevaline en France, il convenait de les interroger, d'en tirer les conclusions qu'ils renferment implicitement, et de les porter à votre connaissance : c'est ce devoir que je viens remplir auprès de vous comme rapporteur de la commission.

« Un fait clair comme l'évidence a frappé tous les membres de la commission, c'est que les régiments de cavalerie de ligne qui ont passé sous ses yeux sont très-bien montés. L'un d'eux, celui des guides, l'est exceptionnellement; presque tous les chevaux de ce corps pourraient monter des officiers.

« La composition de ces corps tend à devenir tous les jours plus homogène; elle le serait davantage s'ils ne renfermaient point de chevaux étrangers, qui généralement sont peu estimés. Le cheval français possède sur le cheval allemand une supériorité incontestable sous le rapport de la bonté de la conformation, de la durée, de la longévité.

« Or, si l'on considère que le cheval de cavalerie de ligne est celui qui est le plus réclamé par les besoins du commerce et de l'armée, que la concurrence qui doit naturellement en résulter, bien qu'elle tende à le propager dans l'avenir, le rend plus difficile à obtenir aujourd'hui, qu'il n'est pas, si l'on peut s'exprimer ainsi, le résultat nécessaire des circonstances locales qui, dans le Midi, produisent le cheval de selle ou de cavalerie légère, et dans le nord de la France celui de la cavalerie de réserve, l'on comprend qu'il faille plus d'art pour l'obtenir, et l'intervention d'une direction habile et entendue dans les pays qui font naître et fournissent plus particulièrement le cheval de cavalerie de ligne.

« Il doit réunir la force à la légèreté; il doit satisfaire aux nécessités de la remonte dans les limites du budget; il faut que l'éleveur, pour le donner à ce prix, élève d'un sang qui soit bon, mais qui n'apporte pas avec lui de trop impérieuses exigences; le cheval de demi-sang anglais, ou anglo-normand, ou anglo-arabe, fortement constitué et près de terre, est celui qui doit être appelé plus particulièrement à le procréer; c'est aussi celui qui convient à la majorité des éleveurs: l'Administration des haras suit cette doctrine et l'applique.

« La commission se borne à constater ce fait; elle le signale au Conseil supérieur, car la garantie du progrès se trouve là pour la masse de la production chevaline dans tous les pays de fortes et de moyennes races.

« La commission émet le vœu de voir l'action de l'Administration des haras s'exercer d'une manière plus énergique dans la production des chevaux de trait, dont le mérite n'a fait que baisser entre les mains de l'industrie particulière, ce qui conduirait nécessairement à augmenter l'allocation au budget de l'administration des haras,

VISITE FAITE A VERSAILLES PAR LA COMMISSION D'ENQUÊTE CHARGÉE DE L'EXAMEN DES CHEVAUX DE TROUPE.

(Garnison de Versailles.)

« Pour compléter les observations qu'elle avait déjà faites dans les divers corps de troupes à cheval en garnison à Paris, la commission que vous avez nommée s'est transportée à Versailles, où se trouve un régiment de cavalerie de réserve, le 5e de cuirassiers. Comme elle voulait encore visiter deux détachements de jeunes chevaux, dont l'un appartient au dépôt du 1er lanciers et l'autre au 2e régiment de dragons, elle a dû restreindre son examen pour la cavalerie de réserve aux chevaux de cette arme logés à la caserne de................

« 166 chevaux de cuirassiers ont passé sous ses yeux; 145 proviennent des dépôts de Caen, Saint-Maixent et Villers; 21 sont de provenance étrangère. Saint-Maixent et Villers ne comptent que 7 chevaux dans l'effectif. Le chiffre le plus considérable appartient au dépôt de Caen, qui en compte 138. Viennent ensuite les chevaux étrangers, au nombre de 21.

« 140 chevaux ont paru à la commission avoir une bonne conformation, être susceptibles de satisfaire à toutes les exigences du service militaire.

« Si l'on compare dans le même corps les chevaux de provenance française avec ceux de provenance étrangère, on arrive aux chiffres suivants :

« Sur 145 chevaux français, 136 bons, médiocres 1/14 environ.

« Sur 21 de provenance étrangère, 14 bons, médiocres 1/3 environ.

« On le voit, la différence est énorme. Il est bon d'ajouter que tous les chevaux de provenance étrangère sont déjà au corps depuis longtemps, qu'ils sont très-probablement les meilleurs que cette arme ait reçus, puisqu'ils ont duré plus longtemps que ceux que la réforme ou la mort a dû nécessairement atteindre; il est juste aussi de remarquer qu'une portion de l'effectif des chevaux français appartient à la catégorie des jeunes chevaux et vient d'arriver au corps.

« Il n'est pas douteux que plusieurs d'entre eux, atteints dans leur constitution par des maladies récentes et classés comme médiocres, ne se remettent avec l'âge et ne rendent d'utiles services : c'est une assertion que l'expérience justifie.

« Considérés isolément, les chevaux qui appartiennent à ce corps sont doués d'une forte et solide constitution; vus en masse, ils sont homogènes sous le rapport des aptitudes de la race; ils signalent le niveau ascendant de l'amélioration dans les contrées de production et d'élevage.

« Les divers éléments de la durée viennent se combiner dans la constitution de l'effectif de notre cavalerie de réserve, et assurent une supériorité marquée à ses remontes sur celles des autres armes. »

1er LANCIERS.

« Le dépôt du 1er lanciers renferme 55 chevaux. Ils étaient arrivés au corps depuis peu de temps, se ressentaient encore des fatigues de la route et des influences délétères que subissent toujours les animaux qui changent de climat.

« Ils proviennent des divers dépôts du midi de la France. Sur un effectif de 55 chevaux, la commission en a classé 40 comme bons; plusieurs qui aujourd'hui n'ont pu être jugés aussi favorablement, à raison de leur état, pourront faire un bon service lorsqu'ils seront complétement remis. Il est difficile, on le comprend, de porter un jugement définitif sur des animaux placés dans de telles conditions.

« Les provenances d'Auch et de Guéret sont celles qui comptent le plus de chevaux dans cet effectif. Guéret, sur 24 chevaux, en a 20 de bons; Auch, sur 11, en a 8. Cela prouve que les contrées qui se rapprochent du centre de la France conviennent généralement mieux pour remonter l'arme des lanciers que celles du midi, dont la masse de la production est consacrée aux espèces légères, bien que les chiffres comparatifs fournis par les remontes du midi ne soient pas assez élevés pour en tirer une conclusion absolue.

« Toutefois, il est des contrées dans le midi, telles que le Gers, la Haute-Garonne et Lot-et-Garonne, qui peuvent fournir quelques bons chevaux de lanciers. »

DRAGONS.

« La commission a également visité les jeunes chevaux du 2e dragons, qui proviennent des dépôts de Normandie.

« Sur 41 qui ont passé sous ses yeux, 35 lui ont paru bons; ils sont supérieurs aux chevaux de même arme que la commission a déjà vus.

« Une observation importante est que, dans le nombre de chevaux classés comme médiocres dans l'arme des lanciers et des dragons, plusieurs certainement seraient jugés plus favorablement dans d'autres circonstances que celles où la commission les a vus, c'est-à-dire après avoir fait les uns et les autres une longue route dans la saison de l'année la moins favorable.

« Les nouvelles études faites par la commission lui font classer au premier rang la Normandie pour la cavalerie de ligne et de réserve. Saint-Maixent progresse et soumet de très-bons chevaux de lanciers : cette contrée sera un jour très-importante pour la remonte de la cavalerie de ligne.

« Telles sont, Messieurs, les observations que la commission m'a chargé de vous soumettre; elle désire qu'elles obtiennent votre assentiment. »

Le Rapporteur de la Commission

DE LA ROQUE-ORDAN.

ANNEXE D.

Rapport sur des notes relatives au service de la remonte de l'armée, adressées par M. le Ministre de la guerre, et remises au conseil supérieur des haras.

« Messieurs,

« La commission m'a chargé de vous soumettre le résultat du travail qu'elle a fait sur les documents qui lui ont été fournis par le ministère de la guerre, les réflexions auxquelles ce travail a donné lieu, et enfin ses conclusions.

« La production en France se partage, pour ainsi dire, en deux zones bien distinctes.

« Dans l'une, on fait le cheval de cavalerie de réserve et de ligne; dans l'autre, le cheval de cavalerie légère.

« La première zone possède les dépôts de Caen, Saint-Lô, Alençon, le Bec, Guingamp, Angers, Fontenay, Saint-Maixent;

« La seconde, Auch, Castres, Agen, Mérignac, Aurillac.

« On comprend et l'on sait qu'il est quelques exceptions à cette règle; on doit nécessairement en tenir compte dans la pratique.

« La zone qui fait le cheval de cavalerie de ligne et de réserve, réclame l'étalon anglais de demi-sang ou l'anglo-normand près de terre et bien constitué; la seconde réclame l'étalon de sang arabe.

« Tout ce qui vient du ministère de la guerre doit être étudié avec une sérieuse attention; il a sous ses ordres, dans les diverses contrées d'élève, des hommes spéciaux; ils sont journellement en rapport avec les éleveurs, et doivent parfaitement connaître les besoins de l'industrie chevaline.

« Je m'occuperai plus particulièrement de la Normandie dans la zone du nord de la France; elle est le pivot sur lequel roule la production du cheval de cavalerie de réserve et de ligne; elle est donc placée, sous ce rapport, dans une condition exceptionnelle. La demande des dépôts de Normandie doit donc être envisagée à un autre point de vue que celles des autres établissements du nord et du centre de la France, celui de la production, qui est certainement le plus important.

« Toute la Normandie réclame, comme règle, l'emploi de l'étalon de demi-sang anglais fortement constitué. Par exception, Alençon demande quelques étalons arabes. Il est très-remarquable que la demande de l'étalon arabe vienne de la contrée qui élevait autrefois le célèbre cheval du Merlerault; c'est là certainement l'écho d'une vieille et très-respectable tradition.

« La commission a pensé que cette demande devait être prise en sérieuse considération.

« Toutefois, si la demande formulée par les dépôts de Normandie était adoptée dans toute son extension, elle placerait l'industrie, en France, sur une fausse base. Cette province étant destinée à fournir des étalons au reste de la France, il est dans l'intérêt de l'industrie elle-même, dans tous les pays d'élève, que la Normandie possède et emploie de bons et forts chevaux de pur sang anglais ou anglo-arabe, pour procréer les étalons de demi-sang que réclament les pays de fortes races.

« La Normandie, jusqu'à ce jour, a su et pu bien faire cet étalon dans le passé; elle peut le mieux faire encore dans l'avenir.

« Un régime plus puissant dans le jeune âge, conséquence obligée des courses d'essai pour les chevaux destinés à faire des étalons, servira puissamment les intérêts du pays sous ce rapport.

« Cet essai est passé aujourd'hui à l'état d'institution.

« L'étalon de pur sang anglais ou anglo-arabe n'est donc pas un objet de fantaisie en Normandie; ce n'est pas un ornement plus ou moins élégant qui décore un édifice et que l'on puisse supprimer sans compromettre sa solidité; il est, on peut le dire, la clef de voûte de l'édifice de la reproduction chevaline dans tout le nord de la France.

« La satisfaction complète des intérêts de l'armée dépend de la solution pratique de cette question, qui renferme implicitement celle de la production. Or, comme, dans la production des chevaux de demi-sang, il ne suffit pas que les mères soient fortement constituées, que le père exerce sa part d'influence dans le développement de la race, il est à désirer que l'Administration des haras possède en Normandie des étalons anglais de pur sang très-fortement constitués.

« La commission se rappelant que la famille pur sang créée autrefois au Pin avec de grands sacrifices remplissait complétement cet objet, que peut-être elle était sans égale en Europe; sachant que les fantaisies changeantes de l'industrie privée en reproduction de pur sang ne sauraient donner au pays la même garantie qu'une institution de l'État destinée, pour ainsi dire, à faire le cheval de pur sang tel que le réclame la Normandie, la commission a pensé que, pour arriver à satisfaire un jour le vœu de tous les dépôts de remonte, il serait bien de rétablir la jumenterie du Pin sur son ancien pied.

« Dans le nord et le centre de la France, ce n'est que par exception que le cheval arabe est demandé, pour satisfaire aux besoins de quelques localités agrestes où la végétation est moins vigoureuse; c'est un vœu qui ressort de la nature des lieux. La commission pense qu'il est convenable d'y faire droit.

« Saint-Maixent et Guingamp viennent, sous ce rapport, se joindre au dépôt d'Alençon.

« Tout le midi demande le cheval arabe; on comprend qu'il convienne mieux là qu'ailleurs. Dans la pratique, ce qui convient le mieux pour faire le bon cheval de vente et de commerce, c'est le mélange du sang anglais et arabe; le dépôt de Tarbes et celui d'Auch achètent peu de chevaux d'officiers qui ne viennent de ce croisement : aussi les étalons appartenant aux deux familles sont-ils réclamés avec empressement par les éleveurs.

« La composition des établissements du midi de la France satisfait à cette double nécessité.

« Castres est le seul établissement du midi qui réclame, indépendamment du cheval arabe, l'étalon de demi-sang anglais. Ce vœu, en effet, est fondé; il est, dans les départements du midi, des vallées où la végétation est extrêmement riche; les animaux y atteignent relativement plus de développement que dans le reste du pays. Il serait donc utile de placer dans les établissements du midi quelques étalons de demi-sang forts, trapus et près de terre, choisis dans ceux que peut produire le Merlerault.

« Tels sont les vœux dont la commission m'a chargé, Messieurs, d'être l'organe auprès de vous; elle espère que vous voudrez bien les prendre en considération. »

Le Rapporteur de la Commission,

DE LA ROQUE-ORDAN.

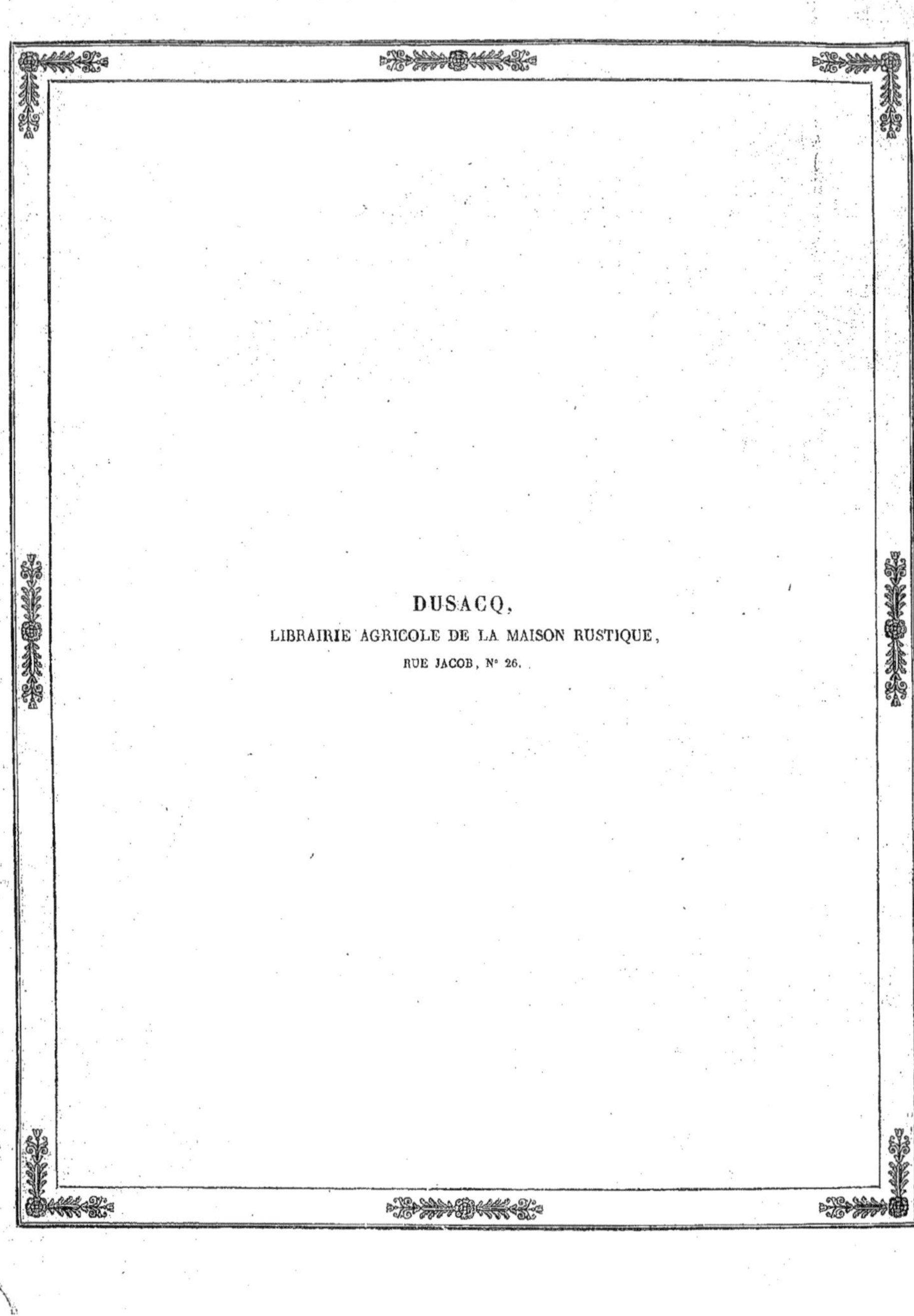

DUSACQ,

LIBRAIRIE AGRICOLE DE LA MAISON RUSTIQUE,

RUE JACOB, N° 26.